在中国全部的历史生活中，农民是以最艰辛的生存与劳动做出最大贡献的群体。他们虽处在社会最基层，却是全社会该用仰视的目光崇敬的。

大量青壮年农民离开家乡进城打工，村中多是留守儿童、老人和部分妇女，许多村庄成了“空壳村”……家乡的穷困靠谁来改变？这是当今农村最大的问题。

“在家门口解决农民的就业问题”，这就是当今农村最重大的建设。陈宇和乡亲们的实践中，其实奔驰着拯救当今穷村的大道。

每个家乡、每个民族，在困境中都要靠一代青年艰苦奋斗、发愤图强。这并非虚言，这须臾不可或缺自强不息，以及爱家乡如大地厚德载物那样的胸怀情志。这是中国先人千古咏叹的东西，这是今人不可抛弃的东西。

农民

中国一户农民的百年历史

王宏甲　刘建　著

中国青年出版社

(京)新登字 083 号

图书在版编目(CIP)数据
农民:中国一户农民的百年历史/王宏甲，刘建著. —北京:中国青年出版社,2012.9
ISBN 978-7-5153-1082-4
Ⅰ.①农… Ⅱ.①王…②刘… Ⅲ.①纪实文学-中国-当代
Ⅳ.①I25
中国版本图书馆 CIP 数据核字(2012)第 225015 号

责任编辑:侯群雄

*

中国青年出版社 出版 发行
社址:北京东四十二条 21 号 邮政编码:100708
网址:www. cyp. com. cn
编辑部电话:(010)57350401 门市部电话:(010)57350370
三河市君旺印务有限公司印刷 新华书店经销

*

700×1000 1/16 21 印张 9 插页 252 千字
2013 年 1 月北京第 1 版 2019 年 5 月河北第 3 次印刷
定价:32.00 元
本图书如有印装质量问题,请凭购书发票与质检部联系调换
联系电话:(010)57350337

足荣村坐落在雷州半岛，改革开放30年后，它仍是中国富省广东的一个贫困村。但孩子们的脸上灵动着开心的笑容。足荣村，连同它的孩子们，都宛若一个谜。

足荣村的孩子们

茂德公和他的牛

人类发明农耕已有万年，工业时代迄今只有二百五十年上下，进入信息时代才几十年。因而迄今为止的人类文明史，主要是建立在农耕文明上的历史。换句话说，主要是农民的历史。中华民族是世界上农耕历史最悠久、农民最多的伟大民族。从19世纪后期至今的一百多年，中国农民经历了从农业时代到工业时代再到计算机时代。寻觅追述中国一户农民在这一百多年走过三大时代的足迹，以了解他们经历的剧烈时代变迁以及生活和精神的嬗变，使得采写和出版这部书都有了沉甸甸的重量。

图为茂德公和他的劳动伙伴。你知道茂德公手里拿着什么吗？这是雷州半岛特有的烟管，劳动累了坐下休息，不必举着吸烟，把烟管的一头放在地上即可。

1896年的一户中国农民

茂德公的曾祖父叫福源公，生在鸦片战争后的雷州半岛。福源公住的是茅草屋，门楣上总有“耕读人家”四字。我们没见过那是啥样子，但看看上图，1896年这户中国农家贫穷已极，门前残存的对联仍告诉我们，乡村读书人写的字还是很漂亮的——由此亦可遥想，“诗书继世，耕读传家”，对文化的尊崇，是中国农民在最清贫日子里也从未放弃的理想和追求。

2010年的陈茂德与妻子刘荣

茂德公的生父叫陈荣洲，生母黄氏没有名字。母亲在1925年生下他，2010年茂德公85岁了，妻子刘荣阿嬷与他同龄。你能想象他们16岁的模样吗？1941年，陈茂德16岁当新郎，洞房花烛夜，新娘和衣而眠，竟不让新郎碰她。原来妻嫌他“不读诗书跟牛后”，不识字，这样下去怎么行？16岁的新郎于是去读私塾。这是妻逼夫去读书的故事。你看，这个农村女子最在意的不是丈夫富不富，而是他有没有文化。读了私塾的青年陈茂德，也曾梦想勤劳置田当地主。不料，土改时，足荣村三个地主在同一天被枪毙的枪声，把他的梦想打碎……

茂德公之子陈英昌与茂德公之孙陈宇

陈英昌是“文革”前夕“正牌初中毕业生”，足荣村第一个拖拉机手，还给村里办起了碾米厂。碾米厂是小村第一个有齿轮飞转的粮食加工厂，是足荣村进入二十世纪七十年代的标志。茂德公一家把做了这件事当作结结实实的荣耀：人生在世，你要是能给村里人做好事，做有本领的好事，那是相当荣耀的！

陈英昌还有句名言：“养子若不去读书，不如养个大肥猪。”这话同祖上坚持的“耕读人家”是一脉相承的。改革开放后，别人攒钱建房，陈英昌一家进入21世纪还住茅屋。他与妻子符木荣生了六个子女，堪称住茅屋想尽一切办法供养子女读书上大学的典型，最困难时不惜借高利贷供孩子上学。他家徒四壁时，读了书的孩子们就是他最大的财富。

陈英昌家跨世纪的茅屋

兄妹大学生和家乡的土地

陈宇是福源公以下第六代传人，茂德公家族第一个大学生。改变家乡之贫穷，落到我们这一代身上了。陈宇和玲妹都读完了大学，兄妹两站在家乡寂寥的土地上，在筹谋什么？

汪洋书记寄语茂德公集团

有益家乡的事再多做一点

2011年8月3日下午，中共中央政治局委员、广东省委书记汪洋，常务副省长朱小丹一行到足荣村工业园考察。汪洋书记问陈宇，为什么想到回乡办厂？陈宇说："我的家乡很偏远，有很多劳动力，但缺少发展经济的科学技术，经济就落后，大家比较贫穷。我思来想去，就决定回家乡办厂。"这里的红土地适合种辣椒，陈宇办厂做辣椒酱，为乡亲们创造就业机会，方圆的农民也种了大量红辣椒。"我们去收，辣椒酱就这样做起来了。"

汪洋书记充分肯定了陈宇回乡创业的做法，认为这种利用家乡资源做产业，在家门口解决农民就业问题的路子，比捐钱给家乡更有价值，值得推广。汪洋书记的充分肯定，因陈宇的做法深具普遍意义。

一条值得重视的标语

陈宇的意义已不在于他个人如何创业，看看这条悬挂在足荣村的标语，陈宇致力于凝聚全村乃至方圆村民共同创业。这里的普遍意义在于，中国有两亿多离乡外出打工的农民，有很多村庄已无法依靠传统的农业来维持生计，这是一个迫切需要发展现代农业和相关产业，以凝聚村民共同建设家乡的时代。“在家门口解决农民的就业问题。”这就是当今农村最重大的建设。

谁说家乡只有贫穷？家乡有大量艰苦朴素的劳动力，有广袤的土地资源，有未被污染的蓝天与河水，有“可以出售的阳光”，还有湛蓝湛蓝的海水和金色的沙滩……陈宇所做产业远不止是辣椒酱，他创办的企业在雷州半岛各级领导支持下，立足半岛开发的“六个一”工程建设，分属食品产业、半岛旅游业和以弘扬雷州文化为已任的文化产业三大板块，将一二三产业集于一身。

新建雷州鼓城再现古雷州盛唐风貌　　雷州大酒店建筑群中的茅屋和秧田

你可见过村庄里如此呼唤家家都出大学生

“改变穷乡面貌，需要更多读书人。”到陈宇这一代，继承父辈精神，已把支持后生读书扩展到所有的足荣村人子女。从2002年开始，陈宇领导的企业出资，凡足荣村子女考上重点大学本科每人奖励3000元，考上大学本科奖励2000元，考上大专奖励1300元，考上湛江一中奖励3000元、雷州一中奖励1500元，考上中专奖励460元。甚至设立了家长奖励金，这是陈宇从自身经历体会到，学生能考上大学，家长有重要功劳。迄今，小小足荣村已经出了100多名大学生。

迄今，足荣村奖学奖教颁奖已如期举行到第九届

足荣村前的德字石

足荣村从村头到村尾，排着一长列大石头，每块石头上都刻着一个字：德。俨然一条“德”字长龙，不见首尾。中国自古重德，但几千年也没见过哪个地方刻了这么多“德字石”立在村庄。足荣村今天为什么要以“德”字勒石做如此强烈的表达！

2011年陈宇筹建“德基金”，用于组织文化艺术界人士到雷州边远乡村学校开展义务支教活动，提出“尽己所能，奉献心智，不计报酬，帮助他人”。这是把培育农村孩子的善举扩展到足荣村以外的雷州半岛大家乡。此活动所到之处，乡村孩子欢呼雀跃。有人问陈宇为什么要做这件事。他说：“爱心有多大，事业就有多大。”此举也使陆续为支教服务的茂德公企业员工自身深受教育。

“积小善，成大德”，利人也造化自己，才会广结善缘

建设中的足荣村广场大戏台

如今“企业家”五花八门，要认识陈宇也不容易。一代又一代农民工把建设做在城市，中国的城市确实繁华了壮观了，但他们家乡门前的一条土路是要自己出资修的。陈宇在家乡修起了环绕全村的“足荣村一环路”，你会不会觉得这件事不简单！有了一环，将来会不会有二环、三环？陈宇还在足荣村建起了中国村庄最大的文化广场，比大部分县城的广场都大。祖辈父辈都问他：为什么要建得这么大？他说广场有多大，足荣村的前途就有多大。

足荣村一环路还很粗糙，但这里已有美景，令村中女子有拍照的欲望。

足荣村女子在一环路上拍照留影

茂德公家庭

茂德公世家是中国传统式的农民大家庭，四世同堂，共有17对夫妇，48口人，每个小家庭都和睦完整。坐在上图最前方的是茂德公家族最新一代人中的两位小代表，新一代将有怎样的未来？

我们可以确知的是，中国人口最多的是农民，最广大的人员投入的颠沛的沸腾的实践，是伟大的实践。这一百年，恐怕值得我们再研究一百年，甚至更久。茂德公家庭的百年变迁，其悲伤与欢乐，吃苦能力和勤劳，理想和灵魂，平凡与不平凡，以及茂德公家庭一代比一代强的走向和现状，仍然可以是20世纪中国农村社会和农民进步的缩影。永远不要看轻农民，中国农民依然是支撑国家和民族的脊梁。

作者与茂德公夫妇、陈英昌夫妇和陈宇三代人合影

王宏甲（后排中）、刘建（后排右二）

序《农民》

王宏甲

一

农民,我们凝视着这个群体的时候,心中会涌起怎样的感情?从古至今,农民的生活似乎一直都充满着辛酸和艰难。然而,即使天下大乱,改朝换代,或外寇入侵,总是农民托住社会的底,维系着社会最基本的生存运转。在中国全部的历史生活中,农民是以最艰辛的生存与劳动做出最大贡献的群体,虽处在社会最基层,却是全社会该用仰视的目光崇敬的。

回首50年前,中国很多人还有赤脚走在村路上的童年记忆。由此上溯到万年前,中国人最早发明了农作物,在距今约1.2万年前驯化出水稻,其遗迹分别发现于湖南与江西。西亚人最早驯化了小麦,其遗迹距今约1.1万年。古埃及和古印度的小麦,是从西亚传过去的。这些最早有农民的区域,就是后来的四大文明古国。欧洲的希腊,是距离西亚最近的地方。西亚的小麦和山羊、绵羊稍后传入希腊,因受惠于西亚农耕文明,古希腊成为欧洲文明的策源地。人类的工业时代迄今只有250年上下。人类迄今为止的历史,主要是建立在农耕文明上的历史。换句话说:主要是农民的历史。

中国是世界上农耕历史最悠久、农民最多的国家。从19世纪后期到21世纪初,中国农民经历了农业时代、工业时代、计算机时代。这一百多年贯穿了三大时代。本书试图寻觅追述中国一户农民一百多年的历史,以了解他们所经历的剧烈的时代变迁以及生活和精神的嬗变。

二

17 世纪初的英国还是个农业岛国，人口只有四五百万。美国还没有诞生。1800 年，清嘉庆五年，中国人口已接近 4 亿，占世界人口的 40%；北京人口 110 万，是世界第一大城市。那时嘉庆帝发怒，决定制裁洋人，下令禁止向欧洲发运茶叶、丝绸、瓷器等，欧洲市场立刻发生危机。但过了 40 年，英国成为第一个震撼了中国的西方国家。1840 年的中英战争，是两国军队交战吗？它其实是新兴的工业文明同世界上最发达的农业文明交战。

人是有精神的，因而单纯地从生产力和经济形态去揭示这两大文明的冲突，显然不够。任何时候研究战争、研究人类的冲突，都离不开研究人和人的精神、人的欲求。更重要的是，我们需要认识世界上存在不同的文明体系和文明观，其中凝聚着不同的世界观、人生观和价值观，我们才会有更加清醒的文化自觉。

试图追述中国一户农民的百年历史，此愿已久。但要选择一户农民作为追溯研究的对象，却不容易。2010 年冬天，我们终于选择了一户农民。按半个多世纪前土改时的“阶级划分”，这户农民属中农。在地域上，他们世居雷州半岛的一个小村，这是改革开放30年后中国富省广东的一个标准贫困村，其名却称“足荣村”。总之，综合起来看，这是一户有代表性的中国农民。

本书的主要人物之一茂德公，其曾祖父叫福源公。福源公就生在鸦片战争后的雷州半岛。福源公住的虽然是茅屋，门楣上却总有“耕读人家”四字。种田人图什么？图吃饭、结婚睡觉生孩子？这谁都会。种田人图个有文化，才是荣耀的。福源公的“福”字，凝聚着中国农民的生活智慧。福字左边从“示”，是祭祀案几的象形，讲的是精神追求；右边讲物质，这物质不必很多，“一口田”足矣。二者兼备就是福。福源便是幸福之源。

今人多追求富。富与福形相近而意不同。富讲的是财产，没有精神的含义。1840 年英国发动对华战争，国策是“以兵卫商”，目标是到他国去开发资源和市场。迄今，全球的媒体都以讲经济为主要话语，这个时代就叫经济全球化时代。很多地方进行的掠夺性开采则使自然资源遭到前所未有的破坏。所幸的是中国农民过年仍把“福”字贴门上,大约还没人把“富”字挂门前。尽管中国自古就有贫富，但中国农民对“福”的千秋信仰，追求的是高尚的精神和简单的生活，用今天时髦的话说就叫“低碳生活”。

远古，雷州半岛是古百越民族的栖息地。茂德公一家世居在半岛上的足荣村。这村名很有意思，在这里，知足不仅是常乐，而且是光荣。今日足荣村只有千余人，出了百余名大学生。茂德公家庭四世同堂，共有17对夫妇48口人，每个小家庭都和睦完整。足荣村从村头到村尾，排着一长列大石头，每块大石上都刻着一个字：德。中国自古重德，但几千年也没见哪个地方刻了这么多“德字石”立在村庄。今天为什么要以“德”字勒石做如此强烈的表达呢?

三

大机器工业出现，农民如何生存，农村向何处去，这是各国面临的巨大问题。1800年英国人口增加到1600万，这个数字看起来仍不惊人。但工业化进程中大批农民转化为城市工人，加速了城市化的进程，1850年伦敦人口达到232万，首次超过东方大都北京的164.8万人口，成为世界第一大城市。1851年5月1日，英国就在伦敦举办了首届世界博览会。同年英国城市人口首次升到50%以上，成为世界上第一个城市人口超过农村人口的国家。

再看美国。19世纪中叶的美国中西部还是农业区，1865年南北战争结束后的30多年间，西部农业机械的应用、加工业的发展、铁路的延伸使荒凉的西部产生出许多城镇。无数的移民拥向西部，无数的青年男女从农场奔向城市。在这个时期的开端，美国只有六分之一的人居住在城市，30年后有三分之一的美国人成了城市居民。1900年美国工农业总产值跃居世界第一位。1925年纽约人口增加到777万，成为世界第一大城市。

发达国家城市化的进程，都伴随着农民的身份转化及城市化进程中人口文化素质的提升。中国自1861年始办洋务，到20世纪二三十年代，工业和城市均有显著发展，农村却在更加衰弱中挣扎，处于无法维持的状况。

一批知识分子发出“救济农村即拯救国家”的呼声，发起“乡村建设运动”，全国从事乡村建设工作的团体和机构有600多个，先后设立的各种实验区达1000多处。这场在西方工业冲击下的中国乡村建设运动，在1937年被日本侵华战争打断。

毛泽东在1927年3月写出《湖南农民运动考察报告》，把被世界潮流视为最落后的农民看作是救中国的最重要的力量，认为只有充分动员广大贫苦农民保家卫国、改变旧的统治秩序，才能从根本上解决农村问题，创造一个新的中国。毛泽东领导的“农村包围城市”实践，在1949年创建了中华人民共和国。中国农村如此广袤，农民如此众多，乡村建设具有重大意义。在新中国，从土改到人民公社化直至改革开放前，可以看作是中国百年乡村建设中最为波澜壮阔的乡村建设运动，国家试图通过缩小城乡差别来达到强盛。

再看这个历史时期福源公的曾孙陈茂德，他16岁结婚，妻与他同龄，婚后同床竟不让他碰她。原来妻嫌他不识字，16岁的新郎官于是去读私塾。这是妻逼丈夫去读书的故事。你看，这个农村女子最在意的不是丈夫富不富，而是他有没有文化。当然，青年陈茂德也曾梦想勤劳置田当地主，不料土改的枪声把他的梦想打碎……此后，陈茂德这一代农民还参加了轰轰烈烈的大炼钢铁。这是祖祖辈辈没有过的实践，那种组织起来的非农业劳动，在夜校里边学识字边学怎么造土高炉，得到的陶冶并不只是冶炼钢铁。那是我们的爷爷奶奶、父亲母亲，青春时期一片有梦想的奋斗生活。土高炉炼钢虽然失败了，但我们不能简单地批判为毫无价值。改革开放时期，那些最早去创办企业的农民，多有当年炼钢炉前的积极分子。

20世纪前期中国人呼唤学习西方科学和民主，中国传统文化在经受西方文明猛烈冲击后，又被国人自己打碎，这也是中国百年来一个历史性的大问题。但中国传统道德仍较充分地保存在农民中。即使发生了“文革”，足荣村始终没有分成两派互相斗争。即使报纸说“宁要社会主义的草，不要资本主义的苗”，农民还是觉得种田要除草，苗要保护好。不论发生怎样的“革命”，农民头脑中有自己的真理。中国传统文化同农民的勤劳朴实凝聚在一起，依然是中华民族的脊梁。

四

中国当代改革是从农村开始的。改革初期，农村有显著发展。在以城市为中心的经济体制改革推开后，农村涌现两亿多离土离乡的农民工，为城市建设做出了巨大贡献。东部沿海地区许多村庄变成了中小城镇，其中也多有中西部农民工的汗水。

农民工已不是农民，而是事实上的产业工人。“农民工”这个名词是矛盾的结合体，“农民”是中国户籍制度下该民的身份，“工”则是他们用以谋生的职业。他们其实是中国向城镇化、现代化转变进程中的主力。30多年来，“打工仔”、“打工妹”的称谓意味着他们把一生中最美好的年华都献给了城市建设。他们的生活待遇、劳动技能和文化素质，以及子女受教育程度的提高，对中国强盛具有极其重大的意义。但他们大都未被城市接纳，他们在失业或工伤致残的时候只能返回乡下。同时，中国仍有巨大人口的农村，农民如何建设好自己的家乡，依然是极重要的。

大量农民进城打工，也使许多村庄成了“空壳村”，村中只有留守儿童、老人和部分妇女，对农村形成了很大的创伤。城乡差距更大了，特别是那些穷乡僻壤，人们的生活、心灵需要的尊严，都沉默在荒凉中……贫困农村靠谁来建设？

广东是改革开放的前沿富省，广东雷州半岛上的农村却多是贫困村。半岛上的足荣村无异于天涯海角，那里农民的坎坎坷坷，精神诉求，灵魂归宿，很少被那儿以外的人们了解。我们再来看看生活在足荣村的茂德公一家。

五

茂德公之子陈英昌有句名言：“养子若不去读书，不如养个大肥猪。”这话同祖上坚持的“耕读人家”是一脉相承的。陈英昌生了六个子女，是个住茅屋想尽办法供养子女读书上大学的典型。别人攒钱建房，他一心一意投资孩子读书，缴不起学费不惜借高利贷。他家徒四壁时，读了书的孩子们就是他最大的福气。

陈英昌的长子陈宇是福源公以下第六代传人，他上学前，爷爷和父亲在他头脑里输入《三字经》，就像在土壤里施下底肥。这底肥铺在他从学校学来的所有知识的下面，在陈宇一生中有多么大的好处，这是很多人不知道的。

陈宇是茂德公家族一百多年来第一个大学生，学金融，毕业后有了在银行工作的金饭碗。谁知陈宇竟辞职经商，并在小有收益时即把产业做在贫困的家乡，把家乡的人力资源、穷山荒岛资源用起来……这件事做在穷乡僻壤沉默的荒凉中，我们该如何来估量其价值？

如今的“企业家”五花八门，要认识陈宇也不容易。一代又一代农民工把建设做在城市，中国的城市确实繁华了，壮观了，但他们家乡门前的一条土路是要自己出资修的。我走在足荣村，看到村民住得很松散，范围很大。陈宇在家乡竟修起了环绕全村的“足荣村一环路”，你会不会觉得这件事不简单！有了一环，将来会不会有二环、三环？陈宇在足荣村还建起了中国村庄最大的文化广场，比大部分县城的广场都大。祖辈父辈都问他：为什么要建得这么大？他说广场有多大，足荣村的前途就有多大。

我在多年的采访中一再看到，很多穷乡僻壤的农民为了孩子的上学问题，不惜举债到县城或城外买房。农民这一自发行为是县城日益长大的重要因素之一。汶川大地震后，我去四川灾区采访时更一再感到，那些太小的“自然村”是不该继续存在的。政府应组织他们迁出山沟，合并到较大的村，使人口集聚向小镇发展。这对于接纳他们的较大的村庄来说，也是绝对的福音。因为没有足够多的人口，就不可能有商场、不可能有较大的学校，不可能有医院和银行，不可能有企业，那么这些农村再过一百年、二百年仍然是贫困村。如今，只有几户人、十几户人和几十户人的小村，在中国星罗棋布，不取消它，中国就永远存在贫困农民。这样的农村人口星罗棋布地分散在中国的穷乡僻壤，事实上不利于自然资源的保护。20世纪，是世界上诸多国家通过工业化、城市化发展为现代化国家的世纪。21世纪是信息时代，这是更需要通过资源共享来强国富民的时代。取消人口过小的村落，使其地复归自然，创造有利于资源共享人气兴旺的小镇，是必由之路。当中国只有城镇之日，就是中国社会的发达之日。

2011 年 8 月 3 日下午，广东省委书记汪洋一行到湛江调研期间专程去足荣村考察了茂德公食品有限公司工业园。5 日的《南方日报》做了报道。汪洋书记充分肯定了陈宇回乡创业的做法，认为这种利用家乡资源做产品，“在家门口解决农民就业问题”的方法非常可贵，值得推广。

在信息时代到来的今天，已无法仅依靠传统农业方式来维持农民生计，更无法仅依靠传统的农业生产技术来建设新农村。真正的贫困是旧有的生产方式的贫困，这样的穷村已迫切需要像陈宇这样的新青年运用新技术、新的生产和经营方式，将农村劳动力组织起来，并使传统耕作方式注入新的科学因素得以再生。新农村建设，是应该这样来实现的。数不清的农村学子大学毕业后找不到回乡的路，宁可漂泊在城市。陈宇返乡带动乡亲一起创业，便殊为珍贵。

“在家门口解决农民的就业问题”，这就是当今农村最重大的问题。汪洋书记的肯定和鼓励，以及陈宇和乡亲们的实践中，其实奔驰着拯救当今穷村的大道。非止如此，这其实也是新世纪中国农民建设自己、更新自己的大道！

陈宇在家乡创办的产业正不断吸收周边人口，若能更有意识地使他们成为足荣村居民，怎见得足荣村的未来不是一个著名小镇！再过一百年，足荣村成为雷州半岛上一座美丽的旅游城市，迎接四海宾朋，也是可期待的。

六

飞速发展的世界，似乎一切都在变。但万古不变的追求和坚守是存在的。今日中国房价之贵已达世界前茅。家，在茂德公心中并不是一座房子，而是他永远坚守的一个不需要豪华的地方。结婚 70 多年，茂德公都与老伴刘荣阿嬷坚守在这个地方。老伴在哪里，家就在哪里。陈宇把爷爷茂德公的形象注册成商标，如今茂德公商标价值达数亿元人民币，茂德公算得上是中国最具品牌价值的老农民了。茂德公和老伴仍然养了一群鸡和一头猪，仍在屋前屋后种点青菜和辣椒，这跟赚钱没啥关系，这是他们的生活。这养鸡种菜的生活，在中国农民家庭是不足为奇，平凡如水的，而2500年前的老子就说：上善若水。

20世纪的中国农民经历了多种不同的时代，每个时代都有几代人投入心血汗水去实践。中国最广大的人口是农民，最广大的人口投入的颠沛的沸腾的实践，是伟大的实践。这宏伟的百年实践距离我们可能还是太近，我们尚难准确论述是非，大部分情况下只是记述某个时期“是这样”。这一百年，恐怕值得我们再研究一百年，甚至更久。我们所记述的仅是很小的一部分。

虽然，20世纪结束的时候，足荣村还是广东最穷的村庄之一，但茂德公家庭的百年变迁，其悲伤与欢乐，吃苦能力和勤劳，理想和灵魂，平凡与不平凡，以及茂德公家庭一代比一代强的走向和现状，仍然可以是20世纪中国农村社会和农民进步的缩影。

2011年11月10日　北京

目　录

第 1 章

足荣村中茂德公

远古时期，雷州半岛是古百越民族的栖息地。今日半岛上的足荣村只有千余人，出了百余名大学生。村中文化广场比许多县市的文化广场还大。村里有个茂德公家庭，是中国传统式的农民大家庭，四世同堂，共有 17 对夫妇，48 口人，每个小家庭都和睦完整。足荣村从村头到村尾，排着一长列大石头，每块大石上都刻着一个字：德。真草隶篆，神韵飞扬。中国自古重德，但几千年也没见哪个地方刻了这么多“德字石”立在村庄。今天为什么要以“德”字勒石做如此强烈的表达？

武昌起义一声枪响，大清王朝轰然崩塌。雷州府通电响应，知县挂袍出逃。足荣村炊烟袅袅，牛眠草径，同往日一般平静。十余年后茂德公出世，少年娶妻，立志勤劳置田，争取当地主。土改的枪声让茂德公惊出一身冷汗，当地主的美梦破灭……

1 茂德公之谜

2008年，广州。

街面穿梭的公共汽车出现一条夺人眼球的车身广告："辣酱还是公的香"。据说有好事者打电话问厂家：辣椒难道像鸡一样，还分公母？

商标上的"茂德公"，是个中国老农民头像。早几年，这头像已随着"茂德公嘉仙鸡"频繁出现在广州街头。就像当年"肯德基"首次出现在中国城市那样，"茂德公"也曾引起广东消费者的好奇。

接下来，珠三角市面上、交通要道上、报刊上频繁出现"茂德公"的广告：茂德公香辣酱厂、茂德公农业科技公司、茂德公生态农业体验休闲园、茂德公文化传媒公司……一时间颇有人问："茂德公是谁？"在互联网上搜索"茂德公"，会跳出4万多相关条目。点进去，很快发现，茂德公其实是个普通的老农民。他的大名叫陈茂德，已有86岁，村里人都尊称他"茂德公"。

不久，广州人还发现，在寸土寸金的广州番禺，冒出一座"茂德公草堂"，在那里住一晚上，最豪华的"阿公套房"要上万元。这是什么样的草房子，这么贵？可还是有不少名流成为草堂常客。茂德公身上多新闻，时而赞助话剧《宝岛一村》、喜剧《开心晚宴》上演；时而赞助《中国书法万里行》活动走进雷州；冠名茂德公的亿达足球队，频频亮相绿茵场；汶川地震、玉树地震，都留下茂德公献爱心的记录……2009年，茂德公又在寻找2009位无钱回家的民工，"帮你回家！"

2010年情人节，《财智生活》以"执子之手，与子偕老"为题，赞颂

茂德公 说来你可能不信，在珠三角地区，这位老农民的形象比“肯德基”美国老爷爷更有名气。他的旗下有香辣酱厂、农业科技公司、生态农业体验园、文化传媒公司……在寸土寸金的广州番禺还有一座“茂德公草堂”。他叫陈茂德，村人尊称他茂德公。“茂德公”品牌价值以亿元计，已成为中国最具品牌影响的农民形象之一。

了茂德公的爱情故事。一个中国老农民的爱情故事，据说感动了很多人。“茂德公式爱情”，一时成了报纸、电视台、网络的热点话题。

这时人们知道了，茂德公是雷州半岛足荣村人。茂德公草堂、茂德公食品有限公司统归在樟树湾集团的旗下。但樟树湾这地名，听起来在中国南方似乎有一万个，因为很多村庄的村头都有棵大樟树。世世代代，很多人背井离乡的故事，悲欢离合的故事，都与大樟树有关。足荣村这个名字却是独特的，恐怕难有重名。村有非常之人，必有非常之事。现在樟树湾足荣村因有“茂德公”，也很受方圆四乡关注。

足荣村，在雷州半岛南端，属广东省雷州市龙门镇管辖。清朝时期，这里是天高皇帝远的地方，朝廷八百里快马传递消息，到这里也是几个月以后的事了。直到40多年前，“文革”中全国乱成一锅粥了，足荣村过了好久才有标语，但是仍然没有派别。

现在可不同了。“9 · 11”美国世贸大楼被撞毁，这里的村民也在第一时间知道。美国发生金融危机，村头文化广场的大树下，就有老人谈论，虽然那话题是彼此在问：啥叫金融危机?

足荣村小学校门口，有个世上少有的“多磨谷场”，那里陈列着几百个石磨盘，不知道要向后生讲述什么。村祠堂前那个文化广场，比中国许多县市的文化广场还要大。一个小村，要这么大的广场做什么?

足荣村前德字石 从足荣村头到村尾，卓然有序地排列着一长列大石头，每块大石头上都刻着一个字：德。真草隶篆，神韵飞扬。这出自谁的主意，为什么要以“德”字勒石做这么强烈的表达？由此似乎可以察觉，选“茂德公”三字做商标，也不是随意的。

从足荣村村头到村尾，卓然有序地排着一长列大石头，每块大石上都刻着一个字：德。真草隶篆，神韵飞扬。这些字都出自全国各地名人、书法家之手。中国自古重德，但在几千年的历史上，也没见哪个地方刻了这么多“德字石”立在村庄。这出自谁的主意，为什么要以“德”字勒石做这么强烈的表达？现在似乎可以察觉，选“茂德公”三字做商标，也不是随意的。

足荣村出了百余名大学生，有的人家一户出两三个大学生。一个名不见经传的千人小村，为什么会才人辈出、龙凤齐飞？

足荣村村边有 1200 亩樟木再生林，是广东省现存最大的樟木林，在全国也罕见。这一望无垠、莽莽苍苍的森林，是怎么才得以保存下来？

在足荣村，古稀老人满地走，八十老人不足奇，九十老人还在房前屋后转悠。这里的人为何长寿？

茂德公家庭是中国传统式的农民大家庭，人丁兴旺，四世同堂，共有 17 对夫妇，48 口人，每个小家庭都和睦完整，平静安宁地生活，是什么维系着这个中国农民大家庭的和谐运转？

茂德公是个典型的中国老农，具有中国农民淳朴厚道、忠诚老实、吃苦耐劳、重义守信、以和为贵、古道热肠、崇文重教等许多传统品质。同中国很多农民一样，茂德公一家曾经过着非常艰难困苦的日子。住在茅草房里，雷州半岛的暴风雨一来，床头床后，四处漏雨，水可漂屐（当地人的木拖鞋）。如今茂德公一家盖起了花园式别墅，是全村最好的房子。富裕了，

雷州半岛的木屐鞋 雷州半岛临海，多风雨。足荣村人世居茅屋，一场暴雨，茅屋漏雨或进水以至水可漂屐，这在当地是常见的。图为当地人常用的木屐鞋，虽称木屐，却是藤木结构的复合手工制品。

一家人拿出上千万资金，修路、修广场，美化村庄。前面说的足荣村文化广场，就是茂德公家修的。驱车在环绕足荣村的道路上行驶，听说它叫“足荣村一环”，我们非常震动！

更让人吃惊的是，茂德公一家的樟树湾集团，投资数十亿，在雷州建设“雷文化体验休闲游”，包括樟树湾大酒店、鼓城半岛首府、雷祖祠、赤豆寮爱情岛等，立志要向世界营销雷州旅游。有人说，“雷州是个小鸟都不敢停留的地方”，一户农民，哪有如此能耐？这钱从哪里来？

种种疑问，都与茂德公家庭成员密切关联。在这个大家庭中，比茂德公更有能耐的是其长子陈英昌，比陈英昌更有能耐的则是茂德公的长孙陈宇。

改革开放后，大学毕业的、外出做生意的、打工有了门路的，大部分从农村跳出去的人，只要在城市有立足之地，即便是蜗居也宁愿待在城市。没法在城市长期立足的，便在城乡之间“荡秋千”。有人说，孔雀东南飞，连鸡都飞了，谁还愿回农村。陈宇是茂德公家百年来第一个考进北京读大学的，在足荣村人看来就像中了状元。陈宇大学毕业后在银行里有了令乡人羡慕，令父母自豪的工作，谁料他竟突然辞职回归故里。此举非但村里人不理解，家里人也不能理解，不知他是不是做了什么很坏的事在银行里待不住了，父亲陈英昌因此感到耻辱。那一年，陈英昌出门低着头，走路贴墙根。

茂德公一家，非常传统，又非常当代。如何到达这两端，又如何统一在一个大家庭？长孙陈宇离职返乡，家乡有哪些资源可以造化出大财富？那么多人眼里看到的乡村除了穷，啥也没有，纷纷离土离乡去谋生……那么多人往外走，陈宇却往回走，是什么因素让他看见家乡蕴藏的大财富？这里面最核心最广阔最取之不尽的，似乎都主要是中国文化的造化。足荣村的故事，不管是否具有典型性，可以肯定的是，这是个值得研究的乡村之家、农民之家。不仅因为它令人惊佩的变化，还因为它相当强烈地恪守着千古不变的东西。

20 世纪结束时，足荣村除了有几个教书的老师，几乎都是农民，茂德公家也几乎都是农民。由此上溯一百年，我们会看到什么？

2 茂德公身世

一百年前，公元 1911 年（农历辛亥）10 月 10 日，武昌起义一声枪响，大清王朝轰然崩塌，史称辛亥革命。雷州知府朱兴沂树旗独立，通电响应。海康（雷州曾用名）知县柳谦挂袍弃印出逃，雷州半岛再不是大清王朝的天下。

中国的皇帝称天子，打倒皇帝，这是翻天覆地的事。雷州城里人们的反应是不同的。读书人说话突然大胆了，店铺却半开着门。听说皇帝不管用了，不知道有什么样的人会突然闯进店里来吃喝不给钱，所以商人多显得小心翼翼。读书人、商人，还有城里的妓女，是消息比较灵通的人。其他城里城外的居民、农民，除了正碰上要击鼓告状的，多迟迟不知知府独立、知县出逃。

世事巨变，更没有给中国大陆最南端的足荣村带来多大震动。小村柴门静掩，炊烟袅袅，翠竹婆娑，牛眠草径，依然同往日一般平静。村民头脑里不是完全没有“国家政局”这种东西，只是对政局的变化已麻木了。多少年来，“官府虽奏太平曲，民众都知无太平。”再说，谁当皇帝，农民还不是下地干活喝粥睡觉！

足荣村村头，有户乡间耕读人家，户主叫陈福源，略知诗书，平日亦耕亦读，耕为养家，读为修身。上了年纪后，村里人都尊称他福源公。福源公妻子梅氏，生有二男：陈秀英、陈秀之。陈秀英娶周氏为妻，先后生了三个男丁：老大荣洲，老二禄洲，老三献洲。福源公夫妇和长子陈秀英一起生活，一家三代同堂，人丁兴旺，其乐融融，是一户中国传统的农民

官去衙空 1911年10月10日，武昌起义一声枪响，雷州知府朱兴沂树旗独立，通电响应，海康（雷州曾用名）知县柳谦挂袍弃印出逃。这样的景象是罕见的，农民们跑到衙门前来看热闹，衙门里面静悄悄，大家只见彼此看彼此。这是几千年始有一遇的景象，它标志着中国古代帝制社会结束了，一种新型的社会将要出现。此时，中国大陆最南端的足荣村小村，依然是柴门静掩，炊烟袅袅，翠竹婆娑，牛眠草径，同往日一般平静。天翻了，地覆了，农民还得下地干活，喝粥睡觉。

大家庭。

福源公，便是本书开篇所写的茂德公的曾爷爷，陈秀英是茂德公的爷爷，陈荣洲是茂德公的父亲。

福源公本来一心想把儿子秀英、秀之培养成知书达理的读书人，实现“诗书继世，耕读传家”的理想。无奈靠种田要供养出一个秀才十分困难。福源公的两个儿子，都因父辈承担不起读书费用而中断书塾的学习。儿子没希望了，福源公又把希望寄托在长孙陈荣洲身上。两代人省吃俭用，才维持着长孙陈荣洲在书塾读书。

有首雷歌在雷州半岛十分流行，寄托着长辈们对子弟读书上进的热切期望，流传至今：

> 鸡角仔呀学工夫，侬仔精灵要读书。
> 三年逢科二次考，考中状元地动浮。

“读书肯用功，茅寮里面出相公。”陈荣洲不负祖辈厚望，读了几年书塾后便能识文断字，知书达理，村中如有来往公文，常请他去解读，成了村中识字“秀才”，这给爷爷福源公、父亲陈秀英莫大的欣慰。

“种田人图个什么？图吃饭、图结婚睡觉生孩子，这谁都会的。种田人图个有文化，这才是最荣耀的。”今天已是耄耋老人的茂德公说。此说，其实是他前面的不知多少代人传下来的。

在长辈的操办下，能识文断字的陈荣洲要娶妻了，娶了龙门镇淘汶村黄氏为妻。婚后陈荣洲农忙时耕田种地，农闲时读千字文、千家诗。“荷锄戴月归，躬耕世无争。”能够衣食不忧就是大福。每逢过年，陈荣洲都喜欢写对联，贴在茅屋的门上。横联内容常是“耕读人家”、“耕读传家”之类。福源公祖孙三代同堂，过着清贫而自足的农耕日子。

福源公去世后，陈荣洲的弟弟禄洲、献洲也都相继成亲。树大分枝，家大分家，三兄弟分了家，各立门户过日子。陈秀英和周氏随长子荣洲一起生活。

陈荣洲和妻子黄氏，婚后陆续产下二男一女。民国十四年（1925），农历乙丑八月初五，黄氏又产下一个男孩，陈荣洲给老三儿子取名“兆成”，望其长大给家庭带来好兆头，扬名显贵，光耀门庭。这个婴儿就是茂德公，辈名陈兆成（辈名即辈分名，雷州说法）。8岁时，陈兆成过继给叔叔陈禄洲做继子，其中原委，说来话长。

陈禄洲生于1893年，从小放牛干农活，身高体壮力气大，挑200斤担子健步如飞。禄洲娶梁氏（那双村人）为妻。夫妇俩结婚多年，妻子梁氏肚子始终不见动静。看到哥哥家里又添新丁，心中不免暗自焦急，担心无后人承继香火。

中国农民有“多子多福”之说，也有“养儿防老，积谷防饥”之说。添子添孙，下继后世，谁家都希望早生贵子。祖训说“不孝有三，无后为大”，意思是不孝顺的行为有三种，没有后代是最不孝顺的。这话对没有孩子的中国人，都有巨大压力。无论谁，从自己这一代算起，向上追无穷，向下推也无穷，是个直贯天地、无穷无尽的血缘通道。“无后”就是断了祖宗血脉传承的根，这个罪责就背得大了。老二陈禄洲整天忙着到陈氏宗祠烧高香，四处求神问卜，给送子观音下跪叩头：“一进二进三进香，香进观音盼福音。”可怜费尽心思，一片虔诚，却未能感动上苍，梁氏还是没怀上。这可把陈禄洲夫妻愁死了。

旧时女人都不叫名字，什么村嫁过来的，就以那村的名字叫她。梁氏是那双村人，村里人习惯叫她那双娘。那双村是龙门镇的一个村庄。在雷州话中，“那”是“田”义，“双”为“高”义，那双村建在比较高的坡地上，意思是高田村。雷州有许多“那”字打头的村庄，据当地文史专家考释，凡以“那”字打头的村落，均属壮族后裔。

那双娘梁氏是清末民初少有的大脚女人。按中国当时的习俗，小女孩七八岁时就要裹脚，用长长的裹脚布一圈又一圈地把双脚裹紧，然后喷上酒水，布遇水收缩，裹得更紧。这是很痛苦的事。俗话说“小脚一双，眼泪一缸”。中国妇女清朝以前都要裹小脚，裹出的小脚曰“三寸金莲”，大脚女人反被讥为“大脚婆”，出嫁都有困难。梁氏生于清末1899年，到了要缠小脚的年龄，不知怎么大人并没有催逼得紧，转眼间就到了民国政府下“男剪辫、女放足”新令的年月。“放足”就是禁止女孩裹小脚，梁氏从

晚清广东民间婚礼装束 即使生活清贫，中国农民对结婚这件事，也都尽可能办得隆重。自从照相机来到中国的小城，民间就有人在结婚日去照相留个纪念。男子身穿清代官服，女子也穿得像个官夫人，这身穿束显示着千年来存在于民间的做官梦想，也寄予着对婚后将产生的下一代的期望。这服装并不是他们自己的，其情形亦如今日也有青年男女到照相馆租用婚纱照个结婚照。

此大大方方地有一双大脚。

梁氏长得高高瘦瘦的，干活人勤手快力气大，那双大脚给她带来极大的方便，里里外外都称得上是个好手。但在民国时，女人的任务不是干活，主要是生儿育女，不会生孩子的女人被人看不起，村里有人嘲笑她是“不会下蛋的母鸡”，老一辈人甚至认为她不育是因“脚大”所致。梁氏自己也挺内疚的，在人前总抬不起头来。每当听见别人的孩子叫“娘”时，她心里就挺感伤的。

春去冬来，花开花落。转眼间又过去八个年头。这期间大哥陈荣洲家又添一男丁，共有四个男丁，分别取名兆文、兆武、兆成、兆渊。弟弟陈献洲娶钟氏（后溪村人）为妻，陆续生下三个男丁，分别取名兆康、兆均、兆庆。

有人欢喜有人愁。老话说家有小儿啼哭，才算人家。陈禄洲与梁氏结婚十多年了，依然膝下无子。两口子常为此事忧愁，偶尔还闹些别扭，小日子过得不开心。民国旧俗，妇女地位低下，做妻子的不生育，丈夫可以此为由，一纸休书就把老婆打发回娘家。有人在陈禄洲耳边嚼舌头：“梁氏不会生子，你可以休妻再娶呀！”

禄洲一听直摇头："不可，不可。"

陈禄洲对梁氏始终恩爱有加，绝无二心。

没生过孩子的女人，见到小孩就特别喜欢。梁氏对侄儿兆成疼爱有加，经常把他领到家中，拿出事先留着的糖果塞给他。看到妻子这么喜欢孩子，有一天，弟弟终于硬着头皮向哥哥开口恳求了："哥，你有四个儿子了，过继一个给我吧！"

陈荣洲看见弟弟那无奈、哀求的眼神，心软了。他懂得弟弟、弟媳没有子嗣的苦恼，不好推却，便同妻子黄氏商量，小儿兆渊还小，兆文、兆武两个大的会干农活了，于是决定把老三兆成过继给弟弟续香火，而且兆成是梁氏最喜欢的。

这下可把陈禄洲和梁氏乐坏了，家中虽然也不宽裕，倾囊而出，忙着给即将进家门的养子做新衣新裤。这年小兆成 8 岁，过继仪式在陈氏祠堂隆重举行，同族兄弟都到场见证。按习俗新添丁要请雷剧，陈禄洲夫妇为了表示兆成如同亲生，还特意请小雷戏班子唱了一晚雷剧，把自家的喜悦与全村父老共同分享。

3　雷祖第 47 世孙

陈兆成过继给二叔陈禄洲为子嗣后，便随养父母一起生活，但还是经常回亲生父母陈荣洲家。从此兆成有两个父亲，有两个母亲。多个父母多份爱，兆成心里也挺高兴的。小兆成很讨养父母欢心，牛年出生的他，似乎和牛有着天生的缘分，8 岁那年他唱着雷歌去放牛：

养牛侬仔真快活，又得骑牛又唱歌；
身穿蓑衣头戴笠，风雨打来乐呵呵。

足荣村离海 30 公里远，民国时只有一条羊肠小道与外界相通，很多人一生从未看到山外面的世界。村中有人去广州回来，全村人都对他特别尊敬，称之"那可是上县下府的人物"。村民世代种水稻、甘蔗、番薯。全村除了

1898年的广东湛江农民 19世纪末的广东湛江农民，生活在这天高皇帝远的地方，仍然是大清皇帝的“子民”。这张照片是来华的外国人拍的，照片上的农民一脸沧桑。当地有雷歌唱曰：“瘦秧连土弯腰插，新谷带苗驼背扛。赤脊朝天叹命苦，交租纳税没余粮。”这是反映雷州农民生活的歌，但不知是哪一代乡村读书人写的。茂德公祖辈父辈，以及儿子和孙子，在20世纪的100年中始终都住在与此相似的茅草屋里。

有几个大户人家盖了瓦房外，大部分村民都住在茅草屋里。陈禄洲一家也是住茅屋。一首古老而心酸的雷歌，不知是哪一代的读书人作的，在雷州大地代代相传：

> 瘦秧连土弯腰插，新谷带苗驼背扛。
> 赤脊朝天叹命苦，交租纳税没余粮。

足荣，村里耄耋老人说，开基立业者以“足荣”为名，希望村庄富足繁荣。也有人说，足荣之“足”，是取知足常乐之意，村民以“知足”为荣。还有人说，足荣村竹多，“足”、“竹”谐音，取翠竹成荫，欣欣向荣之意。不管是哪一种意思，上述的每一种说法都对足荣村的子孙有抚慰，有激励。

足荣村的男人清一色姓陈，都是雷祖陈文玉的后代。在雷州民间传说中，陈文玉是一位半神半人式的充满神奇色彩的英雄人物，生前是唐太宗李世民贞观年间任命的雷州刺史。

足荣村头有“陈氏祠堂”，这是全村人家共有的祠堂，大家同祭祀一个祖宗，恪守同一祖训。每家每户说起来都是亲戚，但只是同族兄弟，绝非儿女亲家。300多年来，这个村都没有发生过两小无猜、青梅竹马的爱情，也没有花前月下的卿卿我我。因为这是个同血缘的家族社会。血缘亲缘，可能在促成足荣村社会的平和安宁中发生过一定作用。

中国以姓氏命名的村落自古很多，但延至当代，像足荣村这样纯净的一个姓的村庄少有了。关于足荣村的来历，从村中耄耋老人的口中流传下来，有三种说法：

一说明末清初有个叫陈少基的人，最早从企水到这儿来定居，生有6兄弟，繁衍下来。

另一说，最早有三兄弟从企水来到这儿，生了6个儿子，分6房发下来。

第三种说法，足荣村的祖先是一名举人，清康熙年间反清复明失败，便从企水跑这里来避难，娶妻生子分6房繁衍而来。

三种说法只是略有不同，却可以互为印证。如今足荣村的世系，老大一房已无后裔，其余5房字派清楚，各有本房先祖。《雷州陈氏家谱》中有足荣村始祖的文字记载：“廪生陈雷种，妻黄氏，自特浪移居足荣村，乃足荣村开基始祖也。”

陈雷种墓，至今还完好地保护在足荣村附近的林子里。古时科举考试，成绩名列一等的秀才称为廪生，取得廪生资格后可获官府廪米津贴，继续报考举人、进士。身为廪生的陈雷种，是否因反清复明失败举家搬迁足荣村，也许当时修谱者不便明记，如今为后世子孙留下一个若隐若现的谜。但家谱记载与足荣村流传的“先人从企水迁来”的说法相吻合。《雷州陈氏家谱》中讲的“特浪”至今仍在，特浪村就是雷州企水镇英楼村属的一个小自然村。

按家谱记载，福源公系雷祖陈文玉44世孙，福源公的儿子秀英、秀之系45世孙，其孙荣洲、禄洲、献洲是46世孙。推算下来，陈兆成是雷祖第47世孙。

陈禄洲家虽然自己有些耕地，但收成后要交出去一笔数额不小的“田赋”，民国时期叫“钱粮”，也叫“军粮”。禄洲夫妇平日勤劳肯干，兆成会放牛也会干农活，一家三口没有一个吃闲饭的，在足荣村算是较富裕人家，但还是盖不起瓦房。

陈兆成从小村前村后荒地放牛，累了就在炮楼边歇个脚。

炮楼记载了足荣村辛酸的历史。足荣村原址在八角井、四角井附近，清太平天国起事时，村庄曾遭大洗劫，房屋烧毁，损失惨重。后来村民在离井更远些的平坦坡地重建家园，并在村入口要塞处建起两座石炮楼。村里有钱的大户人家出资购买了100多支猎枪，还有长矛、大刀，无钱的出人力，建起一支村庄自卫队，非常时期便轮流上炮楼站岗放哨。民国初年军阀混战，兵不剿匪，足荣村附近的嘉山岭荒山野林，是土匪盘踞的老巢。足荣村村民团结，护村实力名声在外，土匪也是欺软怕硬的，再没有进犯足荣村。附近村庄遭匪难时，也有百姓跑到足荣村来投亲靠友，寻求庇护。

抗战时期，足荣村是抗日武工队出没的基点村。共和国建立后曾任湖南省军区副司令员的唐才猷，当年曾经在足荣村一带活动，足荣村陈才时家是堡垒户。日军占领海南后，经常从海上进犯徐闻、雷州。在海上捕鱼的渔民，有的被日军用煤油活活烧死，有的被剖腹挖肝。在足荣村人的记忆中，日军就是天底下最残暴的野兽。

过去，足荣村是个喝水都困难的村庄。从康熙年间建村起，足荣村就靠四角井、八角井两口相距百来米的井水养育村民。陈兆成长大后，挑水成了他的一件要事，早上一起床先去挑水，逢干旱年月，半夜三更就得到井边排队取水，谁先到谁先打，两口井边日夜都没有断过人。

民国三十年（1941），陈兆成16岁了。在田间放牛时，一群放牛娃唱雷歌嬉戏：

拍大腿，唱山歌，人人话我无老婆，
有钱揾个威威姐，无钱揾个痘皮婆。

雷州话“揾”即“讨”的意思。陈兆成也跟着哼，其实对讨老婆做新郎的事，他还没有心理准备。

在崇尚“早生贵子”的中国农村，时兴早婚，十三四岁的男孩、女孩就拜堂成亲的事很流行。陈兆成还不知道，养父母已经在托媒人为他寻找对象了。

4 16 岁的新郎官

有个媒人向陈禄洲介绍，龙门镇大北坡村有户刘姓人家，家中有四姐妹，大姐已出嫁，二姐刘荣尚待嫁闺中，品行容貌都好，也是 16 岁。

陈禄洲相信媒人的话，同意向女方家提亲。通过媒人牵线、撮合，女方听说男方家庭有地有牛有车，在足荣村中是有桌子吃饭的，就很满意了。那时雷州农村很多人家连吃饭的桌子都没有，用一个大碗盛饭，端着碗或站或蹲着吃，或如读书人讲的“席地而食”。如果一户人家是可以在桌上吃饭的，就意味着家境殷实，日子过得讲究。

于是两家交换了儿女的生辰八字，旧俗叫“合命”。看看两人的生辰八字，陈兆成与刘荣的“八字相生”，“卜得吉兆”，双方家长都很高兴。一场决定终身命运的婚姻大事，就这样凭媒妁之言、父母之命定下了，而兆成此时还在坡上放牛。

这时的兆成知道养父母在为他找媳妇了，但女方姓什么、长什么样，是高是矮，漂亮不漂亮，全都不知。他的养父母也没见过那姑娘，同样不知。只问有没有破相，胳膊腿都好吧？媒人说好的，哪都不缺。那就好。

陈禄洲与梁氏抓紧为兆成准备聘礼，兑换“袁大头”，购买首饰、洋布，忙得不亦乐乎。一切具体事宜都有赖于媒人穿梭传言，从中说合，按双方商定的数额“装礼”。按雷州习俗，聘礼中槟榔盒是必不可少的，即用精致的六棱角形的铜盒，里面放两个槟榔和其他议定的钱物等聘礼，择吉日送达女家，议定娶亲吉日。同时抓紧布置新房，择吉安床。

雷州男子大婚前，按习俗该“加冠”而起“别字”。养父请识文断字的生父陈荣洲给拿主意。陈荣洲沉吟片刻说：“无德不贵，茂德传家，我看就取茂德吧。”养父大喜，连连点头称好。

陈兆成从此有了新名字：陈茂德。

茂德上年纪后，大家都称他茂德公。

大喜之日，女家请“多子多福”的妇女给二姐刘荣“拾脸”，把辫子盘结起发髻，用细麻线把脸上的汗毛收拾干净，穿好嫁衣裙，作为人生进入新阶段的标志。刘荣年纪还小，想到马上要离家出嫁，还不知夫君长相如何，人品如何，一阵心酸，不由自主地流下眼泪。

迎亲日，陈禄洲的茅草寮一派喜庆气氛。大门结起了“彩门架”，两边贴着生父陈荣洲亲笔写的对联：两姓婚姻原古礼，百年瓜瓞庆长绵。横批是：五世其昌。

陈茂德戴礼帽，穿长衫马褂，新鞋新袜，打扮得十分帅气。陈禄洲雇了四人抬的红轿前去迎娶新娘，还请仪仗队吹打击鼓，好不热闹。轿子是当时体面的交通工具，官僚、富商、有钱人出入都坐轿子，平民百姓人家只有迎亲送嫁才用得起轿子。所用的轿子有两种，分素帷小轿和红轿。小轿用竹编而成，轻便，只需两人抬；红轿以红木精制而成，较重，要四人抬。刘荣家看四人抬的大轿吹吹打打来了，感到很体面。

新娘离家，唢呐鼓乐一路喧腾而去。

轿子刚入足荣村，鞭炮一响，全村都听到。

小孩们跟着新娘的彩轿跑，准备讨糖果。村中亲朋包“红钱”前来庆贺的早候在彩门前。主人中午大摆宴席招待来客，村中没有大房子，酒桌按习惯都设在房前屋后的大树底下。这天到了许多客人，摆的是流水席，吃了一拨，另一拨再上桌。

洞房花烛夜，陈茂德见新娘子身材瘦小，怯生生地坐在床沿边，头上披着红头布。结婚之前新郎新娘是没见过面的，陈茂德心里急切想知道自己的新娘到底长得好看不好看，现在可以去揭红帕子了，但真的要动手去揭，还没碰到红帕子就先听到自己的心跳了。

“新娘子忽然用手护着红布……”这是耄耋之年茂德公的回顾，可见洞房花烛夜要揭红帕子那一刻的记忆多么牢固。新娘子似乎有一种不让揭的架式。红烛下，两人僵持坐着。陈茂德生性木讷，不苟言谈，此时更不知要说什么是好。

红帕子终于是揭下来了，但新娘转过脸去，接着还转过身去，陈茂德还是没有看到新娘长什么样。新婚之夜，新娘和衣而眠。一张床上，两个未成年的男女青年各睡一边。陈茂德想，为何不让我看，莫非很不好看？一夜无眠。直到天亮，新媳妇出来拜见公婆，陈茂德这才看清自己的新娘娇小清秀，心里喜滋滋的。

虽说是结婚了，两人年纪都小，结婚就像小儿过家家。晚上睡觉陈茂德手伸刚过去，就被刘荣打回来。妻子不让动，陈茂德也就不敢动。平日刘荣经常有意无意找陈茂德斗嘴生气，真不高兴了，刘荣便收拾个小包袱回大北坡娘家，少则十天，多时住上一个月还不回来。

“公鸡打架头对头，夫妻吵嘴不记仇。”每逢这种情况，陈茂德便赶着牛车，去大北坡村把她接回来。

陈茂德个子挺高，长得也挺英俊的，新嫁娘有什么不满意呢？原来刘荣说陈茂德长得黑，没文化。哪个放牛下地劳动的雷州男人不黑？她主要还是怪陈茂德“不读诗书跟牛后”，斗大的字都不识一个，这样下去怎么行？

陈茂德下决心要在老婆面前争口气。那时，许多学生都是结过婚才去上书塾的。陈茂德动了读书的念头，养父母十分支持。陈禄洲自己不识字，但文化知识在他心目中是十分神圣的，当即就去找书塾先生，为陈茂德交了一担谷做学费。

书塾设在村头的陈氏祠堂，这是当时足荣村为数不多的瓦房。开学那天，书塾先生带陈茂德到孔老夫子的圣像前恭立，向圣像三鞠躬，然后再向先生磕头作揖。当新郎官不久的陈茂德，就这样成了书塾学生，开始学“人之初，性本善”。课本有“三、百、千、千”，即《三字经》、《百家姓》、《千字文》、《千家诗》，还有《弟子规》。陈茂德在书塾读了一年书，认了不少字，懂得忠孝礼义廉，温良恭俭让等做人的道理。

转眼陈茂德结婚四五年了，小两口还是吵吵闹闹、说说笑笑。陈茂德为人老实，妻子一发脾气，他就不做声，或者说句笑话哄哄她，这样她就不会闹着回娘家。但这么多年过去了，刘荣还没有怀孕迹象，养父母有些焦急了。特别是梁氏，心中暗想可千万别像自己，怀不上孩子。

民国三十六年（1947），刘荣终于有喜了。梁氏高兴得把她当娘娘一样供起来，什么家务都不让她做。交代媳妇安心在家保胎，不能外出。当地风俗认为，外出若见到别的孕妇，会冲撞了胎气。

民国三十七年（1948），农历戊子四月初十，一声婴儿的啼哭冲出陈禄洲家的茅屋，刘荣顺利产下一男婴，茅屋里传出梁氏高兴的呼叫声："是个带把的，带把的！"陈禄洲站在屋外候着屋里的消息，听到梁氏一声喊，激动得顿时泪流满面。

新生男儿的出生，给这个稼穑之家带来无限希望。满月时，陈禄洲按传统习俗摆下满月酒，把大哥荣洲、小弟献洲等亲友都请来。陈茂德为表示对长辈的尊敬，请生父母和养父母一起给婴儿"安名"（取名字）。按足荣村家族5房字派，新生儿为"昌"字辈，长辈们一起商量，取名"英昌"，希望孩儿长大后英才出众，能使家族兴旺兴盛。

陈茂德长子陈英昌，是本书中的主角之一。

这年是陈禄洲家庭的幸运年，除长孙陈英昌出生外，陈禄洲、陈茂德父子在老屋边新盖起一排三间茅草屋。茅屋虽然简陋却温馨，梁上贴着陈茂德生父陈荣洲亲笔书写的"天官赐福、地官赐禄"，"百福骈臻、千祥云集"等吉祥联句。陈茂德夫妇择吉日迁进新居。亲友们都前来庆贺，莫道小村文化浅，世代传承的古联，每逢吉事吉日，就会给茅草屋添出无限文化风采：

吉日迁华堂，子孙有千万。
财源多广进，福禄寿无疆。

5　枪声惊出一身冷汗

"三更未眠五更起，手插禾苗背朝天。"人间辛苦是为农。

陈茂德不怕，他吃得起苦。搬新居后，他与养父没有分家，还是与养父同种一块地，同吃一锅饭。

陈禄洲家有五亩土地，还租了大户人的五亩土地，每年收成尚要交出去数百斤田租。当时田租因地不同，分旱田、晚田、夏冬两季田三种。夏冬两季田即一年两收，多采取四六分成或三七分成，田主得六或七成，佃户得四成或三成，这种田租是很苛刻的。

足荣村陈氏宗祠　“陈氏宗祠”是全村人共有的祠堂，16岁的陈茂德当年就在这里面读书，因为书塾就办在这祠堂里。开学那天，书塾先生带陈茂德到孔子的圣像前向孔夫子三鞠躬。所以当时的陈氏宗祠里不仅供着陈氏先人的牌位，还有孔子的圣像。伟大的孔子对世世代代中国人的教育和影响，是深入到一切穷乡僻壤的。

“土能生百福，地可纳千祥。”陈茂德想，日后如果有钱买十几亩地，再不用向别人交田租粮，收成全归自己所有，那该多好呀！

地主，在陈茂德心目中是“田地的主人”，拥有土地就拥有财富。他心中唯一的理想道路是勤劳致富，节俭持家，一天省把米，三年能买地，买得越多越好，争取当地主。

陈茂德的买地愿望还与民国社会物价飞涨有关。他听养父陈禄洲说，民国二十四年（1935）废止银元采用纸币流通后，钞票叫“法币”。在茂德公 12 岁时家中花 100 元法币买了头牛，而茂德公 14 岁时 100 元法币只能买头猪，在茂德公 16 岁娶亲时，同样的 100 元法币就只能买只鸡了。国民党要失败那些年，物价大涨，上午和下午不一样，前一小时和后一小时不一样，有的物品涨 3000 倍，真是“神仙难料物米价”，只有将钱买了地，物价涨，地价也涨，才不会贬值。中国农民与土地有一种不可分割的血肉般联系，土地是农民赖以生存的根本，陈茂德这种买田置业的思想，代表了民国时期中国农民的理想。

1949年11月，国民党海康（雷州）县政权尚存之时，共产党领导的海康县人民政府已通过发布告对当地人民发生影响。这张1949年11月海康县人民政府的布告，讲的是要“精简节约”，撤去人民政府过去设立的“区级政权”，认为这是个“挂空名的机关，无实际工作任务”。撤去区级机关后，“加强县级和乡村政权的组织机构”。

1949年12月5日，中国人民解放军粤桂边纵队第二支队第八团包围县城，国民党海康县长陈桐举旗投降。当国民党逃跑，共产党坐天下的消息传到足荣村时，村里大户人家感觉形势不对，诚惶诚恐，不知如何是好。穷苦百姓依然平和度日，这时还不清楚新中国成立对他们会带来什么好处。

陈茂德像往常一样，每天起大早，赶着牛车下地，为翌年春天播种做准备。长子陈英昌出生后，长得健康活泼，妻子刘荣再不提回娘家的事。隔了一年，妻子又怀孕了，陈禄洲全家更加高兴，茂德干起活来也更加有劲。

1950年6月，雷州县人民政府颁发开展生产度荒、奖励开垦荒地的布告，规定凡垦荒地谁种谁收，垦熟荒地三年、垦生荒地五年免交公粮，分田时亦不列入分配数目。陈茂德与陈禄洲两人一起，开了好几亩坡地，省吃俭用把积赚的钱又买了一头牛。

1952年，雷州城开始搞土地改革运动。斗地主、分田地的消息，像风一样传进足荣村。不久，土改工作队进驻足荣村。这是足荣村有史以来，“政府的人”第一次住到这村子里来。

土改工作队刚开始摸底，住在大瓦房里的大户人家陈洪洲坐不住了。他进省城读过书，预感到土改对他来说必是个大灾难。在足荣村，陈洪洲算是数一数二的富有人家。家有上百亩田地，十几头牛，长年雇有长工。原配妻子死后又先后讨过两个老婆。他家大瓦房是村里最大的，有十多个房间，屋内红漆八仙桌，两边放着太师椅，箱柜、梳妆台、书橱、茶几等红木家具，都是从城里买来的，十分讲究。还有一般人家买不起的洋时钟、铜煲、大煤油灯等。

陈洪洲思来想去，三十六计走为上，于是带些金银细软连夜慌乱出逃。工作队赶到时，他家已是人去屋空。有人怀疑陈洪洲就躲在村边的樟树林中，

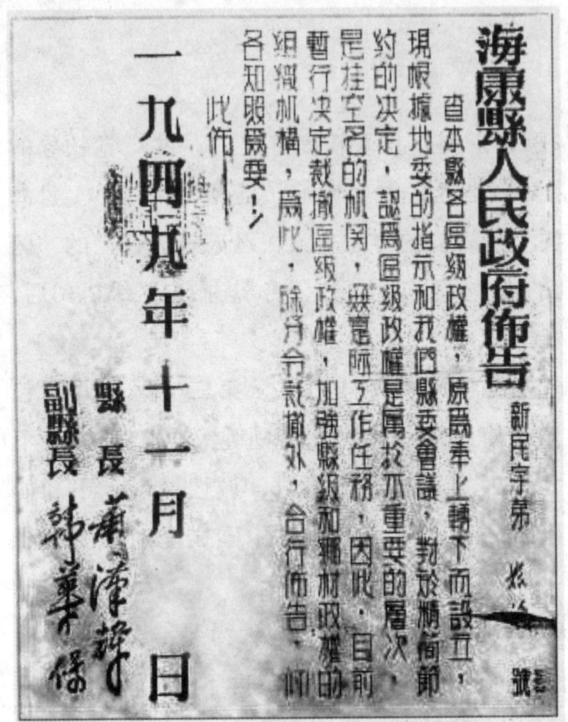
海康縣人民政府佈告

新民字第　　號

查本縣各區級政權，原爲奉上轄下而設立，現根據地委的指示和我們縣委會議，對於機構節約的決定，認爲區級政權是屬於不重要的層次，是挂空名的机関，無實際工作任務，因此，目前暫行決定裁撤區級政權，加強縣級和鄉村政權的組織机構，爲此，除分令裁撤外，合行佈告，仰各知照爲要！

此佈

一九四九年十一月　日

縣長

副縣長

1949年雷州半岛海康县人民政府的布告 1949年11月，国民党海康（雷州）县政权尚存之时，共产党领导的海康县人民政府已通过发布告对当地人民发生影响。解放后，海康县人民政府颁发开展生产度荒、奖励开垦荒地的布告，规定凡垦荒地谁种谁收，垦熟荒地三年、垦生荒地五年免交公粮，分田时亦不列入分配数目。陈茂德与养父开了好几亩坡地，省吃俭用攒钱又买了一头牛。不久，土改运动到来……

但想在这里的莽莽山林中抓个人，与大海捞针也没啥区别。

陈洪洲是5房的人，工作队抓不到陈洪洲，便把他的8个堂兄弟统统抓起来逐个审问。陈茂德的养父陈禄洲是陈洪洲的堂弟，也被叫去讯问。

陈禄洲丈二和尚摸不着脑袋，不知犯什么事把他抓起来，抖抖索索、傻呆呆地看着工作队长。后来才知道是犯了“窝藏罪”，要他说出堂兄陈洪洲的下落。

这真是天大的冤枉。这些天他都在地里干活，陈洪洲什么时候跑的，他根本不知情，怎么会窝藏他？

陈禄洲等8人的确不知道陈洪洲逃往何处，问了几天也问不出个所以然。但如果放了他们，又怕这些人会为陈洪洲送饭、通风报信，于是便以地主“狗腿子”窝藏地主的罪名，把陈禄洲等8人全押到县看守所监管劳动。

陈茂德不敢吱声，站在村口树下眼巴巴看着养父被押走，心里很不是滋味，直到看不到人影了，才空落落地回到家。

一人进班房，全家受牵连。陈禄洲遭飞来横祸，整个家庭都蒙在阴影中。妻子梁氏足不出户，整日躲在家中长吁短叹，寝食不安，欲哭无泪。陈茂

20世纪50年代的海康县政治协商会议 中华人民共和国成立后，雷州半岛上的农民在政治协商会议上也有了席位。图为中国人民政治协商会议海康县第一届委员会第三次会议会场。

德虽然每天照样赶牛下地，但头总是低低的，觉得脸上无光，怕与人照面。这年陈英昌才3岁，整天围着妈妈转，全然不知家庭出现的变故。

除陈洪洲外，镇反、土改时足荣村还有3名外逃的地主被抓获，他们中有的当过镇长，有的是国民党区分部书记，后来这3人于同一天在平湖被枪决了。陈洪洲潜逃数月后，最终在外地被抓捕归案，关押在县看守所，不久病死在狱中。

陈禄洲等8个人是因陈洪洲外逃而被抓的，主犯归案，经复查没有发现陈禄洲等人其他问题，半年后都被释放回村。人是放回来了，但陈禄洲就此不明不白地成为村里的“管制对象”，干部不定期地把他叫去训话，平时外出要向干部请假，有时村里斗地主，还把他也抓去陪斗。

足荣村土改工作开展并不顺利。土改工作队访贫问苦，发动群众，依靠贫雇农，组织阶级斗争队伍，成立农会等，村中许多百姓还在观望中，对工作队敬而远之。虽然村里只有少数人家有土地，大部分农民靠租赁地主的土地耕种，向地主缴纳地租或以劳力抵租金，但足荣村人都是陈姓亲戚，不是叔伯就是兄弟，有田地的地主对佃农也不太苛刻，至于租地要付租金，在足荣村佃农的意识里是“亲兄弟，明算账”，所以对地主并没有多少刻骨仇恨，许多人碍于亲戚脸面，不愿公开站出来斗地主。

后来村民听说土地改革的任务就是要没收地主的田地、牲畜、农具，重新分配给没有土地的贫雇农，有人就开始靠拢工作队，提供村中土地所属情况，哪些是村头地主的，哪些是村尾地主的。工作队发动贫雇农开始丈量、清算陈洪洲等五六户地主的财产，将田地、牲畜、牛车等统统登记在册，按人口分配给村里的贫雇农，并发放新土地证。地主原来的田契当众烧毁。足荣村原来没有寸土的贫雇农分到了自己梦寐以求的土地，看到写着自己名字的木牌子立在田间地头时，有人高兴得哭起来，这时才感觉到土改给他们带来的好处。中国土地改革运动使“耕者有其田”，让农民有了翻身做主人的感觉。

陈茂德生父陈荣洲家子女多，无田地，生活贫困，土改时被划为贫农。养父陈禄洲却差一点被划为地主。当时土改工作队进村是有任务的，各村工作队成绩要评比竞赛，哪个村地主划得多，就能受表扬。工作队为“扩大战果”，在矮子里面选高子，总想多划几户。陈禄洲刚从县劳改农场释放回来，身上有污点，自然成为重点对象。

但能不能划地主，主要看其“有没有剥削行为”。陈禄洲虽有三块水田和坡地，面积总共只有五亩，另有黄牛两头，牛车一部，此外家中再无值钱的财物。陈禄洲常年下地干活，全身晒得黑黑的。白天多打赤脚，晚间穿木屐，生活极其俭朴。有一双布鞋，平时都舍不得穿，留待过年走亲戚、喝喜酒或进城赶集时穿。更重要的是陈禄洲不仅没有一分土地出租，还租别人的土地耕种，怎么说也谈不上有剥削行为。因此有人说，陈禄洲富农也评不上。最后评了个“富裕中农”，既没有分到土地，家中原有的土地也没有被分出去。

陈禄洲总算松了一口气。工作队说,“地主老财”是要被斗争的，是“敌我矛盾”。“富裕中农”就好多了。但是陈禄洲此时还没想到，由于他曾被政府抓去“劳动改造”，这个“冤大头”当得太大了。冤在哪儿？不仅仅是错抓了他。从前他一家人生活较宽裕，在村里还是被人看得起的，现在不同了，陈禄洲背上“劳改释放犯”的黑锅，行动被管制，还被陪斗过，威望一落千丈，成了被村里人瞧不起的人家。即使是农民，尊严也是最要紧的。

农民的尊严就是脸面，被村里人瞧不起，什么事都没有你说话的份，还要被人训，什么脸面都没有了，就是尊严扫地。这种影响，一直延续到他的长孙陈英昌成人之后。

“土改”，是陈茂德青年时听到的第一个政治词汇。轰轰烈烈的土改运动，是中国历史上几千年来土地制度的一次重大改革，改变了陈茂德一家的命运，也改变了陈茂德年轻时代的理想。

陈茂德结婚生子后一心想好好种田，他的伟大理想就是想当地主。足荣村三个地主在同一天被枪毙的枪声，打碎了陈茂德当地主的理想，让他惊出一身冷汗。从此记住，这“地主”是万万不能当的。从此，陈茂德不仅再也不敢想当地主，连过富裕点儿生活的梦也不敢做了，三餐只要能吃饱，就知足了。

● 同时期的世界和相关思索

1900 年，全球人口 16 亿，中国 4 亿，占人类的四分之一。由此上溯一百年，1800 年是嘉庆五年，中国人口已接近 4 亿，曾经占到世界人口的 40%；北京人口 110 万，是世界第一大城市。那时嘉庆帝发怒，决定制裁洋人，下令禁止向欧洲发运茶叶、丝绸、瓷器等，欧洲市场立刻发生危机。

19 世纪震撼了中国的首先是英国。由此上溯二百多年，英国在 17 世纪初还是个农业岛国，人口只有四五百万。但英国始于 15 世纪末的“圈地运动”已经发生了一个多世纪，那是由于毛纺织业勃兴，羊毛价格不断上涨，养羊业极为有利可图，大规模圈地弃耕还牧的事就发生了。毛纺织业的发展，迫使英国新兴的棉纺织业为降低成本而革新技术，工业革命首先在棉纺织业萌动。到 18 世纪 80 年代就呼唤出了瓦特蒸汽机。此后一个农业的英国逐渐消失，一个工业的英国出现。

美国与英国的渊源最为密切。1775 年，在北美的英移民打响了反抗英军的第一枪。第二年北美十三洲大陆会议签署《独立宣言》，1783 年英美签订《巴黎条约》，美国正式独立。此时独立的美国是地域辽阔的农业国，人口不到 300 万。

1800 年英国人口增加到 1600 万，这个数字看起来仍不惊人。但是，从英国开始的工业化加速了城市化的进程，到 1850 年，英国伦敦的人口达到 232 万，首次超过东方大都北京的 164.8 万人口，成为世界第一大城市。1851 年 5 月 1 日英国就在伦敦举办了首届世界博览会。同年英国城市人口首次升至 50% 以上，成为世界上第一个城市人口超过农村人口的国家。

1875 年，法国巴黎人口达到 225 万，成为世界第二大城市。此时世界第三大城市是美国的纽约，190 万人口。北京逐渐从世界最大的城市中淡出。

19 世纪中叶的美国中西部还主要是农业区，如何把工业时代发明创造的科技成果运用到农业上去，是美国崛起的关键。1865 年美国南北战争结束后的 30 多年间，西部农业迅猛发展，农业机械的应用、加工业的发展、铁路的延伸都极大促进了工业发展。无数的移民拥向西部，无数的青年男女从农场奔向城市。在这个时期的开端，美国只有六分之一的人居住在城市，30 年后有三分之一的美国人成了城市居民。1900 年，美国的工农业总产值已跃居世界第一位。1925 年纽约成为世界第一大城市（777 万人），伦敦第二（774 万人），日本东京第三（755 万人）。城市的发展可以见出一个民族从农业国向工业国挺进的历程。

1950 年，美国人口达到 1.58 亿，位居世界第三。位居世界第二的是印度，3.58 亿人。中国人口达到 5.6 亿，但占全球比例已从一个半世纪前的 40% 下降到 22%，其中农业人口占 90% 以上。可以说，中国从百年前的洋务运动开始，就是在拥有世上最多农业人口的土壤上开始艰难地发展工业。

面对农业大国的土地，执政的中国共产党，决心对几千年来由于种种历史原因造成占有不公平的土地，按人口重新分配。这种不公平是存在的，从战国初到秦统一，逐渐实行土地私有制后，《汉书·食货志》对此就有“富者田连阡陌，贫者无立锥之地”的描述。盛唐够辉煌吧，杜甫有诗曰：“朱门酒肉臭，路有冻死骨。”当代中国在改革开放中经济持续增长，已被世界称为经济发展史上前所未有的奇迹，然而贫富差距也同样惊人。谁能想象用什么办法可以解决分配不公，或者有什么办法能让不公平的占有复归于公平？如果感到这不可思议，那就应该承认中国共产党在执政后推行的土地改革，是一次勇敢的伟大的变革。

要从占有很多土地的人手里拿出土地来，分给没有寸土的农民，共产党称之为“革命斗争”，于是茂德公在他年轻时听到了土改的枪声。1952年，全国土改基本完成，4.2亿农民实现了“耕者有其田”。共产党期望通过此举调动整个民族的力量，振兴中国。

第 2 章 那年那月那人家

中国决心走“社会主义”加“大力发展工业”的道路。20 世纪 50 年代，农村经历了三次大变革：土改、合作化和人民公社化运动。分到农民手里的土地，转眼间变为国有。若没有大理想大勇气，这是不可思议的。当土地变为国有，1958 年农民参加轰轰烈烈的大炼钢铁才成为可能。这是祖祖辈辈没有过的实践，那种组织起来的非农业劳动，勇敢地向工业进军，在夜校里边学识字边学怎么造土高炉，得到的陶冶并不只是冶炼钢铁。有的青年男女破天荒地发生了恋爱。那是我们的爷爷奶奶、父亲母亲青春期一片有梦想的奋斗生活……那样的实践虽然失败了，但我们不能简单地批判为毫无价值。到改革开放时期，那些最早去开创企业的农民，多有当年炼钢炉前的积极分子。

那年代发生的许多事，譬如“移苗并丘”宣称亩产万斤粮，令农民困惑。但很多农民头脑中依然有自己的真理。不论发生怎样的“革命”，陈茂德们少时读过的《三字经》、《弟子规》仍然在他们的灵魂中回响。中国传统文化同农民的勤劳朴实凝聚在一起，依然是中华民族的脊梁。

1　变革接着变革的 50 年代

20 世纪 50 年代的阳光，照耀着中国大小城镇和一切穷乡僻壤。“胜利的旗帜哗啦啦地飘，千万人的呼声地动山摇……”歌声让中国农民知道，时代不同了。土改后，农民成为土地的主人，这是中国农民得到的最大实惠，生产积极性高涨。

陈茂德经过土改一阵惊吓之后，心情也渐渐平定。陈茂德勤劳肯干，只懂得养牛种庄稼，每天一大早打着赤脚赶牛下地去。他虽然才二十多岁，犁田已是老把式，手扶犁铧，嘴角不断发出“嗬嗬”的驱使声。陈茂德安分守己，对家中有几亩地、两头牛，老婆孩子热炕头的生活已经很满足了。

陈禄洲土改受半年劳狱之灾，人瞬间蔫了，脸上没了笑容，偶尔高兴时也会微笑，那笑中总带有苦涩。除了下地，他不再出门。村里开群众大会，他没有资格参加，却要参加“四类分子”会。生病不能到会时，陈茂德要去村部替养父请假，这让陈茂德也感到很没有面子。

让陈禄洲和梁氏高兴的事，仍然是家里添人口。刘荣自从生下长子陈英昌后，每隔一年就怀孕，1950 年生下大女儿陈伟文，1952 年又生下二女儿陈伟琴。

1953 年，雷州遇到少见的春旱，水塘见底变成晒鱼场。足荣村不少田地是“望天田”，有雨则种，无雨则休，种田在人，收成在天。民间流传“十天无雨成小旱，一月晴天禾苗干”。陈茂德的几亩水稻田干裂，裂缝可以放

海康县农会第一次代表大会会场 20世纪50年代的阳光，照耀着中国大小城镇和一切穷乡僻壤。中国农民千古以来“均田地”的梦想在这时得到实现。此后，政府的工作队进村宣传建立农业生产互助组。互助组采取“自愿结合，等价交换”的原则，各家各户在互助的基础上交换劳力、畜力和大农具，人对人、牛对牛、车对车，以相等的比率来交换。土地仍属个人所有，农民觉得参加只有好处没坏处，都愿意参加。不久，互助组发展为合作社。

进一个脚，无法插秧。正在这时，雷州开始执行在农村成立互助组的中央指示。此时全国各地互助组已经搞了一年多了，雷州解放迟，很多事情与全国其他地方，往往慢半拍。

工作队进村宣传建立农业生产互助组，实行变工互助或换工互助，大部分农民都很拥护。互助组是采取“自愿结合，等价交换”的原则，各家各户在互助的基础上交换劳力、畜力和大农具，小孩对小孩、成人对成人、牛对牛、车对车，以相等的比率来交换。土地仍属个人所有，农民觉得参加只有好处没坏处，都愿意参加。

足荣村村民原来就有在农忙季节换工、帮工的老习惯。邻里乡亲，礼尚往来，是乡里社会的一大特点。足荣村又是个同姓聚居的村庄，全村都是近亲。往日盖新房，从挖地基、砌石头，一直到上梁、铺茅草都是靠众人帮工完成的。遇到农忙，乡亲们自发组织起来，今天你帮我，明天我帮你，解决了农忙期间家庭劳动力短缺问题。农民这种邻里互助的形式，与“互助组”有天然的渊源关系。互助组把几户人的互相换工，扩大到十多户人以工换工，或以畜力、人工互换，组织起来力量大，对战胜当时的大旱也更有好处。

互助组，是50年代的中国农民迈向集体化生产的第一步。

陈茂德总是起早摸黑地在田间地头，他种的水稻、甘蔗长势总比别人的好，家中又有两头牛，成立互助组时，大家都愿意与他在一个组。农村有传统习惯，帮哪家干活一日三餐就在哪家吃，早、中餐为赶时间，都比较简单，晚餐就特别丰盛。每当轮到给陈茂德家干活，梁氏一大早就忙碌起来，总想让大伙儿吃得更好一些。

1954年，茂德妻刘荣又顺利产下一个男孩，取名陈美昌。家庭添丁，更是合家欢喜。农民种地需要劳力，生子就是给家庭增加劳动力，陈茂德觉得今后生活更有了盼头了。

1956年初，全县掀起农业办合作社高潮，足荣村全村成立了一个初级农业合作社，入社要求农民分到家的土地，包括耕畜、大农具均折价入社，主人可收取固定租金，称作“定租”。合作社年终总收入要先扣除社员“定租”，留足社里公用需要的资金、种子等，余下部分按社员劳动工分进行分配。陈茂德家的耕牛、牛车等折算了“定租”，他觉得没太吃亏。

当足荣村办初级社时，雷州许多乡村已经办起了高级社。到年底，足荣村初级社也随潮流转成高级社。陈茂德参加会议听了好半天，才搞懂初级社与高级社的区别。高级社是属于社会主义性质的，土地、耕畜、大农具的“定租”取消了，大家都凭劳动工分分配。陈茂德恍然大悟，感到这下吃大亏了。自家的耕牛、大农具等家产无形中充了公。

村里有好几户较富裕的人家都表示不愿转高级社，有些富裕些的村干部心里也不舒服。高级社还有章程条例，比如社员有病不能出工要请假等等。有的农民怕参加了行动不自由。有的农民想，这刚分到手的土地没几年，就又统统充公了，说什么都不放心。开会说是“自愿参加”的，其实对那些表示不参加的农民，工作队挨家上门动员，做思想工作，直到你点头为止。

陈茂德嘴上不说，私下里也不情愿，但他只有服从而没有选择的余地。养父陈禄洲在村里还戴着“管制分子”的帽子呢！经历土改那场波折，陈禄洲身体顿时差了许多，只能干些轻活。这年陈禄洲 63 岁，原来村里人称他禄洲伯、禄洲叔，不知从何时起，有人称他“禄洲公”了。

他相信人的生死一切遭际皆由天命决定，私下里对陈茂德说：“富贵贫贱由命定，入也好，不入也好，都由不得我们，随大流吧！政府同意我们入社，还是看得起我们。”

养母梁氏 57 岁，满头青丝也变成白发，但身体依然十分康健，家中煮饭、洗洗涮涮、打扫卫生都是她一手包了。1956 年刘荣又产下一女，想当初梁氏曾暗暗担心媳妇不会生育，没想到她还真能生，每隔一年就生一个，一口气生了二男三女，让陈茂德感到身上的担子越来越重。他无疑是家里的顶梁柱了，上有年过六旬的养父养母，下有陈英昌等五个子女，这是个祖孙三代一家九口的大家庭了。

自中国社会建立土地私有制的几千年来，农村的一个家庭，既是一个独立的生产单位，又是一个独立的生活单位。但在高级社后，这种延续几千年的农村家庭生产单位被打破了。陈茂德从此只能在高级社里勤出工，扶犁躬耕、不畏辛劳，去争取获得高工分来养家吃饭。他试图依靠自己的农耕技能和勤奋，加上两头牛一驾牛车，还有将逐渐长大的儿女劳动力，以此来发家致富、自创财富的愿望，再一次失落了。

足荣村在高级社时，各项工作还挺起色，所种的水稻、甘蔗长势良好，曾送到雷州去展览，有些人还慕名前来足荣村参观。

中国农民曾把“三十亩地一头牛，老婆娃娃热炕头”视为“小康生活”。雷州旧俗过年要把隔岁饭和成双的过年饼放置灶头，表示旧年有余饭，寓年年有余之意。妻子刘荣每年都把这事做得很神圣，虔诚地在灶王爷面前摆好祭品，烧灶香，乞求来年日子更好。现在陈茂德已经不敢想“三十亩”地了，他最大的愿望并不高，有道是：

只想家有隔夜米，三餐能饱有粗衣。
茅屋风来不漏雨，四季平安乐无惊。

上图：1958年9月3日，广东番禺人民公社成立大会

中图：庆祝番禺人民公社成立大游行

下图：土高炉炼钢

1958年人民公社成立，红旗飘飘，锣鼓喧天。雷州将全县526个农民合作社合并建成名叫超美、跃进、先锋、卫星、东方红等五个人民公社。足荣村归卫星人民公社。这个年代被称为“火红的年代”，为加快发展中国工业，国家发动全民大炼钢铁，全国城乡“土高炉呀遍地开了花”。

2 天堂悲歌

“共产主义是天堂，人民公社是桥梁。”1958 年人民公社成立，红旗飘飘，锣鼓喧天。陈茂德与足荣村农民一样，感到兴奋，喜气洋洋。听说“十五年超英赶美”，“电灯电话，楼上楼下”的共产主义好生活将要实现，大家觉得今后有了奔头。

雷州将全县 526 个高级社合并建成名叫超美公社、跃进公社、先锋公社、卫星公社、东方红公社等五个人民公社。足荣村归卫星人民公社。公社管辖范围很大，包括龙门、北和、乌石三个乡以及企水乡的康港。

陈茂德和足荣村村民还没高兴多久，一个重大的“政治”考验放在他们面前。

大跃进年代，“一天等于二十年”。这时乌石港要跃进，造船需要大量的木材，而樟木是上等好材料。足荣村有一片数千亩的樟树林，卫星人民公社组织了青壮年砍伐队，有 100 多号人，打着红旗开进了足荣村砍树。

听讲要砍樟树去造船，足荣村全村人都震惊了，反对声一片。这片樟树林由足荣村开村始祖种下第一批树苗，后代不断扩种，逐年扩展，到清朝雍正年间（1723–1736）已连绵成片。此后，年复一年，发展成茂密的天然樟树林。到砍伐队来砍树时，这片樟树林面积已达到 5000 多亩，最大的樟树需三人才能合抱，是雷州半岛最大的樟树林区。

人们种植了樟树，树林滋养了村落。足荣村离大海仅 30 公里，每当台风刮来，樟树林是村庄一道天然的屏障。足荣村百姓能在这里世代繁衍生息，就靠这数千亩樟树林的庇护，怎么能砍呢！

一边是磨刀霍霍向森林，一边是手挽人墙护祖林。双方僵持着。村中有一长者高声疾呼：“砍树会触怒山神，杀伤龙脉，会遭报应的。你们要砍，就先从我身上踏过去吧！”

陈茂德从懂事起，就知道樟树林是老祖宗留下的基业，名字叫“祖公山”，他从来没见过有人敢进林子里砍树，现在他站在村民中间，不知道接下来会发生什么。

听到公社要砍樟树的消息，禄洲公也慌忙来到砍林和护林双方对峙的现场，他把正在人群中的陈茂德偷偷拉回家。他担心他在外惹出是非，教导说：“政府要砍树，是我们老百姓挡得了的吗？”

“政府”一词，是禄洲公在劳改队里学会的。“政府要你老老实实交代……”审问他的人一遍又一遍对他说，他印象深刻。多年来他一直改不过口，凡见到上级派来的人，他都称对方为“政府”。

事情的发展应验了禄洲公的话。樟树林里传出一阵阵倒树的巨响。陈茂德后来听说，足荣村的干部被公社党委叫去狠狠训了一顿：“知道什么叫‘一大二公’吗？知道什么叫服从大局吗？公社化了，樟树林就是公社的，不是你们村的，公社要砍就要砍，谁反对就是反对大跃进，反对人民公社，就抓起来法办！”

公社党委与公社一套班子两块牌子，称为“政社合一”，工农商学兵五位一体，农林牧副渔综合经营，各大队的全部土地、林园、基本建设、公共建筑、水利设施，以及社员开垦荒坡地、房前屋后的树木、竹园、菜地等，都归人民公社所有；公社有权统一调配劳力，生产资料可以一概无偿调用。因此，公社派人砍树是“顺理成章”的事，谁也无法阻挡。

砍树造船只是第一步，樟树林更大的厄运还在后面。

1958年9月，县成立“钢铁师”。“钢铁元帅升帐”，不论做工的、卖东西的、读书的、种田的，一律去炼钢铁。

“土高炉呀遍地开了花”，足荣村当时在村头建了两个土高炉，白天黑夜火光冲天。一个土高炉要二十多个人一拨干活，有人负责加废铁，有人负责加焦炭。土高炉外面接个大风箱，需要五六个人不停地推拉鼓风，如此三班倒轮流值班，不分白天黑夜连续作战。陈茂德也加入了炼钢的队伍，一天到晚泡在工地上，添料、拉风箱，有时晚上干通宵，天亮了才回到家。

“谁英雄，谁好汉，高炉旁边比比看。”炉火虽旺，可炼出来的钢铁竟是豆腐渣形状的铁疙瘩，但是不气馁，继续想方法炼。

龙门镇的王家村有铁矿，当时建起王家炼钢厂，炼钢用的木炭告急，公社党委又看中了足荣村的樟树林。公社调来各大队的公社社员，在足荣村搭起临时工棚，集体开伙，在樟树林附近建了十个烧炭窑，砍树烧炭。

先前砍樟树造船，还是专挑口径大的砍，这一次不论大小，一律砍倒烧木炭。在斧锯声中，干劲冲天，几天就砍倒一大片。几个月后，樟树林全砍光了，只剩下大大小小的树墩，还有一些十厘米以下的零星树木。

砍树大军撤退后，有一天禄洲公特意起个大早，到村后樟树林去看个究竟。祖公山茂密的林子已成了空荡荡的野地，砍得精光，像剃光头一样。“这真是造孽呀！”几十年没哭过的禄洲公看着无数被斩去身躯的树墩子，呜呜地哭了。

在大跃进时被毁的山林岂止足荣村一处，龙门公社嘉山岭一带两万多亩天然森林都遭砍伐而荡然一空，全县大半天然林被砍光。

太多的事情让禄洲公父子困惑。“小土群”、“小窑群”，土高炉遍地开花……为了完成钢铁指标，拆铁窗、砸铁锅，搜罗各种铁的用具用品，投入高炉，结果把好铁炼成了废铁。全雷州折腾了那么久，据《海康县志》记载，最后一斤合格的钢都没有炼出来。由于炼铁投入劳力过多，田里要割的水稻也没劳力去收。

村里的土墙上写着“跑步进入共产主义”，“人有多大胆，地有多大产”，“不怕做不到，就怕想不到”等标语。种了一辈子庄稼的农民，目睹了一幕幕想不通的事儿在村庄上演，而且都是农民亲手所作。譬如把几丘田里将要收割的水稻连根带泥移到一丘“卫星田”里，称“移苗并丘”。为什么要“移苗并丘”？因为要“造卫星”，要宣称一亩卫星田能产万斤粮。

陈茂德是读过《三字经》、《弟子规》的，眼前这些事跟他头脑里的传统道德发生冲突，他不得其解。“这不是造假吗？”他越来越困惑。怎么可以造假，而且敲锣打鼓地造假呢？明明水稻亩产只有300多斤，却说是上万斤。吹牛吹到这地步，怎么还有人信，怎么可以在报纸上说，在广播上庆祝……就是把稻草连根都拿去称，也没有那么多重量呀！

更难理解的是大家都不敢说“不是”。陈茂德暗想，这世道怎么变得这样了？诚实哪里去了？老老实实做人哪里去了？他在家中发发牢骚，禄洲公听了慌忙制止：“祸从口出，不说没人把你当哑巴。”

1958年，中国各地粮食高产，“卫星”频频上天，开始是“千斤稻”、“万斤薯”，后来“纪录”不断刷新，出现“万斤稻”。《人民日报》还登出新闻照片，一个小女孩坐在稻穗上笑哈哈，还配有诗。二十多年后当事人出来揭发，说那稻穗下藏着个高凳子。

但有一样是没办法浮夸的，就是肚子饿。

1958年11月起，足荣村依公社指示办起了公共食堂。村干部头一天到公社开会，回来第二天全村就办起了公共食堂。全村男女老少一起吃大锅饭。陈茂德家中原来都是梁氏做饭，这下也不用忙了。他觉得这回沾了集体的光，单身汉一人一张嘴，而自己家中有九口人，三餐都到大食堂去吃饭，不用交钱，这不是挺合算吗！他头一回暗暗体会到了：人民公社好！

足荣村全村吃大锅饭，每天就要1000多斤粮食，不到一个月，粮食就吃空了。村干部向公社反映，公社党委说："公社哪里有余粮，你们自己想办法，缺粮村还多着呢。"村干部才知道，同公社的其他村比足荣村好不到哪里去，有些村的食堂已经揭不开锅了。村干部没有从公社要到一斤稻谷，足荣村食堂先是改吃番薯稀粥，没几天只能吃番薯、木薯。前后不到两个月，当初宣布可以"放开肚皮吃饱饭"的公共食堂，断炊解散了。

这下全村农民都傻了眼，自从办了公共食堂后，粮食由大队统一保管，家家户户没有一粒私有粮了，灶冷锅凉，厨房尘埃厚积，有些人家连锅都捐去炼钢了，这往后的日子怎么过？

广播里依然播放着幸福的歌："公社是个常青藤，社员都是那藤上的瓜……"社员肚子却饿得发慌，这首农民的"天堂之歌"，陈茂德听着听着，怎么听都觉得自己是那藤上的苦瓜。

3　藤上的苦瓜

中国有句古话，天无绝人之路。

中国农民不仅勤劳，而且有自救度荒的本领。应急的办法有很多，各类蔬菜、野菜、番薯叶、南瓜叶、辣椒叶、梧桐叶、红树籽、竹笋等，这些历史岁月度荒年的东西，重新成为农民碗中的食物。足荣村一带有一种叫"金捞"的野菜，味不苦，现在雷州人还习惯用它煮饭，包粽子，味道奇香。

陈茂德到附近的火炬农场捡小番薯、小萝卜。农场收番薯较粗糙，先用牛拉着犁把地里的番薯翻起，工人提着箩筐捡拾。有些牛犁不到的，再用锄头翻捡出来。小番薯工人懒得捡，陈茂德经常可以捡到几十斤小番薯，连番薯叶一起挑回来。在断粮的日子，番薯叶也太珍贵了，是可以填肚子的。雷州番薯有两种，一种叫"黄金薯"，软而甜；另一种紫色的叫"槟榔薯"，又香又粉。附近小番薯捡光了，陈茂德还跑到百里以外的徐闻县国营农场去捡。

陈茂德还有个本事：抓鲶鱼、抓泥鳅、抓黄鳝。当年的陈茂德别无他念，只想能对付一家人的饥饿。现在一谈起 20 世纪 60 年代的"三年自然灾害"，多认为饥荒是从1960年开始的。雷州各乡村，包括足荣村的饥荒比全国来得更早，1959年是这个村最艰难的年月。忆起当年的饥饿，茂德公至今心有余悸："1959年最苦了，很多人都被阎罗王拿走了。我们家孩子也饿得好可怜，一年到头都是吃野菜粥、番薯粥、萝卜粥、芋头粥，稀得能照见人影，大人忍着，小孩经常半夜里饿醒哇哇直哭。"

听着孩子的哭声，大人都唉声叹气，有什么办法变出食物？柴米夫妻，儿女情长。陈茂德这对新婚初年爱闹别扭的糟糠夫妻，现在格外恩爱，一碗稀饭推来让去，最后还是留给孩子。

土墙茅草漏漏房，家家户户都缺粮。
儿女啼哭叫腹空，生老病死由天定。

这是那年月留下的乡村诗篇，只不知出自哪个乡村诗人的手笔。那年月，因饥饿乱吃患痢疾的，营养不良患水肿病的，村村都不少。据2004年新编《海康县志》记载，1959年断粮户28123户，饥民132908人，浮肿186人，饿死37人。全县社会生产产值、粮食总产、国民收入首次出现了负增长。县志编撰者还特意指出，这是"当时缩小了的统计"。

就在村民为吃什么终日发愁时，公社又下达去龙门水库挖水渠的任务。龙门水库在上年大跃进浪潮中动工兴建，是雷州最大的水库，最多一天就有四万多人奋战在工地上。到1959年，水库大坝主体工程基本完成，但挖水渠的任务还十分艰巨。公社说法是"全社一盘棋"，各大队农民就是公社"一盘棋"中的一颗棋子，派到哪里到哪里。虽然龙门水库建成足荣村并非受益，公社要求足荣大队组织100多人的突击队开赴工地，突击队自带工具、自带铺盖，在水渠沿线搭棚扎寨。

陈茂德被列入上工地人员名单。他本想请假，因为养父禄洲公这几个月来身体一直不好，苍老黄瘦，已是风烛残年，家中又有五个年幼子女，他这一家之主走了，家中生活怎么办？无奈队里不批准，他只好告别家人与大伙一起上龙门水库挖水渠。

工地上红旗飘飘，人山人海，干部在喊口号鼓动，许多青年人都光着膀子挖泥挑土。陈茂德天生看得起勤奋劳动的人，看到这勒紧裤带干活的场面也很受感染，他终日埋头苦干，但心里总挂念着家中妻儿老小。

他不能不挂念。粮荒之年，他是家中九口人里去找食物来充饥的主力，他离家时家中只有少许杂粮，他们能渡难关吗？他被安排去水库挖水渠，家中八口人的食物就难以为继了。他走后不久，禄洲公就被饥饿击倒，奄奄一息躺在床上。梁氏急得坐立不安，泪流满面不知如何是好。

禄洲公1893年出生，一生跨越了三个时期：清朝、中华民国和中华人民共和国。一个勤劳、忠厚的人，一个庄稼老把式，脸庞上刻着饱经风霜的岁月痕迹，双手布满老茧，用的锄头雪白锃亮，连木柄都油光发亮。从生到死，他只是抚育他的庄稼，一生都与政治无涉，没有做一件对不起政府的事，却莫名其妙被抓去蹲号子。他不识字，但懂得处世之道。他常在家嘱咐陈茂德，人生和为贵，不与人结仇，更不要与人动干戈。他相信“积善人家有余庆，作恶小人藏祸星”。土改时说他窝藏地主陈洪洲一事，是一件冤案。每当有人提起这事，禄洲公并不多说什么，只是摇摇头：“这是命。”

但这件事，对禄洲公的“命”产生了太大的影响。中国农民教育孩子要好好做人，就是把名誉看得比天大。禄洲公因与地主陈洪洲的血缘族亲关系受牵连被关押，放回村后又被管制，从此他的名誉就像一条生命被杀死。此外，陈禄洲一家人私下里被人看低，还有一个原因：陈茂德是个过继儿。在雷州乡村，过继儿就像入赘一样被人小瞧，老话说“小子无能，改换门庭”。中国农民特别重视生男丁的能力，没有生育子女就是绝后，这种家庭往往被人们轻视，这也是禄洲公自卑的原因。

中国农民都向往四世同堂大家庭。禄洲公原来也希望能像爷爷福源公那样，当上曾爷爷，如今看来不可能了，自己的身体一天不如一天，等不到长孙陈英昌娶亲生子之日了。

禄洲公痛苦地躺在床上，感到自己大限已到。这个劳累一生的老人万念俱灰，但心里还牵挂着上龙门水库工地的儿子。虽然儿子并非亲生，但比亲生的还疼爱。养儿为送终，他那双老眼总合不上，强硬地挺着，就为能最后看儿子一眼。遗憾的是，他的愿望终于没能实现。断气后，老人眼角泛出泪花，多少人生委屈，都凝聚在那泪花中。

确认禄洲公已经过世，工作队批准陈茂德回村办丧事。

慈颜难忘永祭祀，遗爱情深不忘怀。禄洲公 69 岁去世，按中国农村传统说法，可算七旬千古。陈茂德率儿女含泪在父亲的遗像前下跪，烧着纸钱。他心里清楚，养父把一生的爱给了他，他却无以为报，连养父临终他都未能在床前送终尽孝。

爸啊，我对不起你！陈茂德说，他一辈子最感激的就是他的养父养母，养育之恩，恩重如山啊！

养父虽然去世，养父土改时被押走时的那场景，永远翻腾在陈茂德的脑海，时时提醒他要小心谨慎处事。草草办完养父的丧事，两天后陈茂德就回工地去了。前不久公社开展“反右倾”运动，足荣村有人因乱讲话被“拔白旗”遭批斗，自己如不及时回工地，要是被扣上个“反”什么的帽子，全家都得遭罪。

这年陈英昌十四岁，正在小学读书。学校就在地主陈洪洲的小院里，厢房改成教室，中间空地改成操场。陈英昌从小学习挺认真，一笔一画学写字，掰着手指头学算术。爷爷刚去世，老爸又离家上工地，陈英昌在家好害怕，晚上睡觉几次从梦中惊醒。

童年留给陈英昌最深的记忆是饥饿。

陈英昌每次放学回家都饿得慌，第一件事是去厨房揭锅盖，可里面十有八九是空锅。运气好时锅里有小番薯，眼睛一亮，手也不洗，抓起来就吃，觉得那就是世界上最好吃的东西。平时家中一日三餐都是吃野菜粥、番薯粥，哪天要能吃餐饱饭，就感觉是非常幸福的事。有一次陈英昌把家里的鸡偷着杀了，砍去鸡头拔了毛，没有开膛就蒸来吃。

陈英昌回忆说：“那时只有过年才有鱼肉吃，才有新衣服穿。距离春节还有一个多月，我们兄妹几个就开始计算着离春节的天数。急切地盼望一年一度的春节来临。刚过完年，就在想，下一个年什么时候才到呀！”

陈英昌最高兴的是上学后家里给他做了一件学生装，这是他有生以来第一次穿学生装，别提心里有多高兴了。

陈英昌兄弟姐妹每个年龄依次小两岁，都还挺懂事，知道家境困难，不会主动向父母闹吃闹穿。家里的大人都忙着干农活，没空管孩子，兄弟姐妹五个互相照顾，大的照顾小的，小的照顾更小的，在谷场上玩耍，没病没灾地长大，这给陈茂德夫妇极大的安慰。

4 救命地

熬到 1962 年，峰回路转，柳暗花明。陈茂德勤劳致富的希望，又一次燃起。

1961 年中共中央出台了《农村人民公社工作条例(草案)》，翌年，党的八届十中全会又作了修正，这份文件有十章六十条，所以又称“农业六十条”。“六十条”对人民公社的组织建制、经营管理、干部作风、社员的权利与义务，都做了法规性的规定。

雷州按“六十条”精神缩小了人民公社的管理规模，将原来的 5 大公社先是划成 24 个，不久又划成 49 个。龙门镇单独成立一个公社，足荣村自公社化后更名足荣大队，归龙门人民公社管辖。

陈茂德听过这文件那文件，觉得只有“农业六十条”说得好。过去的日子太荒唐，年终“分红”是笔糊涂账，干多干少一个样，干与不干一个样。此文件下达后，浮夸风、共产风、主观主义风、强迫命令风、瞎指挥风等“五风”，还有“干部特殊化”，都受到了批评，得到有效遏制。

“六十条”制定“三级所有，队为基础”的核算分配方案。“三级”指公社、大队、生产队；队为基础指以生产队为基础，而在此前是以整个大队一起核算的。

足荣村从村头算起，共分有 6 个生产队，陈茂德属第 5 生产队。从此，陈茂德家庭与足荣大队第 5 生产队息息相关。平日劳动由生产队长派工，挣工分全劳力干一天是 10 分。陈茂德评 9.5 分，按理陈茂德此时正当年，干活不偷懒，是可以评 10 分的。但大家认为他力气不如壮劳力，陈茂德也不与人争辩。茂德妻也下地干活，大家叫她刘荣婶，刘荣婶可得五六分。

工分标准一定，多少年后也都没变。

最受陈茂德和村民欢迎的是："六十条"规定可划给农户一定的"自留地"，还准许农民开"五边地"。"五边地"指路边、屋边、山边、田边、溪边的边角地。鼓励社员饲养家畜家禽。这些政策给陈茂德极大鼓励，生产队一收工，就去开荒地，常常忙到天黑后才进家门。

前些年，刘荣婶的孩子还小，多半在家照顾孩子。这时长子陈英昌 15 岁，最小的女孩已经 7 岁，她走出家门劳动，砍柴草、下水田、种坡地、砍甘蔗、烧窑，啥都能干，除了在生产队出工，一有空就在房前屋后的空地上种菜、种番薯，成了陈茂德的得力帮手。家务活靠婆婆梁氏在打理。

第 5 生产队土地不多，生产队决定组织副业队。陈茂德心想在生产队出工，劳动一天才几角钱，在副业队不仅自由，还可挣多一点，他就报名参加了副业队。承包一辆牛车，砍柴草，卖给砖厂烧窑。用牛车拉柴火到乌石、北和、龙门等地去卖。经常早上天还没亮就出发，摸黑赶回来，一天能赚到二三元钱。

此时政府推出了"三自一包"、"四大自由"等新的农村经济政策。"三自"指自留地、自由市场、自负盈亏，"一包"即包产到户；"四大自由"指农民有借贷、租佃、雇工、贸易的自由。足荣村实行了"定产到田，责任到人，按人承包，超产归己"的生产方式，农民生产积极性大为提高，农村自由市场活跃，人们逐步走出了饥荒的阴影。

自从樟树林被公社强行砍光后，足荣村的自然环境明显恶化。失去绿色生机的土地，稍遇天旱，水塘干涸，土地龟裂。村里更多的土地成了"望天田"。森林能涵养水源，林中原有一处天然泉水，冒碗口粗的水柱，涌喷而出。村人引水入塘，可以灌溉田地。樟树林被毁后，泉水细如竹筷，几乎断流。

好在樟树再生能力非常强，村民惊奇地发现，残留的树兜又发出了二三株新枝，最多一处，一个樟树头萌生出九株幼树，围聚而生。樟树兜能重新萌芽生长，绿色的生机正在回归，这给足荣村村民带来极大的希望。

正好这时县委鼓励农民封山育林，足荣大队干部陈惠洲等人乘东风，向全村提出重新保护樟树林的办法。他们从每个生产队抽调两人，组成 12 人的护林队，封山育林面积达 3500 亩。禁止在林地放牧牛、羊。同时村里重新制定了乡规禁约：凡入樟林砍柴者，罚演雷戏或姑娘歌、木偶戏一晚，决不宽待。这个禁约一直坚持到现在。

禄洲公去世后，陈茂德一家还有八口人，在足荣村算是个大家庭。在人民公社的体制下，农民家庭功能被削弱，生产什么、怎么生产、什么时候生产、生产多少完全由生产队决定，农民只是干活的劳动力。当时雷州有不少生产队是“三靠队”，即生产靠贷款，生活靠救济，吃粮靠返销。

农民说，自留地是救命地、保命地。

社员只有在少量自留地里才有自由。在自留地里可以按照自己的意志播种任何作物，什么合算种什么，收成全部归自己。陈茂德当时按人口计算，有一亩多自留地，这成了他们家的“保命地”。家里的零用钱靠养猪、养鸡补贴。长子陈英昌和两个大女儿都上村小学读书了，一家人日子比原来好得多了。

入秋，陈茂德夫妇在自留地里收番薯，两人挑着丰收的果实满心欢喜地回家，发现村里的狗叫得厉害，有许多外地人走来走去。一打听，原来工作队又进村了，他们这次是来干什么呢？

这时是 1964 年 9 月，龙门公社是县“四清”运动试点，工作队由徐闻县抽调干部组成，进村人数比土改工作队还多。陈茂德被广播召去开群众大会。所谓“四清”运动，又叫社会主义教育运动，简称“社教”，其他条文陈茂德听了懵懵懂懂，有一点越听心里越发毛：农民开垦荒地、自留地都是资本主义复辟行为，要一律收回集体所有。

舒心的日子没过多久，政策就又变了。陈茂德怎么也想不明白，好端端的政策，怎么又变回去了？

“四清”把农民开荒上升到社会主义和资本主义两条路线的斗争高度。据县志记载：“四清”时龙门公社的干部中就有 133 人属于“丧失立场，敌我不分”分子，“四不清”干部达 379 人，足荣村当时有四五个干部被整。

陈茂德平时不敢多说一句话，在“四清”中平安无事。只是把他的富裕中农成分在运动中重新认定为“上中农”。陈茂德这几年起早摸黑、辛辛苦苦开垦的荒地又一次被没收了。陈茂德说不清他这一生究竟开了多少亩荒坡地，只知道开一次，收一次；开多少，收多少，留下的只是手中的老茧和十几把秃锄头。

那些天涯海角的农民，那些偏僻的小山村，那里的坎坎坷坷，那里的精神诉求，那里的灵魂归宿，很少被那儿以外的人们真正了解。茂德公回顾往事，有一阵沉默得仿佛致哀，半晌无语，就像他是在回顾中向那些被没收充公的土地告别。随后他说他还能看见自己久久地坐在那被没收的土地上，不愿离去。

陈茂德当然不是没有追求富裕的热望，但他刚在那一亩多自留地里燃起的热望，又一次被浇灭了。这时陈茂德并没想到，更大的困难还在后面。

● 同时期的世界和相关思索

1948 年，美国贝尔实验室的肖克利、巴丁和布拉顿发明了晶体管。最初的晶体管稳定性差，制造工艺极为困难，效率不高，费用却很高，未引起多大注意，但这是 20 世纪最重要的技术发明。因为只有发明出晶体管，才能研制出现代意义的电子计算机。1954 年晶体管开发成功，第一台晶体管收音机问世。1955 年晶体管被计算机使用。电子计算机一旦问世就如同瓦特蒸汽机诞生，标志着一个新的经济时代萌生。

二战失败后的日本，物质和精神都沉浸在空前的危机中。美国晶体管开始大量生产，日本立刻用来制造便携式收音机，这意味着战后的日本恢复起来的不仅是先前的工业体系，而且发展出新兴的微电子产业。

这意味着 20 世纪 50 年代的美国和日本，已经开始从工业时代向信息技术的新经济时代转移，美国和日本也由此成为世界第一和第二经济大国。

1957 年，苏联凭借电子技术把人类第一颗人造卫星送入太空，但注重技术保密而没有积极地把技术开发为民用产品。同时期日本走上了开发家电产品的道路，把家用电器打进诸多国家的家庭。这是日后大大的苏联走向解体，小小的日本成为经济大国的重要区别。

1953—1956 年，中国对农业进行社会主义改造。组织个体农民参加互助组、农业生产初级合作社、高级社，逐渐把生产资料私有制转变为集体所有制。1958年发动“大跃进”和农村人民公社化运动，进一步把生产资料转变为“公有制”。1962年9月，中共中央八届十中全会通过《农村人民公社工作条例修正草案》(简称“农业六十条”)，以条例的形式规范人民公社，明确全国农业生产的基本组织形式和经济核算单位是“生产队”，规定可划给农户一定的自留地,全队自留地不超过生产队耕地总面积的5%。并提出和采取措施遏制农村的共产风、浮夸风、命令风、干部特殊化风和生产瞎指挥风等“五风”。

1963—1966年,中共中央在全国城乡开展社会主义教育运动,强调“以阶级斗争为纲”。“四清”运动的内容，从开始的“清工分，清账目，清仓库和清财物”转换为后期的“清思想，清政治，清组织和清经济”。

第 3 章

四世同堂　生生息息

那些曾经被我们猛烈批判的年月，恐怕尚难笼统地论其是非优劣。譬如那年月依靠集体力量轰轰烈烈搞农田基本建设，兴修水利，就是20世纪中国农村宏伟的成就。那年月热心于大众事业的人是不少的，很多部门“为人民服务”的品格是很令人感动的。虽然足荣村没有乡村医生，但那年月很多医学院校毕业的学生被分配到农村去，也确实有人自愿到艰苦的地方去。医学院校的毕业生不足以覆盖中国广大农村，但政府所倡导所扶持的“赤脚医生”事业，几乎覆盖到中国所有的穷乡僻壤。你很难说这不是那个时代有益于农民的实践。

“文革”飓风很快刮到天南边陲，雷州分成两大派，武斗枪战，时有人丧生。但两派斗争没有蔓延到足荣村，小村铁桶一个，全村不分派。足荣村男子都姓陈，同姓一家人，若分两派相斗，那不是兄弟相残吗！他们不干。

1 陈英昌的大学梦

1966年，陈英昌在龙门中学读初三。

他每周回家取一次大米和咸菜，很想有一辆自行车，但家里穷，不可能买自行车，往返都是步行。穷孩子能苦读，陈英昌在校各科成绩都不错，高中的大门，眼看向他敞开了。

陈英昌心里一直有个大学梦，上了初中读高中，高中毕业考大学，这样他就可以通过刻苦读书这条路，跳出“农门”，成为大家羡慕的吃公家饭的人。陈茂德夫妇知道长子学习成绩不错，也十分希望英昌儿能考上大学，光耀门庭。

没想到这年5月，中共中央“五·一六”关于开展文化大革命的通知下达后，“文革”飓风也很快刮到地处天南边陲的雷州城乡。陈英昌读书的龙门中学，期末复习取消了，改成学《人民日报》社论《横扫一切牛鬼蛇神》，批判邓拓、吴晗、廖沫沙“三家村”。

在“造反有理”的歌声中，雷州一中学生率先破“四旧”（当时所称的四旧指：旧思想、旧文化、旧风俗、旧习惯）。大标语写着“横扫一切牛鬼蛇神”，一些老师被挂黑牌、戴高帽、抄家、游街示众。接着龙门中学也开始动荡，校园标语、大字报铺天盖地。

“老子英雄儿好汉，老子反动儿混蛋！”

这口号最早是北京高干子弟喊出来的，给世人的强烈印象是他们的老子当年干革命打天下，他们作为接班人继承父辈干革命理所当然。这口号传到乡下，变出“龙生龙，凤生凤，老鼠生儿打地洞！”大字报里冒出了许多新词，

1966年雷州半岛上的初三毕业生　1966年的海康县龙门中学是一所乡镇中学，学生绝大部分是农民子女，读完初中已普遍有现代气息。图为龙门中学初三（1）班全体毕业生合影，二排左三为陈英昌。

其中一个叫“海外关系”。从前禄洲公就因为与地主陈洪洲是堂兄关系受牵连，现在这“海外关系”指家中有大陆以外的亲属，雷州有人因“海外关系”被斗丢了性命，陈英昌看到“海外关系”四个字，竟也胆战心惊。

原来陈茂德的大姐早先嫁给乌石镇的大地主，土改时逃亡，杳无音讯，很多年后有消息传来，他们在美国定居了。好在这情况村里只有几个近亲知道，茂德公、陈英昌对此事更不敢透露分毫。尽管他们家与大姐从未联系，也没得到过任何好处，仍不免心虚，生怕家中秘密被人挖出来。

农村学生一般胆小怕事，陈英昌带来的米也吃光了，既然不上课了，他和几个农村来的学生商量，不如回家，等可以考高中时再来吧。

陈茂德也听到外界很乱的消息，正担心儿子陈英昌，看见他回家，心里一块石头落了下来。

不久，学校里“红五类”的同学外出串联了。陈英昌成分是上中农，不是“红五类”，也不是“黑五类”，他没接到学校通知。回到家里的陈英昌还不知道，形势很快变化，不久就是“革命小将说了算”，三五人竖起一面旗，就是一个“战斗队”，你想叫“兵团”、“司令部”也行。雷州冒出“红旗战斗兵团”、“刺刀见红战斗队”、“只争朝夕兵团”等等。这些组织后来分成两大派：一是“革命造反派联合总部”，简称“总部”；一是“无产阶级革命派联合指挥部”，简称“联指”。两大派对立情绪日益加剧，从面对面的大辩论，发展成群众性武斗，先是用石头、砖块攻击，后升级成真枪实弹的枪战，有人在两派武斗中丧生。

局势动荡，龙门中学也分成造反派、保皇派。陈英昌的同学陆续跑到足荣村来，有的动员他加入造反派，有的拉他参加另一派。陈英昌什么派也不参加，一直待在足荣村，帮父母干农活，闲了看看书。他心里还在盼望着学校发通知，准备考高中。

足荣村“文革”气氛虽然很浓，许多地方也刷了标语：“把无产阶级文化大革命进行到底！”但雷州的两派斗争并没有蔓延到足荣村。小村铁桶一个，全村不分派，也不支持某个派。有些“走资派”还跑到足荣村亲戚家来避难。对立派来揪人时，左邻右舍都帮助掩护。

“文革”中全国各地都明显分成“造反派”和“保皇派”，足荣村没分派，这是少有的特例。或许与地域偏僻有关，但更主要的因素可能基于村民的血源关系。足荣村男子都姓陈，同姓一家人，打断骨头连着筋，全村皆是同族兄弟，若分成两派相斗，那不是兄弟相残吗！他们不干。

1968 年秋，陈英昌终于盼到学校“复课闹革命”的通知，而且不用考试，也不用交多少钱，直接升高中。陈英昌兴高采烈地把通知书给父亲看。陈茂德也很高兴。

陈英昌打点行装，上衣端庄地戴着一枚毛主席像章——这是他好不容易才从朋友那里换来的，兴冲冲赶到龙门中学报到。

一进校门，陈英昌就感到不对劲，到处是“把无产阶级文化大革命进行到底”，“千万不能忘记阶级斗争”的大标语。不管你原来是初三学生，还是初二学生，统统升入高中，不叫几年级几班，而是叫几连几排，名为“复课”，实为“闹革命”。

行军拉练，学军、学工又学农。陈英昌觉得实际上就是劳动，没学到什么知识。那还不如回家劳动，可以挣工分。他第二个学期就不去了。

陈英昌的“大学梦”结束了，他陷入人生最为迷惘的时期。父亲给他新买了一把锄头，让他早出晚归学种田。

2 陈英昌娶妻

既然没书可读，陈茂德开始为陈英昌张罗娶媳妇的事了。

这是 1968 年，陈英昌 21 岁，但他觉得结婚还早。

陈茂德说：“怎么会早？我 16 岁就结婚了。”

这年头，娶亲时兴“三大件”：手表、自行车、缝纫机。

陈茂德买不起“三大件”，先买辆自行车吧！

那时买自行车要票，足荣村没有那票。听说海南海口有高价车出售，陈茂德便去大队开张证明，说是要出门。那时还没有身份证，城镇居民有户口本，农民什么证也没有，户口统一登记在大队部，外出得有盖着生产大队红章的证明。如果你要走出本县以外，还得拿着大队的证明到公社去换一张公社的证明。陈茂德拿了证明，坐船过海到海口，果真买回了一辆进口的三枪牌自行车。

陈茂德把自行车运回村时，村里人说：“啊，买脚踏车啦！”

农民们把它叫“脚踏车”，因村庄里的水车是脚踏的。

陈茂德开心地应道：“准备给仔讨娘。”

按理解，这是说要准备给儿子陈英昌娶媳妇。今人也有将这语境中的“讨娘”解释为“讨老婆”的，因为“娘”就有“新娘”之称。然而传统上的“给仔讨娘”，这“仔”指陈英昌未来的孩子，说的是准备给陈英昌未来的孩子讨个娘，此说着眼于传宗接代，是个高瞻远瞩的说法吧！

陈英昌有了自行车，先骑到龙门镇去转一圈。那时有自行车，就像现在有小车一样风光。

“天上无云不下雨，世上无媒不成婚。”1969年，足荣村青年谈婚论嫁还得靠媒人说合，城里人谈恋爱也还是偷偷摸摸的，像搞地下工作。陈英昌在龙门读中学时，同班有个女同学喜欢他，毕业后还到足荣村来看望陈英昌。陈英昌本分，虽然心里对她也有意，却不敢开口表示，说话时都不敢正眼看她。后来时局动荡，两人也就断了联系。

为陈英昌说媒的是个阉鸡的男子。他每个月到足荣村几次，每次来都住在陈茂德家。阉鸡人走村串户，性格开朗，爱说爱笑。他到泗寮村阉鸡，住在一户符姓人家。这家人有孩子五女一男，几个大点的女儿出嫁了，四姐符木荣与陈英昌年纪相当，阉鸡人便当起媒婆角色，为双方牵线搭桥。

那时农村流行相亲，双方有意谈婚论嫁后，男方便可带少许礼物到女家相亲。这样男女双方有机会见上一面，比民国时茂德公婚前男女双方不准见面进步了许多。现在陈茂德选个吉日，由阉鸡人引路，领儿子英昌一起去泗寮村相亲。

双方家长寒暄一番，谈得还投机。陈茂德家境比一般家庭好，符家很满意。陈英昌与符木荣第一次见面，双方都腼腆，没有说话，年轻人还害羞呢！

符家人爽快地答应联姻还有一个原因，泗寮村人对足荣村环境和人都有好感，这得从“水”说起。

雷州许多地方缺水，代代闹水荒，做梦也梦水，姑娘选婆家要看村庄里有没有水。足荣村水源充足，村里有八角井、四角井两口井，再旱的天气，泉水也没断过流。泗寮村离足荣村不到十里地，是个缺水村。每逢干旱，就要到足荣村去打水。有牛人家用牛车运，没牛人家靠肩挑。符木荣家几姐妹，都曾赶牛车到足荣村打水。那水可金贵了，除饮用外，洗脸、洗澡的水都舍不得倒掉，还要用来洗衣服。洗衣不敢用肥皂，因为脏水还得喂牛。

民国时期，雷州有些村庄为了水源大动干戈，世代结仇，两村互不通婚，生死不相往来，上演了世代因水反目的悲剧。与这些村庄相比，足荣村村民有更多的大度，他们对邻村到四角井、八角井来打水的百姓，都很客气。即使足荣村也遇到干旱的年月，邻村人来打水了，本村村民一样排队，先来先打，后来后打，外村人从未受到刁难。

再说陈英昌见着女方没有说话，也有个原因。此前陈英昌已经相过两次亲，都没谈成。陈英昌长得瘦弱，像个文弱书生。眼前的符木荣，个子比陈英昌还大，英昌心里七上八下……陈茂德说：“就是她了，个子大，会劳动，会生仔，打着灯笼都没处找。”陈英昌孝顺，自己心里也乐意，自然是同意了。

婚事定下，迎亲的吉日定在农历己酉（1969）十月二十二日。梁氏高兴地念起雷歌句子：“今年抬个花轿女，明年生个状元郎。”

那时两家都不富裕，聘礼和嫁妆都从简。陈英昌母亲刘荣是坐红轿嫁进门的，那是老黄历了。到陈英昌娶亲，时尚是自行车迎亲。迎亲那天，陈英昌一帮儿时伙伴，出动了二十辆自行车，鞭炮锣鼓，前呼后拥，热热闹闹将新娘符木荣接进家门。

陈茂德调出一间茅草房给儿子作洞房。新房布置简陋，贴几个大红喜字，还贴了张“文革”时期的热门画像：毛主席去安源。

正如陈茂德所说，新媳妇符木荣是个非常能干的女人，个子大，力气也大，过门不久就和妇女们一起参加生产队劳动，很得家中长辈欢心。陈英昌也觉得自己讨了个好媳妇，没机会上大学的阴影渐渐散去。

让陈茂德夫妇更高兴的是，新媳妇过门，当年就有了身孕。符木荣身怀六甲时特别想吃酸的食物，婆婆说这是好兆头，酸儿辣女，准是个男孩。

一天子夜，符木荣肚子阵痛，眼看要分娩了。

天刚放亮，陈英昌骑车到泗寮村去请接生婆。

足荣村虽然也有人会接生，但技术没有泗寮村接生婆好。家里人手慌脚乱准备热水、剪刀、毛巾、布，还有婴儿衫，这婴儿衫是婆婆刘荣早几个月就准备好的。符木荣在床上的喊叫声越来越密，刘荣又赶快叫人去请来本村的接生婆。

清晨五点多时，婴儿生下来了，是个男婴。可是，许久还不会哭。这可把梁氏、刘荣和接生婆都急坏了。几个人手慌脚乱，在新生儿背部拍打，抠婴儿嘴巴，还找来生姜切成片，蘸花生油擦婴儿屁股。

这时陈英昌领着泗寮村的接生婆匆匆地往家里来，刚到家门前，只听见“哇——”的一声，新生儿响亮的啼哭声打破黎明的沉寂，冲出家门。

陈英昌夫妻与女儿　虽然晚清广州人结婚已有照相留影的，但生长在雷州半岛足荣村的陈英昌，不但少年时没有留影，青年时也没有结婚照。有留影的年月，女儿都是大姑娘了。照片中的陈英昌盯着镜头，神情中似乎也有一种对流年的遗憾。图为陈英昌与妻子符木荣，右边是大女儿陈玲妹，左边是二女儿陈文娟。

陈英昌奔进家门，看到屋子里众人都笑了。

刘荣快乐地呼道："带把的！带把的！"

陈英昌为新生儿取名小朋，这便是本书主人公之一陈宇。

陈小朋是茂德公的长孙，他的降生给茂德公一家带来无穷欢乐。瓜瓞延绵，四世同堂，这是中国农民的美好愿望。茂德公这年才45岁，在这个年龄就当上爷爷，亲戚邻居相继前来恭贺，有人对梁氏说："你都有曾孙了，真是好福气。"

"人生七十古来稀"，梁氏这年正好70岁，身体硬朗，天天还给儿孙们做饭。陈宇出生后她升格为曾奶奶。丈夫禄洲公盼望当上曾爷爷的愿望未能实现，她作为曾奶奶实现了，甜甜的幸福在她脸上荡漾，高兴得合不上嘴。

在足荣村，像陈英昌这样的"正牌初中毕业生"当时并不多。这年大队分配到一辆东方红手扶拖拉机，决定派陈英昌去当机手。陈英昌很兴奋，刚喜得贵子，又得如此好机会，是否时来运转了？那时足荣村很多人还没见过汽车，能开拖拉机是相当神气的。

陈英昌开着轰隆隆的手扶拖拉机驶过田头时，在田中弯腰劳动的农民都会投来羡慕的眼光。不久，大队又买了一部20马力的柴油机，还买了碾米机，准备办个碾米厂，这好差使又落到陈英昌头上。陈英昌有文化，会看说明书，没几天又都学会了，不仅会开，还会修理。村里有了柴油机，抽水、锯木都用得上。

碾米厂是小村第一个工厂，这是足荣村进入 20 世纪 70 年代的标志。碾米厂结束了足荣村开村以来一直用砻、碓加工大米的历史。村里人管碾米机碾出的米叫“机器米”，简称“机米”，这个新鲜的名称传载着足荣村人的一种喜悦。

碾米厂的出现是足荣村历史上的一件大事，一件划时代的大事。陈英昌是经手做这件大事的人，是足荣村第一个技术员，是村里修理、排除机器故障的第一个把手，这是茂德公家一件结结实实的荣耀。这给茂德公家带来的深刻体会是，人生在世，你要是能给村里人做好事，做有本领的好事，那是相当荣耀的!

3　曾奶奶与小曾孙

两年后，符木荣又顺利产下一男婴，取名陈小友。

这时陈英昌还和茂德公住在一起，老茅屋还是陈英昌出生那年茂德公盖的，一家四代十一口人住在一起，十分拥挤。茂德公父子合计，另择地新盖一排三间新茅屋，陈英昌夫妇一家四口择吉日搬进新屋，自立门户，另起锅灶过日子。梁氏、茂德公夫妇和陈美昌等七口人仍住在老茅屋。

当家乃知米谷贵，生子更知父母恩。每天都要面对柴米油盐的琐事，锅碗瓢盆的磕碰，陈英昌心里有了更多的家庭观念，体会着婚姻更是一种实在的责任。

妻子符木荣的能干是出名的，自从有了孩子，她回娘家都是当天就赶回来，里里外外一把手，拾掇菜地几乎是她包了，村里人都夸她能干。符木荣在娘家排行老四，大伙便都叫她“大个四”。

1974 年，在陈英昌的新茅屋内，符木荣又生下第三个男儿。这回该取个什么名呢？陈英昌为孩子取名并无远见，之前两个儿子叫小朋、小友，“朋、友”之后再加什么好呢？觉得不好加，于是干脆把大儿、二儿改名向光和向明，三儿子取名向亮，连起来便是“光明亮”。

陈英昌家连续添了三个男丁，村里人都十分羡慕。有人说雷州是全国出名的重男轻女地区，不生两个男儿不罢休。足荣村有的人家一连生三个女儿，还有人家一口气生五个女儿的，这些人家不甘心，继续作战。陈英昌有了三个男儿后，心里还真盼望妻子下一胎能生个女孩。

心想事成，1976 年，符木荣果然生下一女婴，取名仁玲，女儿的降生，给全家人带来了更多的温馨。一家人对她疼爱有加，一天到晚玲妹长、玲妹短地叫，把“仁玲”的正名都忘了，读书时就把名字写成陈玲妹。

再说茂德公的长孙陈向光一天天长大了。到小学毕业那年，他自己把自己的名字改了，单名“宇”，这是后话。这改名的情节，似乎预示着这个孩子不简单。

童年的时光，是陈宇最难忘的。尽管有些辛酸和苦涩，更多的是温暖和快乐。

农村孩子，花草树木都是玩具。骑马打仗，一个人做马，背着另一个人跑。拿着竹竿、树枝，大呼小叫，冲呀，杀呀！用纸叠的盒子枪抓特务，打游击战。单腿撞拐，老鹰抓小鸡，猫捉老鼠，躲迷藏。最开心的是上树掏鸟蛋。能上高树掏鸟蛋是陈宇非常自豪的事，胆小的伙伴在树底下吓得尖叫。

有一天，陈宇上树掏鸟蛋，看见父亲陈英昌开着拖拉机过来，赶紧从树上滑下来，躲进稻草垛里。陈宇整天在田野上疯跑，回家时全身沾满泥，常挨父亲训斥，甚至打骂。

陈宇是个小调皮，大事不犯、小事不断。有一天，邻家大婶从村前井挑水经过陈宇家门口，两桶水清清的。正在玩耍的陈宇，突然把两只脏兮兮的小手伸进水桶，在水面上乱拍。

“这是吃的水啊！”大婶气得直叫。

陈宇一溜烟跑开，还直冲大婶做鬼脸。大婶拿他没办法，只能向陈英昌告状。

为这件事，陈英昌把陈宇痛打一顿，打了还不许哭，不许吃饭。被打的陈宇心中生出一种渴望，渴望长大，渴望快快长大。

陈宇十分羡慕大人腰扎皮带的样子，看看自己，还穿着松紧带的裤子，想插支木头手枪都没办法。一天，他看到堂叔的长裤挂在墙上，裤腰上有一条黄皮带。陈宇经不起诱惑，便把皮带偷出来玩耍。他正向小伙伴炫耀时，堂叔赶来拿走了。陈英昌知道后十分恼怒，又将陈宇痛打一顿。

打埯　这是雷州半岛上先民野炊的方法，足荣村孩子很小就学会用这种方法在野外烧番薯吃。陈宇小时候也曾经同小伙伴相约去偷挖生产队的番薯，在野外“打埯”。

“看你还敢偷东西吗！”父亲边打边训道。

“我没偷！”陈宇吃了这顿打很不服气，他跳着脚哭道，“不就是拿来玩一下吗，怎么算是偷？”

小时候陈宇究竟被打过多少次，说不清。每次挨打，都是曾奶奶第一个站出来护着他。

“孩子还小，不懂事，长大就不会了。”曾祖母的袒护，体现着对孩子未来的信任。曾奶奶对几个曾孙宠爱有加，有好吃的舍不得吃，总是悄悄留给小曾孙。有时像变戏法一样，从口袋里掏出两个煮熟的小鸡蛋，塞到陈宇手里。有一次，陈宇和一群小伙伴跑过老房子门口，曾奶奶看见了，招呼陈宇进家门。端出一碗凉鸡汤，叫他躲到门后去喝掉。陈宇正饿着，接过来咕嘟咕嘟就喝个精光。那鸡汤的味道，好鲜啊！当他把碗还给曾奶奶时，看到碗里有许多蚂蚁在爬，脑袋一下子发麻，大叫：“蚂蚁，蚂蚁！”

“没事，没事。”曾奶奶慈祥地摸着陈宇的头，“吃了蚂蚁，头会更硬。”

肚子饿了，陈宇同小伙伴相约去偷挖番薯“打瓮”，偷吃生产队的甘蔗。70年代中期修建足荣水库，龙门公社各大队都派人来支援，小村顿时热闹起来。各大队水利专业队搭工棚，支锅做饭。陈宇经常与小伙伴去做饭的地方玩耍，做饭的师傅常常把锅巴分给他们吃。30年后，陈宇还记得那锅巴的香味。

陈宇好几天没看见曾奶奶了，一问，才知老人家生病了，卧床不起。陈宇跑到曾奶奶床前去看她，听到曾奶奶说想吃酸的东西。去哪儿找呢？陈宇跑去摘了一大把没熟的荔枝捧到床前孝敬她，曾奶奶眼角流出了眼泪。

第二天，茂德公家中传出了众人的啼哭声，辛劳了一辈子的梁氏去世了。茂德公至今仍记得，养母去世时间是1976年农历六月十八日，享年77岁。

曾奶奶静静地躺在床上，安详地合着双眼，仿佛睡着了一样。家人把一张吉方纸盖在老人的面部，又在老人头部、足部各放一盏油灯，脚下置着火盆。家人披麻戴孝，不时往火盆内焚烧纸钱，送这位辛劳一辈子的老人上路。

作为女人，梁氏最大的不幸是一辈子没有生育。然而她又是有幸的，茂德公始终待她如亲娘，陈英昌五个兄弟姐妹都把她当作亲奶奶，十分孝顺。死对于每个人来说，是早晚的事，谁也躲不了。按中国农村传统说法，梁氏年近八旬，是寿终正寝，驾鹤西归，到天国享福去了。

曾奶奶走了，6岁的小陈宇哭得很伤心，晚上做梦还常常梦见曾奶奶叫他进屋来吃东西。

这年中秋节，家里没有笑声。

4　70年代的乡村能人

陈英昌有中国农民的精明和智慧。

他毕竟是“文革”前66届初中毕业生，是个“人间识字农”，比村里的同龄人更有知识，更见过世面，左邻右舍有什么难事都找他，他也乐于助人，不知不觉就成为村民们公认的乡村能人。

陈英昌除了能开拖拉机、碾米机，能修柴油机之外，还自学一些医学知识。足荣村没有乡村医生，平时看病十分费劲。陈英昌的孩子发烧、发冷了，他都是自己跑到平湖、龙门去买药，慢慢也摸索出一些经验来。他还记得当时有一种退烧药叫“心雪丹”，其味极苦，不过很管用，小孩发烧一吃就退烧。

陈英昌还学会打针，像护士一样，肌肉注射、静脉注射，他都会。梁氏在世生病时都是陈英昌自己动手打针。陈英昌大舅见他懂得些儿医道，就把父亲留下的一本《中医验方》送给他，他依据从这本书中学来的治病单方，认识了好多草药，比如治蛇伤的草药。

雷州今属广东，却不是讲广东话的地方。陈英昌是足荣村为数不多会讲粤语的人。粤语，广东话称为“白话”，足荣村过去没人讲广东话。村邻近的火炬农场有不少广东工人，陈英昌虽穷，但不小气，好交际，工人从他家门前走过，他常常热情地招呼他们进来喝水，有时留他们吃饭，渐渐就学得几句广东话。后来又有广州知青安排到火炬农场，陈英昌经常同他们一起玩，请知青到他家做客，很快就学会讲“白话”了，这给他后来创业带来很大方便。

陈英昌同火炬农场的干部混熟了，成了朋友。农场领导知道他家孩子多，生活困难，特许他到橡胶林拾干柴。陈英昌一大早到林子里，能拾两担干柴，割胶工人会帮他挑一担出林子。当积到一牛车干柴时，他就拉到乌石镇去卖。运气好，遇到整株枯死的树，工人也送给他。陈英昌用牛车运回来，可以卖给他人做建房的大梁。

陈英昌还会做木犁。一次到龙门镇赶圩，他发现四乡农民用的木犁，都是到龙门供销社去买的。他想如果我会做木犁，卖给供销社一定有钱赚。他设法认识了供销社主任，便私下与主任商量，由他来供货行不行？

收谁的不是收？主任爽快地答应了。

其实陈英昌从未做过木犁。现在主任答应了，接下来自己怎么做？他想手艺都是可以摸索出来的。于是买了斧头、刨子和一把二公分的凿子，在家里整出一块地方做工场，点着油灯就悄悄地干起来了。

中国农民用的木犁早在西汉就有了，两千多年来居然没多大改进。一架木犁由犁尖、犁镜、犁辕、犁柱、扶手等多部件组成。陈英昌想，铁件部分可以到铁匠铺定做，自己专门做木件，然后组装成整架木犁。

他把父亲用的木犁搬来做样子，量下尺寸大小，照葫芦画瓢干了起来。果真做成功了。熟练后，陈英昌一个晚上就可以组装一架犁，每架木犁收购价 12 至 14 元，扣去成本，可净挣五六元。如果在生产队劳动，一个月还挣不到这个数。

此后，陈英昌还摸索着学会了做牛车。他偷着干私活挣钱，干了一年多后，这条生财之道在“学大寨”的高潮中被堵死了。

陈英昌说，他的一点小本事都是生活逼出来的。

这时茂德公一家，生活来源主要靠在生产队劳动所得。家中人口多，劳力也多，到年底分红时，每人工分折算成钱，扣除预支的粮食款，一家刚好扯平，没有成为超支户。

那年月，全国风风火火学大寨。全国各县市乡镇组织各级大队干部朝圣般拥向大寨取经，虎头山人流滚滚。足荣村虽然远离大寨，但学大寨不落后，组织村民搞农田基本建设，兴修水利，集体开荒 100 多亩坡地。今天看来，那年月依靠集体力量轰轰烈烈搞农田基本建设，兴修水利等，是 20 世纪中国农村宏伟的成就。改革开放后，很多地方此种基本建设非但不再，而且水利设施频遭破坏，以致许多农村在旱涝出现的年头难以抵御灾害，甚至成为加剧灾害的重要因素。

那时，尽管报纸上说“宁要社会主义的草，不要资本主义的苗”，但足荣村农民还是知道，稻田里的草是不好的，要除掉，苗还是要保护好。报纸上还说“堵不住资本主义的路，就迈不开社会主义的步”，但报纸说报纸的，农民干农民的。不管什么主义，都要按农时干活。足荣村竟有人说：“去参观大寨，还不如参观茂德公家的自留地。”

当时，自留地还是存在的，私有并非无立锥之地。茂德公在一小块自留地里精耕细作，种出了一流的瓜果菜蔬，不仅付出体力，还付出了智慧和情感，让村民们佩服。

随后，私有被限制到极小的程度。对农家养鸡养鸭该养几只的限制，堪称千古未有之奇观。雷州制定：每户饲养“三鸟”（指鸡、鸭、鹅），不得超过 10 只。家庭搞竹编、织蒲包属于资本主义行为，一经发现，给予没收并罚款。足荣村或因偏僻遥远，农民从未受此规定限制，只是也没有条件多养。

但是，走出足荣村，到龙门镇，形势就不同了。龙门镇原先每 10 天有 3 个圩日，后改为 10 天一圩，最极端的时候连一天圩都被禁止了。足荣村人不知道禁圩了，村民挑着自留地里种出的菜蔬瓜果，还有自家鸡鸭生的蛋去赶圩，走到龙门镇就被站岗的民兵拦住，进不了镇子。

镇子外便出现了临时的自由市场，镇子里中学的司务长也要跑到镇子外来买菜，不然学生吃什么？那买那卖都是紧紧张张、偷偷摸摸的。据说，也有读过革命小说的觉得像革命党人搞地下工作，有点激动人心。忽然听说“割尾巴的来了”，大家轰一下都跑了，常有鸡飞蛋打的景象……所谓“割尾巴的”，就是由公社民兵骨干组成的“割资本主义尾巴”队伍。

龙门中学退休教师陈大道，曾经在足荣村当老师，还担任过足荣村党支部书记，主编过足荣村《陈氏宗谱》，是足荣村的“活字典”。他说，雷州各公社都在“割资本主义尾巴”的时候，好在足荣村大队长陈惠洲是个明白人，没有采取没收超标“三鸟”的行动，对上面说所有新开的荒地都收归集体了，对下却没有采取实际行动。30 多年过去了，足荣村民讲起这件事，仍然十分感佩陈惠洲当年的执政能力。

陈英昌的邻居陈章好娶亲时，新娘子是北和人。足荣村一行 20 几个青年人起个大早，踩着自行车高高兴兴到北和镇去接新娘。没想到在北和路口被公社民兵拦下，强行带到学习班接受教育。干部说 :“学大寨，到处都在搞农田基本建设，你们还有心思操办婚事？”而后一行人被押到工地去劳动。

足荣村这边，鞭炮准备好，酒席摆好，客人也到了，就等新娘子进家门开席，可左等右等没动静。陈章好和家人急得团团转，那时没有手机，也不知出了什么事。

那一边，新娘子一家左等右等，不见来迎亲的人们，也不知发生了什么变故。

双方都派人去对方家看消息，在半道上遇到了，都不知迎亲的人到底去了哪里，怎么会在大白天突然消失了呢？到半下午，才终于得知迎亲的人都被抓去工地劳动了。等候吃酒的也有足荣村的干部，此时只有依靠他们了。足荣村干部赶去交涉，到了晚上才把人保回来。

结婚是人生的大喜事，为何落得如此场面？那年月有不少令人啼笑皆非的事，但许多事今天回想起来，恐怕尚难笼统地论其是非优劣。儒家经典在百年前就遭到猛烈批判，到“文革”时达到极致。即使是老子的思想，也被视为保守、反动。可是老子在 2500 年前就说过 :“天下多忌讳而民弥贫。”

茂德公家世居的跨世纪茅屋 从福源公到陈英昌有五代，这五代人都是在茅屋里结婚的。尽管住的是茅屋，他们都体验着青春的幸福，都对未来满怀憧憬。他们的子孙陈宇却把他的乡村记忆、乡村情趣、乡民的创造和生活智慧搬进了城市，在寸土寸金的都市建起了大型茅草屋群，曰“茂德公草堂”。

就这一句话，大约是可以顶一万句的。就这九个字，如果能认真学习和贯彻，就不会有那么多这不准，那不准，就不至于把很多可以发挥才智的路堵死了。

茂德公的曾祖父福源公是在茅屋里结婚的，从福源公到陈英昌有五代，这五代人都是在茅屋里结婚的。陈英昌这个乡村能人，虽然能力在“文革”时期受到很大限制，但他同他的几代先人一样，结婚时都没有为房屋苦恼过，尽管住的是茅屋。五代人在茅屋里结婚的日子，都体验着青春的幸福，都对未来满怀憧憬。

从福源公起算的第六代人陈宇，也是生在茅屋里的。他大学毕业后，有了在国家银行里服务的金融工作，为什么辞职返乡办民营企业，为什么城里的先进思想没有拿走他的乡村情愫？他甚至在广州番禺盖起了一座巨型茅屋群——茂德公草堂，把他的乡村记忆、乡村情趣、乡民的创造和生活智慧搬进城市……这个茂德公的长孙，大约是特别值得研究的。

历史走到1976年10月，“文革”结束。

我们现在要进入一个新时期了。

● 同时期的世界和相关思索

1968年，美国英特尔公司在硅谷创建，日后成为世界上最著名的计算机硬件公司。同年，美国国防部立了一个网络通讯系统研究项目，1969年这项研究使加州大学和斯坦福研究院的4台电脑联网运行，被认为是互联网的开端。1975年，比尔·盖茨创办了微软公司。1976年，乔布斯创办苹果公司，推出个人电脑，他被认为是世界上第一个把台式电脑定位为“个人电脑”的人。

中国“文革”从1966年5月开始至1976年10月宣告结束。大抵在这期间，美国微电子技术完成了从芯片、软件到个人电脑和网络陆续诞生的历程。当个人凭借微电脑可以在网络上彼此对话的时候，一个超越工业时代的计算机时代就真正到来了。

以上均属科技领域的创造。英国和美国分别在工业时代和计算机时代拥有科技强势，以及由此产生的经济、军事强势。但在人类生活中，不是只有科技和经济。几千年来，人类对待生活的态度和智慧、精神与信仰，以及由此形成的文化，一直在世世代代的生活中发生着重要作用。这是我们不能忽视的。

过去的100年，孔子在中国，无疑是被批判之最。1971年的“批林批孔批周公”运动，把批孔继续覆盖到包括农村在内的全国各行各业，农民也在批判“孔老二”。但是，一边批孔子，一边仍按孔子的教导从事生产和生活。譬如2500年前孔子就说过：“不患寡而患不均，不患贫而患不安。”这“孔子曰”历来是乡里社会的信条，一直没有丢失。

东西少不怕，怕分不均；贫不怕，怕不安定。生产队分东西并不是一种方法一刀切，而是方法多多，什么该按人口分，什么该按户分，什么该按劳力分，什么该按工分分，都有定规。对无法平均分配的东西就抓阄。

抓阄在乡村最省事也最神圣，一旦抓定，谁也不能反悔。抓到更好些的，快乐无比！抓到吃亏了的，大家也一片欢呼。吃亏者只能怪自己手气不好。吃亏了不一定不高兴，因为总有人要吃点亏，这回就我做点牺牲了。

同样是一亩田，实际则有大块一些和小块一些的，田还有深浅、有远近，下田劳动分组分田作业，就属于很难均分的一种，抓阄就是最方便最合理的方法。下田劳动是每天的活动，足荣村农民几乎天天抓阄。所以，足荣村村民虽然也要在夜里听读报，参加批孔，但足荣村农民的生产和生活，一天都离不开孔子的教导。只要遵循“不患寡而患不均，不患贫而患不安”的教导，中国农民在贫穷的日子里也创造出平安和欢乐。

有人说，这是在贫困的基础上平均分配贫困。

可是，财富就等于幸福快乐吗？

今日社会贫富差距之大，你感觉如何？为赚钱而丧失诚信，甚至不惜丧失学术品格、科学精神，你以为这是瞎说吗？譬如在城市医院里，你去看病，会发现你为一张处方支付的费用高到令你吃惊，令你怀疑：我要吃这么多药吗？这可不是哪个领导干部给你开处方，是懂科学的医生给你开处方。这可不是个别医生，而是普遍得像夏天的树叶一样茂盛。

科技水平高，不一定就有诚信。

有知识，也不一定有人文精神。

20世纪的中国农民经历了多种不同的时期，每个时期都有几代人投入心血汗水去实践。中国最广大的人口是农民，最广大的人口投入的颠沛的沸腾的实践，是伟大的实践。即使只有100年，巨大的宏伟的实践距离我们也可能还是太近，我们尚难准确论述那个时期的优劣是非。大部分情况下只是记述某个时期“是这样”。这100年，恐怕值得我们再研究100年，甚至更久。我们所记述的也仅是很小的一部分。但我们相信，我们小心翼翼的记述，是值得后人继续研究的一个部分。

第4章 望子成龙　望女成凤

中国人重视孩子读书，农民亦然。陈英昌堪称典型。改革开放后有篇著名小说《李顺大造屋》，讲农民李顺大把造三间屋作为奋斗目标，二十多年没造起来，到1977年冬这次，会有把握造成了……陈英昌全家住茅草房，却几十年没做过建新房的梦，只一心一意节衣缩食攒钱借债供子女读书，甚至不惜借高利贷。到改革开放后仍不考虑投资建房，专心投资六个子女读书。即使茅屋空空，读了书的孩子就是他最大的财富。因之才有日后昌盛的茂德公产业。今日大学毕业生要想拥有三间新房，恐怕比李顺大更难。如果结婚生子，是投资买房还是如陈英昌全力培养孩子？陈英昌也许仍是个有意义的榜样。

在陈宇上学之前，爷爷和父亲坚定地在他头脑里输入《三字经》，就像在土壤里施下一层底肥。这层底肥铺在他从学校学来的所有知识的底层，在陈宇一生中有多么巨大的作用，是很多人没有意识到的。

1 先结婚后恋爱

1977年10月21日，国家恢复高考的消息经中央人民广播电台广播，立刻传遍中国城乡。

“老三届”学生都可以考大学了，知青们奔走相告。所谓“老三届”，指从1966年到1968年的三届初中和高中毕业生。条件很宽，不论高中、初中，也不论婚否，年龄最高不超过37岁，都可以报名。陈英昌也是几千万“老三届”中的一员，有人给陈英昌开玩笑，叫他去报名。

陈英昌这时已是四个孩子的父亲，从前学过的数理化早交还老师了，再说男人的责任要养家糊口，他怎么敢想考大学的事呢！当时有句时髦话：向“四人帮”讨还青春。陈英昌的青春还能讨回来吗？其实，“失之东隅，收之桑榆”，陈英昌的青春并没有白白度过，而立之年已子女成群，足荣村许多人都羡慕他。

陈英昌夫妇应验了那句“先结婚，后恋爱”的话。

虽然结婚前两人只打个照面，连话都不好意思说一句，可结婚十多年来，小两口挺合得来的。陈英昌会动脑子、出点子，老伴会干，不仅下地干活，里里外外都拿得上手，两人配合默契，共同支撑起一个家。符木荣后来知道，陈英昌读书时有个女同学喜欢过他，于是常把这事拿来说笑，搞得陈英昌不好意思。

陈英昌对贤慧能干的妻子相当满意，曾对人说：“我和孩子妈前世有缘，今生注定要走到一起。”

雷州夏天特别热，符木荣一大早赶着牛车，哼着雷歌下地去。陈英昌在加工厂上班。中午回来后，陈英昌与陈宇一起躺在椅子上看《三国演义》小人书，耐心地给他讲解书中的故事。符木荣冒着毒太阳下地回来，全身湿透，看见父子俩如此悠闲，有时就开口发牢骚，不高兴时还会骂几句。但骂归骂，她心里并无怨言。

茂德公对儿媳妇符木荣相当满意，而且得意。因为这门亲事是他替陈英昌敲定的。他预见符木荣"个子大，会生崽"，如今成了事实。继大女儿玲妹出生后，符木荣四年中又生下一女一男，女孩取名文娟，男孩取名学儒。

中国农民传统的生育观念是早婚早育，多子多福，养儿防老，传宗接代。20 世纪 70 年代末，计划生育成为中国的一项基本国策，待雷州开始大抓计划生育时，陈英昌夫妻已有四男二女，长大参军可组成半个班。有人还说陈英昌夫妻蛮会计划的，因为他们的六个子女每个都相差两岁。还有人说，其实茂德公就很会计划了，因为陈英昌的五个兄弟姐妹，每人也是相差两岁。

陈英昌 32 岁时，已经成为六个孩子的父亲，孩子就是他最大的财富，许多人在这个年纪还没结婚呢！1978 年安徽凤阳县小岗村的一纸"大包干"契约，经国家宣传推广，成为拉开家庭联产承包责任制的序幕。足荣村六个生产队先是采用"包产到户"的办法，而后采用抓阄的办法分了牲口、农具和责任田。根据当地情况，水田五年不变，坡地十五年不变。

这时茂德公的三个女儿都已外嫁，二儿子陈美昌也娶妻生子。陈英昌与弟弟陈美昌分了家，说是分家，其实没什么值钱的东西可分。茂德公夫妇平时与二儿子陈美昌一起生活，分责任田时有五口人。

陈英昌家有八口人，分到三亩多水田，十多亩坡地，还有一头牛。实行家庭联产承包责任制，茂德公和陈英昌两家把分到的田合起来耕种，浸种、育秧、犁田、插秧、中耕直至收割，所有农活基本上都一起干，实际上还是一家人。

家庭联产承包责任制，农民习惯称为"分田到户"，最大的好处是恢复了家庭生产功能。从此茂德公、陈英昌有了经营自主权，可以自己决定种什么。这是茂德公父子早也盼，晚也盼的事。特别是年轻的陈英昌，心里早就憋着一股劲，盼望有一天能甩开膀子，自由自在地干一场。

陈英昌夫妇把分到手的水田种水稻，旱地种甘蔗和番薯，山坡地种桉树。这时的农民，可以支配自己的时间，可以外出打工、做生意、做手艺。新政策还允许农民开荒，茂德公似乎对开荒有一种宿愿，他又开垦了十多亩荒地。一时间，村无闲人，人无闲时，也称得是“八仙过海，各显神通”。

随着市场开放，城市的待业青年率先摆地摊、开小铺子，做小本生意。许多农村人也到城市小街练摊，卖小商品、倒腾服装、倒卖电器，他们有个共同的新名字——个体户。过去这种行为被称为“二盘商”、“投机倒把”，是受严厉打击的。此时不算犯法了，但个体户也还被人瞧不起，广东人称之“街边仔”。

农民原本生活在社会底层，他们加入个体户行列一点儿也不感到丢人。倒爷变款爷，不少人就这么发了财，陈英昌也坐不住了。足荣村有一个地主儿子，是“文革”中从遂溪县被遣送到足荣村来劳动改造的。此人有文化，脑子灵，平时和陈英昌谈得来。农村改革开放一开始，他觉得机会来了，就同陈英昌商量赚钱的办法。

他说：“市面上自行车紧缺，特别是上海凤凰牌的车子，整车买不到，但市场上可以买到三角架、车把、车轮等零部件。我们可以买零部件来组装成整车，卖出去就能挣到钱。”

早在20世纪60年代，社会上就流行“三转一响”的说法。“三转”是缝纫机、自行车、手表，“一响”是收音机。到80年代初，这些东西依旧是紧缺商品。特别是自行车，想买的人特别多。陈英昌也正愁没有挣钱的门路，觉得这是个办法。两人说干就干，陈英昌把包产到户时分到的一头黄牛卖了，筹集几百元钱直奔上海。

外面的世界真精彩。上海火车站如潮水般涌动的人流里，陈英昌满头大汗，挎着行囊，奋力地穿行着。

“这人怎么这么多呀？”陈英昌看到，人流中有很多看上去都是农民打扮的人。陈英昌发现这个世界已经大变样！很多农民“个体户”腰包已经鼓起来，而政府机关工作人员月薪也就是一两百元。

陈英昌一行到了上海才知道，凤凰车部件只能买到一些，有些配件只能用五羊车或其他牌子的来凑合。于是，陈英昌组装的自行车其实是“杂牌车”，却用了凤凰车的牌子。说起这些，陈英昌挺不好意思的。

“那时，还没想到别的法子挣钱。”他说。

没干多久，他不干了，另找生财之道。

陈英昌上海之行没有挣到多少钱，更大的收获是，视野开阔了，头脑打开了，引起了他很多新的思考。

2 《三字经》的影响有多远

儿童时代的陈宇，没到上学的年龄就开始背诵《三字经》了。这是茂德公和陈英昌两代长辈的设计。他们都觉得，不管将来陈宇进学校学什么，《三字经》这传统学问很重要。

那摇头晃脑的诵读,恐怕有一种奇特的魅力。陈宇虽然调皮,但读了《三字经》，对学文化便有兴趣了。他还常跑到小学教室外，趴在那窗外的木头堆上听老师上课。

陈宇上学晚，9 岁才上学。学校还在陈英昌读过小学的地方。陈宇刚上学，一年级的课本没教，他都会念了，老师称赞陈宇很有天分。

城市里成千成万的父母并不明白，9 岁的陈宇上一年级，好处是多么巨大！城市里成千成万很有知识的父母并不知道，他们努力让自己的孩子 6 岁就上学，其实损失会多么巨大。

一年级的课本还没教，陈宇都会念了，而且 9 岁的陈宇在体力、智力等多方面，都比一个六七岁的孩子要有优势得多。就这人生的早晨，陈宇有优势得多。

这一路过来，对陈宇人生自信心的塑造、才华的塑造，收获是多么巨大！日后陈宇会做出不同凡响的事，会超出成千成万的城市青年，并不偶然。

陈宇 9 岁才上一年级，并不是茂德公和陈英昌的有意设计。但是，在陈宇上学之前，坚决地在这孩子头脑里输入《三字经》，这是茂德公和陈英昌的设计。在陈宇人生的黎明时期，把《三字经》铺在陈宇所有从学校学来的知识的底层，这个基础在陈宇的一生中有多么巨大的作用，也是很多人没有意识到的。

陈宇入学前所受的教育不只是《三字经》。读过初三的父亲，对陈宇的学前教育起了大作用。有一段时间，陈英昌担任足荣村樟树林的护林员，林间出现一幅画：

雄鹰在空中盘旋，鼯鼠在林间跳跃，一个背着鸟枪的父亲，带着儿子巡林，后面跟着一只狗。

父亲每天给儿子讲一个《三国演义》故事：赵子龙长坂坡单骑救主、关云长过五关斩六将、刮骨疗毒不怕疼、气量狭小的周瑜被诸葛亮活活气死，还有桃园三结义、草船借箭、空城计……陈英昌每天讲着不同的故事，陈宇听得入迷。老爸还教儿子念雷歌：

> 吴是孙权魏曹操，蜀中刘备品格高。
> 三国连年争汉鼎，献帝无权只摇头。

足荣村樟树再生林，封山育林才十多年，许多樟树长得有碗口粗了，散发出特有的馨香。暑天躲进樟树林里，顿觉一片清凉。巡林休息时，父亲用树枝在地上教陈宇认字：

> 天、地、人。
> 日、月、明。

起先一天认三个，后来加到五个、十个，越来越多。陈宇对认字很有兴趣，不久就能认识一二百个汉字。陈英昌说宋代欧阳修家贫，他的母亲用芦苇在地上教欧阳修认字，后来成了有名的文学家。陈英昌希望陈宇长大能有出息，用心良苦。看起来陈英昌的工作是在护林，更大的意义却是在教育儿子。这是陈宇9岁上学之前上的林中学校，非常宽广巨大的课堂。林间、小道、飞鸟、鼯鼠、雄鹰、射透林子的阳光，对陈宇灵魂的浸润和养育，会在他的一生中留下深远的回响。

“你要用功读书啊，我还指望你将来考上北大清华替我争口气呢！”父亲送儿子去学校念书，曾一再这么说。陈宇从父亲那里知道，中国有北大和清华，这是两所大学，并且日后很多年一直认为全中国只有北大和清华这两所大学。

此时的陈英昌还没有意识到，他在孩子9岁之前给他施下去的“底肥”，这孩子已经不可能不茁壮成长了。

调皮的天性，几乎也是在林子里培养的。

陈宇上学后，调皮还没有收敛，上课爱做小动作，有时偷折纸飞机。下课铃声一响，老师还没走出教室，呼地一下，陈宇的小飞机就飞上了教室的横梁。

陈宇最爱看小人书，老师是限制学生看“闲书”的。小人书雅称“连环画”，雷州俗称“公仔书”。陈宇爱看古典名著、历史故事、民间传说的连环画，《水浒传》《西游记》《封神榜》，还有《七侠五义》《聊斋志异》等，特别爱看《三国演义》。这些书有的是陈英昌买的，有的是“文革”中别人扔掉陈英昌捡了藏起来的。陈宇一本接一本轮着看，尽管有些情节一知半解，还是看得入迷，连饭都不想吃。

陈英昌认为让孩子多看些课外书没有坏处，只要有空就陪儿子一起看，边看边讲解。那时没电视，电影也不常有，小人书是那个时代少年的主要精神食粮，很多道理是课本中学不到的。

因为看课外书多，陈宇语文科很好。在班上，他的作文常常被当作范文宣读。商纣王的“纣”字，班上同学都认不出，陈宇看过《封神榜》小人书，马上就能读出来。

父亲对陈宇管教很严。陈宇学习成绩也还好，但“粗心”的毛病难以克服，这使他在小学考初中的关键时刻，差几分没能考上龙门中学，仅被录取到平湖初中班。陈英昌气极了，把陈宇双手吊到树上，脚半落地半不落地，边打边骂。陈宇的哭叫声惊动了茂德公、刘荣阿嬷，两人都奔过来，把陈宇从树上放下来。

雷州有一首雷歌唱道：

米白都经臼头出，棍木打教盼子贤。
年小如果不读书，长大那时苦到灰。

这雷歌唱的是，好米和好孩子都是打出来的。陈英昌对子女的教育也可能受此影响。会做木匠活的陈英昌竟然还自制了一副木枷镣铐，用两块厚木板，每块锯出两个比脚略大的半圆形，然后用铁链把两块木板固定住。哪个子女不听话，就把他们的双脚用木枷锁住。陈宇就经常被这副木枷锁住读书。

陈英昌想，平湖原本只有小学，现在设了个初中班，如果让陈宇到平湖念初中班，怕将来出息不大。他希望陈宇能考上县重点中学，至少也要考上龙门中学，因此“武断”地决定让陈宇留在五年级复读一年，来年再考。

陈宇当时读的是五年制小学，陈宇的复读，出现在小学升初中之际。陈英昌的这个决定，他们父子都认为是正确的，但我们持不同看法。有很多实例可以证明，在多数情况下，这种刻意留级复读的举动，对孩子自信心的损伤会很大，会产生严重后果。陈英昌此举，说明应试教育在陈宇读小学的时候已经很严峻。读书无疑是农村孩子改变命运，争取好前途的最佳方式，但对于陈英昌来说，这也是一个巨大的负担。

陈宇复读，自信心并未受挫，一是因为他原本基础好，与他的同学相比，他已有内在的自信心。二是复读这年，陈宇遇到复读班的班主任陈秋林。陈老师对陈宇的鼓励，在陈宇此时具有特别重要的意义。今日说起陈秋林老师，陈宇充满感激之情，用他的话说：“是陈老师促成我人生的第一个改变。”

陈宇改名，也是在这个时候。因教育行政部门并不主张可以升学的学生留级复读，因此很多学校便悄悄地替复读生改名字，另立学籍档案，以应届生身份重新报考。一天，陈老师按学校意思，把陈向光等四个复读生叫到一起，用纸片分别写了飞、黄、腾、达四个字，说：如果你们愿意，各挑选其中一个字，作为你们的新名字，我祝你们将来飞黄腾达！

三个同学都姓陈，欣然地各选了一个字，组成：陈飞、陈腾、陈达。陈向光不喜欢“飞黄腾达”这个成语，没有选。

现在只剩一个“黄”字，老师和三个同学都看着陈向光，看他有什么想法……“飞黄腾达”四个字缺一，形不成那句祝福的成语了。

陈向光想，“陈黄”，不好听，这肯定不行。

他说：我选“宇”字，叫陈宇。

老师问他：你怎么会想到这个字？

他说：我喜欢成语“气宇轩昂”。

陈秋林老师说：好，太好了！

五年级复读生陈向光为自己取了个新名，从此，他就叫陈宇。

当然，“陈宇”这个他自己取的有气魄的名字，也给他增添了自信，并从此不断地给他以激励。第二年他以高分考进了龙门中学尖子班。在龙门中学初中三年中，陈宇的学习成绩在班级排名不是第一，就是第二。他连续担任班级的学习委员，老师、同学都称陈宇是高材生，将来必成大器。

陈英昌也知道了儿子给自己取的名，来自成语“气宇轩昂”。

3 编织未来的梦

百年前的中国农民，大抵是恋乡土的，非不得已，不愿意离开故土。“背井离乡”一词，在汉语中就是对不幸境遇的一种描述。近百年来，离乡远出，渐渐成为乡村中一些有远见者自觉的选择，远到去日本留学，那其中有很多人出自农村。最早的成规模的留学，是去美国，组织者是广东人容闳，参加者最多的也是广东儿童。改革开放后，离乡进城去打工的农民，是中国历史上空前浩大的景象了。广东成为全国各地农村青年前来打工的地方。陈英昌则一心一意地想把六个子女都培养成大学生。

比起其他农民，陈英昌更容易接受新事物。他不仅是“望子成龙”，还“望女成凤”。这难度是很大的。对农村人来说，即使改革开放了，非有大志，不敢想象。

陈英昌一家八口要穿衣吃饭。陈宇上初中后，老二阿明、老三阿亮和玲妹都陆续上了小学，家里开支逐年增加。钱，钱在哪里？陈英昌缺钱，缺很多很多的钱，到哪里去找钱？

陈英昌连走路的时候都在想，怎么才能挣到更多的钱。

“其他人赚两元钱，我就要赚四元钱。”陈英昌说，“都是为了孩子读书啊！”

在陈宇兄妹心目中，父亲神通广大，什么都会。

陈英昌的几个朋友还在组装自行车，陈英昌不装了，但他在帮助卖。朋友组装一辆，他就骑到龙门去，卖掉后走路回村。

陈英昌善交际，朋友多，信息也多。乌石镇有个老朋友告诉他，乌石渔民需要大量装鱼的鱼篓，市面供不应求。

陈英昌立马行动，想办法买来很多竹子。茂德公、陈英昌夫妇和几个妹妹都能动手编鱼篓，还会编提篮、背篓、筛子、簸箕等竹制品。或点着汽灯，或在月光下，一家人有的破竹，有的编织，边编边拉家常。茂德公常讲些书生考状元，妻子守寒窑，善有善报，恶有恶报之类的故事。童年对故事的记忆力是最强的，陈宇现在还记得有一故事说一位贫苦母亲，不向命运低头，儿子在她的鼓励下历经艰难，最后考中状元。老爸则经常讲“三国”故事。一家人说笑不断，双手不停，编织着现实的生活，编织着家庭的希望。

子女的学费，还要靠平日省出来。村里有位手艺很好的裁缝，工钱便宜，但生意清淡。家家人都穷，没钱添新衣。陈英昌家买了缝纫机，符木荣不会缝新衣，但会缝缝补补改衣服。一件衣服老大穿了老二穿，老二穿了再传老三，老三太小了还要改给玲妹穿。真可谓“新三年，旧三年，缝缝补补又三年”。只有过年，孩子们才有新衣服。

这新衣服什么时候穿，也好像是有规定似的。从大年初一早上穿到十五元宵节，然后藏起来等清明节再穿一天，再后只有重要日子才能穿。几个兄妹都懂家里的困难，要比就比谁更会念书，谁更会干活，从不比吃比穿。

陈宇在初中读书，已很懂得用功。他读到初二时，足荣村出了两个大学生，村民们用挂着红绸的手扶拖拉机，特意把他们送到龙门镇炫耀一圈，又打鼓，又放鞭炮，告诉四邻八村，足荣村出大学生啦！

那时村里有人考上大学真是了不起的事啊！足荣村人簇拥着两个新科大学生游行后，到龙门大排档去吃狗肉，陈宇也被邀去参加。这是陈宇人生第一次参加饭局，他很兴奋，心想："考上大学这么荣光，我将来要考上北大为村争光！"

这顿饭很有教育意义，此后陈宇更加发愤读书。1986年，陈宇初中毕业，中考一鸣惊人，考取湛江一中高中尖子班。陈宇在镇一级中学读初中，竟能考上地区一流的高中，这是相当了不起的事。

湛江一中名震粤西，它的前身是培才中学，素有"南路学府"的美誉，是广东省重点中学。湛江一中高中除了招收普通班外，每年还特招两个尖子班，面向全区，择优录取。全地区考生成千上万，只有十分拔尖的学生才有望考上。考上湛江一中就等于一只脚踩进了重点大学的门槛。

陈英昌高兴极了，觉得要让大家分享他的喜悦，摆了十多桌宴席，亲朋好友都来祝贺，每人送一二百元红包贺礼。当时吃结婚酒只包二三十元，乡亲们礼包得大，包含资助孩子上学的意思。陈宇至今念念不忘这份情义。

湛江一中远离雷州，就读的费用要比海康一中高得多，曾有农村孩子考上后自动放弃了。龙门中学校长早就认识陈英昌，知道他家子女多，生活困难。当知道陈宇就是陈英昌的儿子时，他对陈英昌说："老陈，你太困难了，我不知道陈宇是你儿子，不然还是让他报海康一中，你负担会轻些。"

这话让陈英昌听了不舒服，认为校长小看他。陈英昌说："我砸锅卖铁也要供孩子上学！"

"砸锅卖铁也要让孩子读书。"这句话已经成为现代民间俗语。然而实际的艰难非亲身经历难以体验。陈英昌住的还是茅草寮，家中也没有什么值钱的东西，又能砸出几个钱来呢？

陈英昌面临最现实的问题：孩子上学的学费哪里去找？如果只筹集陈

宇的学费，还不是太难，可是他要面对的是六个孩子的学费，他不能让任何一个孩子辍学。

陈英昌有个秘密的小本本，里面记着向亲戚、朋友借钱的时间和数目，还掉的就做个记号。民间有句话说：“有借有还，再借不难。”在陈英昌这里，他悄悄地改为：“边借边还，再借不难。”他把本子翻开看看，亲戚朋友、左邻右舍能借的都借遍了，怎好意思再开口呢？当时大家也都穷呀！

陈英昌有位堂哥，子女少，家庭负担轻些，有点积蓄。陈英昌原先考虑这人平时小气，没找过他借钱。现在实在没法子了，只好硬着头皮向他开了口。堂兄非但不肯借，还讲了许多难听的话，搞得陈英昌很尴尬。凑巧这些话又被玲妹听到了，玲妹心里十分难受，便想辍学帮家里干活，让大哥去读书。陈英昌一急，就打了玲妹一巴掌：“你怎么能不读书！学费不是你考虑的事。”

玲妹的眼泪一下子涌出来。陈英昌这才察觉自己虽然经常打骂几个男孩，对两个女儿却很少动手。现在说什么呢，哭就哭吧！还得想办法找学费。他思来想去，为解燃眉之急，只好走一条原本不敢走的路：借高利贷！

债主讲好两分利，1000 元，一个月利息 20 元，一年除本外要还 240 元利息。后来，债主知道陈英昌借钱是为了供孩子读书，很感动，一反常规，还款时不收利息。很多年后，陈英昌有钱了，想报答他的恩情，可惜他已经作古了。

茂德公为孙儿孙女读书，也在动脑筋。

茂德公在民国时上过私塾，在共和国时又上冬学，在扫盲班里学文化，他对子女读书十分重视。陈英昌五兄妹，除老二女儿伟琴只读到完小外，其他伟文、美昌几兄妹都读过初中或高中。儿女都成家后，茂德公又关注着几个孙子孙女的学业。

中国有漫长的重农抑商历史，农人多不言商，“弃农经商”也往往被人认为这人不够本分。茂德公这个地地道道的农民，在花甲之年，做出了一个令人意想不到的决定：开店挣钱。

小店租用原第五生产队队部。以往足荣村村民买生活用品都要跑到龙

玲妹与父亲 家里的茅屋外搭了个棚，这就宽敞明亮多了。虽然壁上空空，仍然是温暖的家。

门、平湖等地。茂德公开了杂货店，一来方便了村民，二来让刘荣阿嬷有事可做，三来可挣些钱帮衬陈英昌，贴补几个孙子孙女读书。

茂德公逢圩日到龙门、平湖等地进货。茂德公这辈子没骑过自行车，他很担心骑车会碰伤人。每次赶圩，习惯走路，用肩挑货。刘荣阿嬷守在店里卖东西。她平日里只知干活，很少接触钞票。现在得小心翼翼地对付，还是难免出错。有一次把 50 元错当 100 元收进来，赔了钱。碰到这种情况，茂德公只是一笑，并不责怪老婆。

每到开学注册时，茂德公就会拿出一笔钱交给大儿子陈英昌，让他去安排使用。茂德公对子女不偏爱，有一天他把英昌、美昌两兄弟叫到一起，他对美昌说：“你大哥子女多，现在上学要用钱，我多帮他一点，将来他的子女出来干事了，我就会多帮你一点。”

4 高二的选择

身上装着家中好不容易筹齐的学费，心里怀着对未来的憧憬，陈宇前往湛江一中。

陈宇没去过湛江，只听别人讲过湛江城市的繁华，心里十分向往。他从车站下车后，舍不得花钱坐车，自己扛着棉被行李，一路张望高楼大厦，步行三四公里才找到学校。

踏进校门那一瞬间，陈宇发现自己来到一个陌生的地方。整个校园说的都是广东“白话”，老师上课也夹杂着“白话”。到食堂买饭，跟师傅对话都困难，师傅听不懂普通话。陈宇首先要过语言关。

当时有位叫黄赞权的同学，是龙门镇某林场的孩子，会几句广东话，他教陈宇买饭，把饭盆往窗口伸过去，说：“叉烧！”这是陈宇学会的第一句广东话。想买什么菜还只能靠手比划。城里同学嫌食堂饭菜不好吃，足荣村来的陈宇觉得学校的饭菜蛮香的。

陈宇穿着老式的蓝黑衣服，一身土气，一看就是农村来的。后来穿上校服，大家一个样。同学看他长得高高瘦瘦，班级间组织篮球比赛，就叫他上场。可是陈宇从未打过篮球，等同学把球传给他，他只会抱着球跑，引得同学们捧腹大笑。乒乓球、羽毛球等球类活动，陈宇都不会。农村孩子从小会跑，有耐力和拚劲，学校1500米长跑比赛，陈宇常代表班级跑进前几名。

陈宇在高一时被选为班级物理科代表，谁知第一次考物理就不及格。陈宇看着考卷一片茫然，闷闷不乐地回到宿舍，倒头就睡。刚收到湛江一中录取通知书时，陈宇就向同村读高中的陈心助借高中课本，自学、预习，下决心要在这所名校脱颖而出。到校后才发现，农村出来的学生虽然能考高分，但见识窄。受条件限制，小城小镇的初中有些物理、化学试验是纸上谈兵，很多仪器陈宇过去连见都没见过。

将要升高二时，班主任宣布：“从高二开始，学校实行文理分科，你们面临的是决定人生道路的选择，每个人都要慎重考虑。”

陈宇从小就对文学感兴趣，记忆背诵能力特别强。从初中起，他爱看琼瑶小说、武侠小说，有同学说他是“另类”。在湛江一中，他参加了文学社，常在校刊发表文章。加之高一那次物理考试不及格，对他的触动很大。他觉得自己的前途还是在文科这个方向，于是自作主张，选择了文科。陈宇知道如果回家问老爸，老爸一定会叫他选理科。陈宇小时候，父亲就希望他长大当个科学家。

这是他从小到大第一次在重大问题上没有按父亲的意愿行事，而是按自己的意愿，为自己做主。等父亲知道时，生米已煮成熟饭，想改也不可能了。后来的事实说明，陈宇高二的这次选择，对他的人生至关重要。

湛江一中八九届有两个文科班，五个理科班。

高二分班后，陈宇学习成绩明显上升，每次考试成绩都名列前茅。一个班考前几名与末几名，地位是不一样的，陈宇很快成为文科班的“拔尖人物”。理科班的“拔尖人物”是洪清，两人后来成为很要好的朋友。

在班上，他和三个同学意气相投，几乎形影不离，被同班同学称为“四大怪”。这时还有一个公安局长的女儿看重他们，“四大怪”加上一个“女杰”，五个人凑在一块，一起复习功课，一起吃烧烤过生日。

一天，陈宇正在教室做作业，忽然听见熟悉的声音，他知道老爸又来看他了。跑出教室一看，只见老爸满头大汗，背着各种食品，全身都湿透了。

陈英昌挂念儿子，每个学期至少上湛江看陈宇一次，送些好吃的。当时最风靡的饮料是“健力宝”，认为可以提神补脑，陈英昌总要省吃俭用给儿子买上几罐。看见儿子又长壮了，就这么看一眼，心里就放心了，当天就坐班车返回。那时路况很差，坑坑洼洼，坐汽车来回好几百公里，够他颠簸的。

陈宇看到老爸，心里会增添学习的动力。班上有些农民子弟忌讳家里人来校看望，认为丢人现眼。陈宇一点儿也没有农民子弟的自卑感。农民怎么了？没有农民，城里人吃什么？没有吃的，还能活吗？从小到大，陈宇都为自己有这么个能干的农民老爸感到自豪。

陈英昌在足荣村是个有名气的人，有一段时间被群众推举到潭边乡政府当治保主任。在乡里当治保主任，工资低，还不能按时发放，更主要的是没空去搞副业挣钱，他干了一年多就辞职回村了。不久，足荣村村民又选他当村主任，陈英昌想推，推不掉。农村干部难当，计划生育就是个大

中学时期的陈宇和同学 陈宇进了湛江一中，开始新的读书生活。班级间组织篮球比赛，叫他上场，可他从未打过篮球，同学把球传给他，他只会抢着球跑，引得同学们捧腹大笑。但农村孩子从小会跑，有耐力和拼劲，学校的1500米比赛，陈宇常跑进前几名。

难题。陈英昌把孩子读书看成比天还大的事，万万不能耽误，因此干了一年多又辞职了，只保留村委的职务。

每当陈宇放假回村，要离家前一天，父亲都会杀一只鸡，带着陈宇去陈氏宗祠拜拜雷祖，祭祀祖先。老祠堂在“四清”时被拆除了，当时有贫下中农将祠堂神像藏了起来，现在的祠堂是上世纪90年代新建的。

陈氏宗祠香火鼎盛，乡里人认为“祭祖宗永纳千祥，敬神明常添百福”，去世祖先的灵魂，会附在牌位上。牌位，就是祖先的替身。祭祖与家业兴旺、子孙祸福密切相关。娶媳嫁女、金榜题名、喜得贵子等等，都是祖宗神灵在暗中保佑。祭祖也是中华民族孝道的一种表现，寄托着儿孙后辈对祖先的孝敬之心。祖先崇拜也能增强乡民生活的信念。陈宇理解老爸的心愿，总是跟随老爸去虔诚烧香，心怀念祖之德。村中其他人家通常只在祭日才杀鸡去祭拜，唯有陈英昌为儿子前程随时都拜祭。

陈宇后来对雷祖文化的崇敬，担当雷州雷祖祠的重修工程，都与少年时父亲对他的引导有关。

陈宇在湛江，学费、住宿费、书本费、日常生活费，一年的花销需要“一头牛”，当时的一头牛大概几百元钱。有些农民算小账，认为读三年书就要花去三头牛的钱，太不合算了。

就在陈宇兄弟姐妹读书最需要钱的时候，发生了一件意想不到的事。

茂德公把坡地种的

数十棵苦楝树卖了，得了5000元现金，藏在小店抽屉里，准备拿些给陈宇作念书费用。不想刘荣阿嬷这天突然中风，一家人手慌脚乱，茂德公一直守在阿嬷身边，小店无人看管。待茂德公想到去小店取钱给阿嬷治病时，傻了眼，明明藏在抽屉里的一叠钱没了，怎么找也找不着。那时5000元钱，是一笔很大的财产，茂德公急得连话都说不出来。

失窃的事在足荣村极少发生。平日各家人外出门户也很少上锁，下地就是用竹栓把门带住，以防猪拱门。若是进城赶圩，家就托邻居照看，顺便帮助喂猪、喂鸡。淳朴的乡情表现在日常生活之中，随处可见。邻里互借农具、借米借钱、小店赊账，都是常有的事，不要立字据，谁也不赖账。茂德公怎么也没想明白，这钱怎么就没了呢？好在刘荣阿嬷的病经治疗好转了，虽然此后腿脚再没有以前利索了。

转眼到了高考的关键时刻，陈宇也紧张起来，但有时还禁不住武侠小说的诱惑，偷偷看上一段。陈宇不是“书呆子”式地死读书，文科主要靠扎实的文学基础，陈宇看课外书并非无用。

陈宇高考成绩很好，分数超过了北京大学的录取线，全湛江文科类第二名，这给湛江一中也添了光彩。如此高的分数，老师、同学都说进北大绝对没问题了。陈宇的第一志愿就是填北大，眼看未名湖畔晨读的愿望就可以实现了，陈宇兴奋地等待着。

人世倥偬，祸福难料。儿子出息了，老爸病倒了——

5 累病了也值

陈英昌的胃病已有几年了，经常感觉胃不舒服。

胃病时好时坏，有时走在路上，胃部突然极其疼痛，头晕目眩，他只好坐在路边休息，浑身像散了架一样，半天站不起来。等回过神来，他硬挺着，上药店买些胃舒平之类的药压压痛，就这么一天天拖下来。

积劳成疾，日趋严重。就在陈宇高考之后，陈英昌的胃病又发作了。晚上睡觉，他被胃部一阵剧烈的疼痛闹醒，爬起来呕吐不已，吐出的东西带着一股腥味儿，全身乏力。

陈英昌终日操心的是妻儿老小，想的是孩子的学费，对待自己的病却总不放在心上。妻子说，你得上大医院看看，别闹出大病。他总说，能保证孩子念书，病了也值。

这个夏天，陈宇对父亲说："爸，这病不能再拖了。"

陈宇同班有个同学的父亲是领导干部，通过他介绍一位主任医师给陈英昌做了一次全面检查，结论是胃溃疡穿孔，一定要开刀做胃切除手术。

陈英昌一听要住院"开刀"，那得要多少钱呀！一瞬间，他的心都被掏空了。一个农民家庭有人生病住院，就可能倾家荡产，何况自己是家中顶梁柱。这个家要靠他支撑，孩子还要上学，怎么办？

陈宇对老爸说："要是你的病没治好，我怎么能去上大学？"

为了孩子，这病还得积极治，陈英昌进了手术室。

陈英昌进手术室后，符木荣和陈宇几兄妹一直焦急地守候在门外。陈宇回顾说，这天他想了很多，自己从小到大，老爸都是他心目中的主心骨。有一次，老爸巡查林子，把他一个人留在林子外的番薯地里。天渐渐黑下来，林子外也是荒郊野地，不知道什么虫鸣的声音随着天黑响亮起来，弥漫了阴冷的空气，那阴冷的空气爬到他的身上了，爸爸去哪里了呢……陈宇才六七岁，吓得大哭起来！老爸听到哭声才发现天黑了，慌忙跑出来。陈宇一看到爸爸，心就定了。

父亲对陈宇的影响是巨大的，从小陪陈宇看小人书，讲三国故事。陈宇从小很崇拜父亲，在小时候父亲就教导他，做事要有"阶段"，陈宇记得牢牢的。

给陈英昌动手术的是广东的一位名医，手术很成功。陈英昌的胃被切除了三分之二，他从鬼门关走一遭又回来了。就在陈宇陪老爸住院的日子里，高考陆续发榜了！

陈宇没有被北大录取，这使他感到意外！

陈宇被录取在第二志愿：中央民族学院经济系金融专业。

录取通知书最后还附注一条：请自带民族服装一套。

陈宇一下子蒙了，脑袋嗡嗡响，这是怎么啦?

陈宇是雷州半岛上的考生，错把他当少数民族学生录取了？

后来陈宇听说，1989 年北大招生名额压缩可能是陈宇未能进入北大的一个原因。不论是什么原因，陈宇与北大失之交臂。

陈宇接到录取通知书后惆怅了很多天，总提不起精神。

他多年的奋斗目标是一定要考上北大，如今这一愿望泡汤了。他感觉这是他“人生最大的挫折”，品尝到一种失败的滋味。

人们把考入大学比喻成“跳龙门”，陈宇是茂德公家第一个大学生，而且是从穷乡僻壤考取了皇城里的大学，全家族人都感到脸上有光。茂德公、刘荣阿嬷乐开了花。茂德公说：“能考上北京的大学，这小子有出息。”

陈英昌看到儿子的录取通知书，病情也好了许多。在樟树林教儿子认字那时就盼望的这个时刻，终于等到了。

“这下我们家有盼头了。”陈英昌这话，说明他把儿子考进大学这件事看得多么大。所以，日后陈宇竟然不与父亲打个招呼，就把自己在国家银行干的金融工作一举辞去，对陈英昌来说无异于五雷轰顶，仿佛全家的希望、全家的未来、全家的幸福都被陈宇一锤子砸碎了，毁灭了。

当然，日后将发生的，此刻陈英昌一丝儿也不会想到。那时，做这个胃切除手术，花了 1000 多元钱。陈英昌走出医院的大门时，心里只想一件事，如何为陈宇筹学费。

陈英昌原先会抽烟，烟瘾还很大，抽的都是劣质的低档烟。这次住院，医生、朋友都劝他别抽了。为了健康，也为省钱，陈英昌把剩下的半包烟丢到水里，就此把烟戒了。

开学时，陈宇如期去学校报到。一个雷州半岛农民的儿子，开始了他的大学生涯。

当陈宇背着行李，站到北京中央民族学院门口时，心中很兴奋很激动。中央民族学院……它为什么冠名“中央”？全国还有什么大学是冠名“中央”的呢？这大学名称响亮！

中央民族学院坐落于学府林立的海淀区，校园具有鲜明的民族特色，环境典雅，古朴幽美，是中国少数民族教育的最高学府，也是国家重点大学。学生来自全国56个民族。校训是“美美与共，知行合一”。核心思想为“人与人和，知与行合”。

陈宇上大学也成为弟妹的榜样。

老二向明（小名阿勇）正在高中读书，马上就面临高考。大妹妹仁玲目标也是要考重点高中。文娟、学儒上了初中和小学。几兄妹学习成绩都很好，在各自的学校里刻苦地学习着。

陈英昌有件最遗憾的事，一直放在心头搁不下，就是老三阿亮没读多少书，这是一场意外事故造成的。

老三阿亮聪明乖巧，小小年纪见人便会主动问话，陈英昌当村主任时喜欢带着他走家串户。阿亮从小喜欢跟老爸一起睡觉。那年夏天，天气特别热，家中新盖了一个小阁楼，还没有装护栏，阿亮图凉快，晚上爬到阁楼上睡觉。醒过来想尿尿，昏昏沉沉的，以为自己和老爸还睡在楼下，一脚踩空了，从阁楼上摔了下来……哭声将一家人从睡梦中惊醒。这时的阿亮才五六岁，陈英昌夫妇吓坏了！

陈英昌立即跑到大队部打电话，想办法从乡里找来一部车，连夜把阿亮送到雷州医院抢救。出院后，阿亮念书一久头脑就会发昏，学习成绩总上不去。读到初中后，阿亮再也读不下去了。

足荣村太小，你就是想打工也没地方打。让阿亮外出打工，陈英昌不放心。陈英昌的小妹妹陈伟权，外嫁在顺德。顺德地方大，小妹说，让阿亮到我这里来吧，我照顾着。阿亮便住到姑姑那里去了。姑姑让他去参加电工培训，学点技术，然后开始了打工生涯。

大学时期的陈宇下农村参加社会调研 这是一次下乡普及农村财产保险知识的宣传活动，前来咨询的人不少，陈宇正在认真地给乡亲们讲解。

弟弟想打工，在足荣村无工可打的经历，也给陈宇留下深刻印象。我能不能让家乡人有工可打？我们不是在足荣村造原子弹，我们生产家乡鸡，行不行？这是后话。

有一次，陈英昌把小勇、玲妹、文娟、学儒几个孩子都叫到跟前，语重心长地说：“大哥上大学了，有一就有二，有二还有三，你们都要争气，个个都要争取考上大学。家里虽然穷，但再穷，老爸老妈都会想办法，爷爷还会支持。你们只管把书念好！”

每当家中有人考进上一级学校，茂德公家中老少比过年还高兴。虽然高兴之余，也还要为新一年沉重的学费发愁。学费年年增加，子女教育花费是这个农民家庭的头号开支。每逢开学，家里七拼八凑，才凑齐学费。陈英昌为人乐观，人穷志不短，遇到困难总是冒一句口头语：“不怕不怕，车到山前必有路。”

茂德公夫妇、陈英昌夫妇两代人勤奋劳动，省吃俭用，不惜一切代价，包括借高利贷，想尽办法让孩子读书，不仅“望子成龙”，还“望女成凤”。

茂德公家庭，没有谁当过教授这样的知识分子，也没有谁当过乡长这样的干部，算得上是一户普通的中国农民家庭，或许也算得上是一个典型的农民家庭。

● 同时期的世界和相关思索

1978 年，世界上最大的计算机公司 IBM 尚未决定挺进个人电脑，还只生产大型计算机和小型计算机。初出茅庐的苹果公司因推出个人电脑而飞速发展，1980 年苹果公司的创办者乔布斯已成为美国最年轻的亿万富翁，并对 IBM 构成冲击。IBM 于 1979 年决定挺进微电脑，1981 年推出新一代微电脑。由于美国的 IBM 在 120 多个国家有分公司或办事处，有 40 万员工，这极大地推进了全球计算机时代的加速到来。

1978 年 11 月 24 日，安徽省小岗村 18 位农民，在一间茅草屋内，以“托孤”的悲壮气概，在一份土地承包责任书上摁下红手印。小岗村隶属凤阳县梨园公社。凤阳是农民出身的明朝开国皇帝朱元璋的家乡。1978 年的小岗村是个有 20 户 115 人的生产队，穷得闻名的“三靠村”，即“吃粮靠返销、用钱靠救济、生产靠贷款”。小岗村农民 11 月的这个秘密事件，在同年 12 月中共中央十一届三中全会上受到高度赞扬。十一届三中全会确定了从推行家庭联产承包制开始，变革人民公社制度。在土地公有制的基础上实行分田包产到户，分户经营，自负盈亏。小岗村的土地承包因此被认为是中国新时期改革在农村破土的发端。

1982 年中央 1 号文件下达，“双包责任制”进一步推广，人民公社体制随之废除，结束了它在中国农村二十余年的历史。文件阐述包产到户、包干到户或大包干“都是社会主义生产责任制”。同年 9 月，中共十二大进一步阐述了家庭联产承包责任制的社会主义性质。到 1984 年，实行家庭联产承包制的农户已占全国农户总数的 98%。

20 世纪 80 年代的世界，是一个高新技术在研发推广中沸腾的时代。由于 IBM 公司力图使自己的微电脑最大限度地适应各种软件，一个制造与 IBM 个人电脑兼容的兼容机时代也很快来临。1983 年后，几百家与 IBM 个人电脑兼容的兼容机开发公司在硅谷突然涌现。这是一个千军万马“搭车”的时代。比尔·盖茨成为几百家公司的DOS供应商。至此，盖茨善乘时代大势，利用天下新兴力量来为他创造财富的神话出现。在这个神话的大背景上，全球应用计算机的现实，正在改变世界。

1984年的中共中央1号文件，又发出《关于一九八四年农村工作的通知》，提出延长土地承包期到15年以上，鼓励农民在家庭经营的基础上扩大经济规模，提高经济效益。同年10月，《中共中央关于经济体制改革的决定》发表，随着改革在城市开始，新时期的中国经济体制改革在全国推开。

第5章 三代人观念冲突

陈宇在没钱的岁月贷款借债盖新房送给父母，远不只是一座物质形态的新房，那是对父母住茅屋供子女读书的深情回报。陈宇建的新房，竟为足荣村农民再建新房树立了榜样，此后足荣村民盖新居都有了卫生间，安了抽水马桶。虽然这已经是20世纪末的事了，但对偏僻贫穷的足荣村来说，仍有重大意义。陈宇辞去在银行的公职下海，则令爷爷和父母都震惊。茂德公说，你怎么把金饭碗当破酒瓶扔了？父亲担心儿子做了什么事在单位里站不住脚了？长辈的担心与赚钱吃饭没多大关系，一个普通的中国农民，会把面子、荣誉看得比天大。

陈宇大学毕业分配到银行工作，茂德公比平时更经常地坐在老樟树下抽旱烟，似乎是在等候着更多人的羡慕和祝福。他嘬着烟管，眯眯地笑着，秋日的阳光下，布满皱纹的面庞宛如盛开的金菊。

1 重新认识自己

1993年8月，陈宇以优异成绩从中央民族学院金融系毕业，老师希望他考研究生，继续深造。他虽然也动了此念，但马上否定了。

为什么？这时陈宇的弟妹除阿亮外，还有四个都在读书。陈宇说："老爸为供我们兄弟姐妹读书，什么法子都用上了。亲戚朋友中能借钱的也借遍了。我是长子，得赶快工作挣钱，为老爸分忧。"

陈宇大学毕业时，毕业分配制度有所松动，政府引入了"供需见面"的新方式，毕业生有了自主选择的自由。当时陈宇看上三个地方，一是农业银行广东省分行，还有两个是农行珠海、顺德两地的支行。陈宇最后挑选了顺德。一是因为顺德农行支行开出的工资相对高，二是陈宇小姑姑出嫁在顺德，弟弟阿亮也在姑姑那里。

顺德位于广东省南部，家电产品遍天下，是个光耀大江南北的明星县城。陈宇到顺德报到时，感觉顺德几乎每天都有新企业开张，鞭炮不断。

报到后，陈宇没想到顺德支行又把他分配到龙江镇营业所。龙江营业所很破旧，龙江是顺德的一个镇，但这个镇也不简单。大小工商企业有四五千家之多，大部分都是私营企业和外资企业，其中家具生产厂就有上千家，号称"中国家具第一镇"。私营企业的发展，银行起了很大作用。

不料龙江营业所又把他下派到龙山分理处，职务是出纳员。龙山分理处在村所在地，陈宇一下傻眼了，一时不知如何接受。

陈宇原以为自己的工作地点就在顺德县城，有个属于自己的小房间，有书桌、有冰箱。现在连镇营业所都没位置，发配到村一级的分理处来。他本想到顺德县城安顿后再给老爸打电话，可现在他不知打电话该给老爸说什么了，他也不愿意这个消息传到足荣村。他走到了电话亭，拿起了电话，却把电话拨给了一个同学。他在电话里跟这位同学说着说着，竟哭起来。

他也不能理解自己为什么会哭，都大学毕业了，都有工作了，为什么要哭？这个鸡鸣狗叫的村庄就不能住吗？足荣村不是村庄吗？自己不是在村庄里长大的吗？读了大学，才刚刚有个工作，就看不起村庄了？就哭？哭得这样一塌糊涂？这是陈宇吗？他不知道。他知道他哭了，哭得不认识自己了。

陈宇大学毕业分配到银行工作的消息传到了足荣村，村里人都十分羡慕茂德公家有了“吃公家饭”的孙子。陈英昌也觉得多年的努力终于有了个好结果。没有人会因为陈宇是否在顺德县城里工作而改变对他的羡慕和佩服。

茂德公比平时更经常地坐在老樟树下抽旱烟，似乎是在等候着更多人的羡慕和祝福。他们都说茂德公福气好，有一个这么有出息的孙子。茂德公嘬着烟管，眯眯地笑着，秋日的阳光下，茂德公布满皱纹的面庞宛如盛开的金菊。

陈宇很快就熟悉了业务。同别人相比，这个原本从农村走出来的大学生看起来不怕吃苦，不怕脏。怎见得？设在这个大村的分理处其实不小，有好几百平方米大的平房，厕所没有雇人打扫，而是大家排班，轮流打扫，称“值班”。大家轮到这“值班”都是不得已，虽然值一次班可领50元加班费。陈宇却乐于这“值班”，干了就有钱。他希望多挣些钱寄回家，便主动承担洗厕所的任务。

“我包了，加班费也归我。行吗？”

“行呀！”大伙都乐得有人全包了。

一个分配到银行系统工作的大学本科生，愿意包揽洗本单位的厕所，为的是多赚些钱，好补贴弟妹读书的费用，减轻父亲的负担。如果有这样的吃苦劲头，大学毕业就不怕找不到活干。或许也是因有这样的劲头，陈宇最终会连银行的“金饭碗”也放弃，自选前途。

同事们看到陈宇每天都提早上班，把分理处的卫生间打扫得干干净净，还帮助大家煮好早餐，都赞扬他。曾经哭过的陈宇，怎么很快就有如此变化呢？他这么勤快地干活，是为了多赚那些钱，或者是在努力工作吗？

也是，也不是。

毕竟是从学校走向社会、走向生活了。

毕竟是开始自己独立生活的人生了。

这是自己人生新的开端，在这个开端，他哭了一场。

这哭算什么？算是跟自己的从前做一个告别吧！

他哭得一塌糊涂，这哭是对自己的一次洗礼，是一场对人生的庆祝！哭过之后，现在，他在有意识地锻炼自己，要早起，不睡懒觉，要不怕苦、不怕累、不怕脏，要勤快，要乐于帮助他人……所以，洗厕所、帮同事煮煮早粥，这都是有益于锻炼自己的好事情！今天我们审视陈宇告别大学时代，走向社会的开端，感觉他这些自我锻炼，自我要求，是一个依靠自己去开辟前途的成功者非常重要的品质。

陈宇和也是刚分配来的雷州老乡小李一起住在单位，各人一个房间，负责守库房。有一天半夜，报警器突然响起来！有人想盗库房？陈宇急忙拿起木棒，用雷州话对隔壁小李说：“准备好，一、二、三，同时冲出去。”

他们这么做了，但门外连个鬼影都没有。

他们开始搜查，最后发现，原来是老鼠把垃圾桶碰倒，碰响了报警器。这垃圾桶怎么跟报警器挨得这么近，而且居然把报警器碰响了。虽然虚惊一场，却也由此促使他们把营业场所整理得合理一些。

不久，顺德农行创办了《农行报》，这给了陈宇一个发挥才气的平台。陈宇是读文科的，也喜爱文学。在中央民族学院读大学时，《人民日报》搞了个《全国大学生寒假征文比赛》，陈宇以《我们村的变化》为题投稿，曾获得二等奖，颁奖地点在人民大会堂，给陈宇颁奖的是语文名师吕叔湘。后来，该作品还在《人民日报》上刊登。现在，陈宇主动向《农行报》投稿，对农行管理提出见解，还写些散文、随笔。陈宇的“文才”很快就被分行及营业所的领导发现了。

1994 年 3 月，陈宇被顺德支行提名去顺德参加国际金融业务培训。得到这个消息，陈宇高兴地蹦起来。

2　众里寻她千百度

陈宇心中藏着一个秘密。毕竟，他早已到了心中有秘密的年龄。

一天中午，陈宇在分理处上班，有个文静的女孩闯进陈宇的视线。她穿着工人装，是来找陈宇的一个女同事的。陈宇双目一亮，觉得这女孩一脸娴静，气质不凡，谈吐不俗，长得也秀气标致。陈宇相信自己的第一感觉，这大约就是常说的一见钟情！喜欢文学的陈宇还忽然想起辛弃疾的那句“众里寻他千百度，蓦然回首，那人却在灯火阑珊处”。

当天，大伙去吃烧烤。那姑娘也去了。聊天中，陈宇知道她姓康，叫建棠，在龙江建行储蓄所工作，有两个弟弟。陈宇有意识地套近乎，把有余的鸡腿、鸡翅叫她带回去给她弟弟尝尝。那天，还互留了联系方式。

其实，陈宇此前谈过两次恋爱。高中一次，大学一次，都因客观原因没有成功。这次还没有开始谈，陈宇的脑海里已时常闪现出姑娘的笑脸。那时还没有 BB 机、手机，连公用电话点都少，在单位打电话又怕暴露目标。现在有机会去县城学习，陈宇就有更多自由时间与建棠联系，岂不是天大好事！

进城学习后，陈宇抽空把电话打到龙江建行储蓄所，与康建棠通话，讲自己在这里学习的情况，目的是想约其见面。约定了见面，陈宇想送阿棠一个见面礼，也算投石问路，探探阿棠的意思。

送什么呢？还是送书雅些，陈宇选择了美国女作家玛格丽特 · 米切尔的作品《飘》。这部以美国南北战争为背景的爱情小说，拍成电影又名《乱世佳人》，是当时的畅销书。阿棠果然很喜欢这部书，也表露出对陈宇的好感。

培训结束后，陈宇不久就被提拔到龙江所担任国际金融业务组组长。

陈宇喜出望外，因为阿棠就在龙江，今后约会见面方便多了。

龙江镇的清晨、黄昏和夜晚，从此在陈宇的一生中有难以描绘的明媚和温馨。两人下班后，经常一起去散步，溜干冰，唱卡拉OK，吃夜宵……那时陈宇租房住，星期天，常常是年轻的“上班族”睡懒觉的好日子，陈宇则总是起个大早，上菜场买菜，还专门去买宽口大碗，动手为自己心爱的姑娘做大碗面，把阿棠喜欢吃的美食铺在面上，一掀盖子，阿棠惊喜地叫出声来。

陈宇感觉阿棠清纯，气质好，心想自己要争取赢得阿棠的爱。陈宇爱阿棠，对阿棠的两个弟弟也很好，比如，阿棠的小弟在读书，陈宇买书、买小礼物送给他。两个弟弟都在姐姐面前夸陈宇。

年轻人一旦谈恋爱了，干什么都特别有劲，孤单时就不孤单，寂寞时便不寂寞。阿棠生日那天，陈宇兴冲冲去花店买花。花店小妹还不知道怎么把花包得更有艺术性，陈宇自己动手，精心包扎了第一束花，配上阿棠喜欢吃的香港“乐家杏仁糖”，花中插上陈宇自己制作的贺卡，贺卡上有一首六句的藏头诗，每句第一个字联起来读就是“祝你生日快乐”。

这期间，陈宇除了正常上班，外加一项任务，替单位写材料，替领导写报告，相当于一名兼职秘书。不知从何时起，在演艺界，替导演写剧本不署名只拿钱的被称作“枪手”。在机关里，替领导写讲话稿的则被称为“机关枪”。“机关枪”是枪手中数量最多的一类。陈宇也不知不觉成为其中一员。

领导分配陈宇写个开会用的报告，起初写两千字，接着写了四千，再后来超过万字。晚上其他人在打麻将、斗地主、打拖拉机时，陈宇还在伏案赶写材料，没完没了地加班加点。回忆这些事时，陈宇自嘲地说：“在别人打牌玩麻将的时候，我们干这种爬格子的活，叫做‘扛着机枪上高地’。为什么说‘上高地’，因为都是唱高调。”

当“机关枪”加班时候，没有时间跟阿棠见面，他会让花店给阿棠送去鲜花和“乐家杏仁糖”，引起阿棠的女同事一片惊喜的起哄声，边抢吃糖果边说：“这么好的男人，嫁给他算了。”

陈宇常常给单位写材料，给领导写讲话稿，这在阿棠看来也是一件不

恋爱时光 龙江镇的清晨、黄昏和夜晚，因为有了阿棠，陈宇的一生中便有了难以描绘的明媚和温馨。图为恋爱中的陈宇与康建棠。

简单的事。她在心里把陈宇跟其他男孩对比，也觉得陈宇强很多。

两人情投意合，谈了一年多。康家知道阿棠在谈恋爱，对象是雷州的，都不支持。他们认为雷州那地方穷，还很荒凉。阿棠不顾家人反对，决心要嫁陈宇。阿棠父亲康锦纯是龙江化工厂的业务厂长，为人正直、开明，在当地还是知名人士，他觉得还是应该约小伙子见一面。

由此回望茂德公三代人的婚姻，茂德公听“父母之命，媒妁之言”，洞房花烛夜揭开红盖头还没看见新娘的模样——因新娘转过身去，而且双双和衣而眠——直到第二天清晨，茂德公才看到新娘的容颜；陈英昌相亲腼腆，看到了女方的面貌，而且看到了一双大脚，但没敢说一句话；陈宇自主恋爱，大胆追求，大方交往。

农历乙亥年（1995）正月初八，八点整，陈宇骑着刚买不久的二手摩托车，来到阿棠家门口，无意间瞟了一眼摩托车的公里表，竟然刚好是8888公里。如此吉祥的数字，陈宇心里暗喜：这事儿肯定能成。康家人看陈宇中等身材，留着当时正流行的三七开发型，眉毛浓密，精神饱满，笑起来还有点虎头虎脑的孩子气。

陈宇拉开了话匣子，他说雷州位于中国大陆最南端，有“天南重地”之称，是历史文化名城，山格外绿，水格外清，并不像人们想象的那么荒凉。阿棠妈妈甚至问到，雷州当地人是不是还穿着草裙？陈宇很惊讶外地人对雷州的了解如此之少。他承认眼下雷州还穷，自己家里也穷，但他相信这种状况是会改变的。

陈宇针对康家父母的顾虑，把话讲得十分明白。他说："我对阿棠是一片真心的，我们两人有感情。如今我在龙江工作，不可能把阿棠带到雷州去安家。俗话说'一个女婿半个儿'，那是说女方嫁到男方的村里去，那女婿也顶半个儿。如今我就在龙江，你们不但不会失去一个女儿，还会得到一个儿子，而不是半个儿子。"

阿棠的两个弟弟也在父母面前帮腔，说陈宇有文化，有情有义。康家大人不再反对两人交往，陈宇便顺利获得出入康家的"通行证"。

阿棠的奶奶刘桂明是个慈祥善良的老人，谈吐举止像是出自知书达理的大家闺秀，实际她是苦命人，少时父母双亡，被大户人家买去做丫环。婚后，她丈夫在抗日战争中不幸去世，儿子康锦纯才三岁。她一个人含辛茹苦把孩子扶养大。阿棠找到如意郎君，她那慈祥的脸上绽满了笑容。

陈宇有个姓邱的同事，在离阿棠家隔三条巷子的地方买了一块宅基地，基础都做好了，后来他又看中别的地方，想转让。陈宇毫不犹豫地买下来。理由就一条，这地方离阿棠家近，将来好照应。

有了地基，陈宇开始筹划如何建筑自己和阿棠的"爱巢"。但两个人合起来只有 5 万元钱积蓄。陈宇家没钱，阿棠那边有钱但不能开口借。陈宇先后两次向银行贷款 13 万元，再不够的只得请同学、朋友帮忙。陈宇找出一个小本子，边想边列，把同自己有交情又有能力的列出 40 多名，向他们开口借钱，有的借 2000，有的借 3000，有能力的便借 5000，七借八借又凑到 10 万元钱。

1995 年中秋节新房正式开工。房子的布局都是陈宇自己构思的，包括厨房、卧室、书房等装修方案。那时他就设计了开放式厨房，书房与众不同的风格还引起了同事们的惊叹。技术活请施工队干，凡是自己会干的小工都自己干。那几个月，陈宇、阿棠一有空就往工地跑，两人忙得不亦乐乎，觉得比在花前月下谈恋爱更实在。

自己的"爱巢"开始修建了，这触动了陈宇的另一件心事。这是他多年的夙愿，还在念大学的时候就时时会想起，陈宇觉得这事如果往后拖，自己将心里不安，于是决心也要马上去做。

3　送给父母的礼物

那是一幢更早就出现在陈宇心中的房子。

早在离开家乡去北京读大学的时候，他就在心中发愿：日后要为家里盖一座瓦房，让劳累一生的父母有个好住所。

老家茅草屋的风雨飘摇，是伴随着陈宇长大的不灭记忆。一天，陈宇做了一梦，梦见自己回家盖新房子了，很粗的梁，很新的砖，有好多个房间，墙都砌好一半了，但是砖没有了，房梁也不见了……他惊醒，发现是做梦盖房子。

这天夜里，正遇上打雷下雨，闪电不时地从窗外射进来……故乡的茅草屋又在他的眼前飘摇。是的，故乡的家，哪里有新房呢？1995 年，足荣村已经有很多幢瓦屋了。其中，茂德公在 70 年代把民国时建的草房改成了瓦房，当时材料费只花了 200 元，很多粗工是自家人完成的。但直到现在，陈宇家的父母弟妹七八口人还住在几间茅草屋里。

盖房修屋是百年大事。对许多中国农民来说，是一辈子仅一两次的事情。农民有了钱第一件事干什么？八成农民会选择盖新房。陈宇的父亲陈英昌却不是，他有钱第一件事是给孩子读书。房子过几年再盖没关系，孩子的学业却误不得。他认为：庄稼误农时是一年的事，孩子误学业是一辈子的事。

1995 年，陈宇的大弟弟小勇从武汉黄冈财经学院大专毕业了，大妹陈玲妹正考上高中，小妹文娟、最小的弟弟学儒都在读书。陈英昌为全家谋柴米油盐，为供养儿女读书，胃都丢掉三分之二，如果不是这样，也许早几年就把新房盖起来了。

陈英昌家的茅屋，还是盖得比较讲究的。正宅一座三间，中为客厅，两侧有厢房。茅屋四周的墙用岩石砌起，比较牢固，可防台风。屋顶有粗木做梁，细木做椽，事先把茅草织成帘子，然后整齐地一层层往上加盖，有八九层，厚度达 20 公分。房屋前后筑土墙，自成一统。茅屋内是泥土地，湿气较重，且窗户小，采光差，白天在屋内读书太暗。茅屋是老二小勇出生后建的，如今小勇大学都毕业了，算起来已经住了 20 多年，亟待更新。

陈宇记忆中，一家人最怕刮台风，下暴雨。暴雨一来，茅屋抵挡不住，漏雨了，

茅屋与新居 在世代居住的百年茅屋旁，陈宇盖起了砖瓦新房（左）送给父母。陈宇在新房内安装了足荣村的第一个抽水马桶，他还带回来一个垃圾筒，像鼓一样立在家门口，这也是足荣村的第一个垃圾桶。就文明的进步而言，这是足荣村发展中的大事。

其情其景正如杜甫《茅屋为秋风所破歌》描述的“床头屋漏无干处，雨脚如麻未断绝”。有时暴风雨半夜袭来，大人小孩都无法入睡，大盆小桶接水忙。

足荣村农民每到腊月，每家都要腾出时间来修补茅屋房顶，把烂草抽掉，铺上新的甘蔗叶、稻草等。陈英昌为钱奔波忙碌，修茅屋的事一拖再拖。有时整个村茅屋都修补好了，陈英昌往往等快过年那几天才动手。修茅屋时，陈英昌上屋顶，符木荣和几个子女打下手，往上递草，修好茅屋已是腊月廿四、廿五了。然后全家动手大搞清洁，俗称“打囤”，把堂室、屋梁、墙壁、门窗等打扫干净，迎接新年。这也是一家人最快乐的时光。

陈宇读大学时家里最穷，茅草房漏水也最严重。现在陈宇大学毕业都工作两年了，花这么大的力气在建造自己同阿棠的新房，而把自己早就想给父母建的房子搁置脑后……他觉得自己心不安了，觉得自己跟自己说不过去，于是决心要同时把家乡的房子也盖起来。

农村盖房造价要便宜些，但最少也得五六万元。陈宇算一下，还缺不少，他只能向身边几个最要好的朋友开口再借钱。陈宇说：“老爸借钱让我读书，我现在借钱为家里盖房，是天经地义的事。”

陈宇请探亲假回乡建房，传统的相地、定向、开基、升梁等复杂程序能免就免了。这个时期，足荣村建房，只要请些泥水、木工师傅就可以开工。盖房需要的木料、砖石备好，很多小工不用花钱雇人。陈英昌人缘好，亲朋多，需要时都会来帮忙，省了不少费用。

新房建好后，陈宇把楼梯间改成了卫生间，坚持认为这是绝不能“节省”的。从前，村里人家家户户都在茅屋边另建个小小的茅棚，里面放着尿桶、马桶，把它叫“茅房”、“茅坑”。雷州籍大学生中流传过一个笑话，说雷州有个农村大学生带女朋友回家，女朋友上茅坑不小心踩空了，踩到粪坑里……魂飞魄散，回学校后什么都不说，两人分手了。

在足荣村，只有学校才有公共厕所。农村儿童是在上学后，从上厕所开始接触这种“城市文明”的，从此改变了过去用竹片、木棍刮屁股的习惯。陈宇自行设计卫生间，在家里安上了抽水马桶。村民听说后，笑话他“把大便拉在家里”。

陈宇坚持第一个在足荣村安装了抽水马桶。就文明的进步而言，这是1996 年足荣村的一件大事。

足荣村从前也没有垃圾筒，陈宇回家带回来一个垃圾筒，像鼓一样立在家门口。起初，大家都不知道这是做什么用的，后来看见陈宇把脏东西往里装，才知道这么漂亮的东西却是用来装垃圾的，都感到太可惜了。然而，这也是足荣村的第一个垃圾筒。

1996 年的春节，在欢乐的鞭炮声中，陈英昌一家搬进了新楼房。新屋宽敞明亮，久居茅屋的陈英昌夫妇感觉像是搬进了天堂，陈宇却踌躇满志地说：“这是第一步，将来我还要盖更好的别墅。”

“小康不小康，农村看住房。”新房代表的不仅仅是财富——在新房中出现新的卫生设施，新的使用功能，代表着一种新的生活方式。陈宇不仅仅是为家里盖了一座新房，还为足荣村村民盖房起了榜样作用，此后，足荣村村民盖房，都有了卫生间，都安了抽水马桶。

4 追求财富下海一搏

1995 年中秋，陈宇被提拔为顺德龙江镇营业所的主任助理。

陈宇 1993 年才参加工作，两年就被提拔为营业所领导班子成员，可以说是平步青云，春风得意。银行里有些前辈干了十几年，有的从青丝干到白头，还是普通一兵。

改革开放以来，银行的收入一直是令人羡慕的，被称作“金饭碗”。广东是改革开放的特区，此时的农行顺德支行更是全国经济效益最好的单位之一。陈宇所在的龙江营业所每年有20多亿存款，比其他营业所都多。职员的工资、奖金也高。陈宇每月收入一万多元，所里给他配了部日本海狮面包车，还给予他十分诱人的“签单权”。

陈宇当了两年主任助理，没想到心中困惑竟与日俱增，以致分不清自己做这项工作究竟是好还是不好，甚至不知道这工作到底是有意思还是没有意思。

起初他还只是感觉，你过于顺利，显得冒尖，别人就会嫉妒你。陈宇说，平心而论，我们所里有些前辈也是挺有能力的，都在等位子，结果你一来，年纪轻轻就把个位子给占了，别人怎样看你？嘴上不说，心里也不服气。这不服气，不是没有道理。这样，你虽然不想得罪他人，但你无形中已经有了“对立面”，有人会给你设障碍。感觉到了这些，陈宇当上主任助理后，开始提醒自己要小心谨慎，工作上逼自己努力，做事不要太张扬。

不久他就发现，事情远不像自己以为的那么简单——即使他迈进的只不过是个金融机构营业所的“领导圈”，这是个神秘而陌生的怪圈。没提干的日子，陈宇想提干，提了干才明白其中有不少烦恼和无奈。比如饭局多了。对上级的迎来送往，地方官员的关系联络，兄弟单位的互相往来，更多的是那些想借贷的生意人，预约请客电话不断，想推也推不掉。“革命不是请客吃饭。”做生意就得请客吃饭。如此整天泡在酒桌上，吃完饭还得陪着上舞厅、卡拉OK厅等娱乐场所，歌呀舞呀，所谓“吃喝玩乐一条龙”……起初是领导说今晚去哪里吃饭，他跟着去，后来就有人只请他吃饭。他虽是个主任助理，但也是营业所的领导成员之一，大小算个领导。再后，他被请吃请玩的电话招呼得团团转，弄不清到底是谁在领导谁。

在旁人看来，陈宇在银行有这个职位，一手牵着官员，一手牵着企业家，有权左右贷款，在这个岗位上想“积累财富”是轻而易举的了。很多腐败

陈宇下海　这是一张颇具象征意义的相片。儿子欲辞职经商，父母感觉这是天要塌下来的事。陈宇却在海边照了这张相，想着“下海”，天地宽阔，心中有一种飞翔的感觉。

是从酒桌上开始的，处在这个高危岗位，若想洁身自好，免不了要把上司、同僚得罪。久在河边站，能做到不湿鞋吗？

在“领导圈”，陈宇还有个弱点：心直口快。他看不惯的事，要是忍住不说，那就会憋得太难受。若说，那给彼此造成的尴尬和麻烦是可想而知的。他看不惯官场的虚伪，很难学会阿谀奉承。

从小，家庭给了他“人要本分”的教育，不本分就不是人。大学时代给予他的教育也还是正面的，让他觉得读了书，学了知识，如果还要接受虚伪，弯腰奉迎，那不是自取其辱吗？

陈宇也曾这样说：“要熬，我也可以熬，但熬下去，也无非当上龙江营业所主任。”他还说：“按部就班，循规蹈距，这也不是我想要的生活。”

喜欢三国故事的陈宇，曾记住《三国志》中有句话：“木秀于林，风必摧之；堆出于岸，流必湍之；行高于人，众必非之。前鉴不远，覆车继轨。”他觉得常常被一种无可奈何的力量调动于酒席歌厅之间的自己，跟浸泡在灯红酒绿中没啥两样了，已算不得优秀，也算不得“行高”，但工作不久就被提拔，也算是突出，难免成为风必摧之，流必湍之的对象。

辞职下海的念头，开始浮现在他的脑海……可是，自己能行吗？他并没有把握，因为从来没有做过。能不能试试看呢？陈宇性格中“不安于现状”的思想渐渐占了上风。既然想到了试试看，那就动手干，不干怎么知道行不行呢？

如今陈宇回头想，当年下海最重要的原因，是心中有一种强烈的靠自己打拚，创造财富的愿望。

某次参加一个饭局，有个四川朋友带来一瓶四川省平昌县江口醇酒厂生产的“江口醇”。陈宇感觉这酒口感挺好，包装像个小麻布袋，也很有新意。他了解到江口醇酒厂正在寻找经销商，期望打入广东市场，就想，我为什么不试一试呢？说干就干，他与两个朋友凑一笔资金，成立了一个公司。

1998 年 3 月 18 日，陈宇与四川江口醇酒厂正式签订协议，成为江口醇广东总代理商，开始推销江口醇。正在顺德的老三阿亮成了陈宇的得力助手。

陈宇从前爱看武侠小说，这时的兴趣转向阅读著名实业家的传记，美国的亚科卡、日本的松下幸之助、中国香港的李嘉诚……他要从中汲取养料。

初涉商海，推销酒的利润吸引着陈宇，但他如此做“业余代理商”总是偷偷摸摸的，不是滋味。只有辞职下海，才能名正言顺地把这酒生意做大。辞职的念头，在陈宇的脑海里日益扬起了风帆。

好友劝他：“离职即意味着放弃银行给你的各种福利、各项保障，你再不是生意人想巴结你的银行要员。至于做生意，会挣钱，也会赔老本，你可要想清楚呀！”

商海深不可测，钱也不是那么好挣的。这些，陈宇也知道。商海隐藏着难以预测的风险，也许会给人带来灭顶之灾，但也可能会有巨大的回报，为什么要总往坏处想呢？他这样想。

一个风和月明之夜，陈宇约阿棠见面，说出了心中的想法。

“你想辞职？”阿棠吃惊地睁大眼睛。

“这世界大得很，一个男人应当自己去闯闯。”陈宇说的“自己”是指不一定要依附于一个单位，哪怕是具有“金饭碗”之称的银行。

阿棠不能肯定陈宇的选择对不对，但她选择了支持陈宇。

最难过的将是老爸这一关，好几个夜晚，陈宇躺在床上辗转难眠，不知道该用什么办法来说服父亲。

5　怎能把金饭碗当酒瓶扔了

陈宇买了大包小包孝敬长辈的食品，硬着头皮回老家。一路上做好挨训的打算，也盘算着如何才能说服老爸。

他把自己的想法向老爸和盘托出，并且说自己想了很久，想清楚了，决定了。这如同晴天霹雳，把陈英昌“雷”倒，他哗一声跌坐在椅子上，半晌说不出话来。

陈英昌非常器重这个从皇城大学毕业的长子，在他身上倾注了最多心血，甚至把一生希望都寄托在他身上。陈宇进银行工作后，进步也很快，当别人问起陈宇时，陈英昌的脸上总会流露出得意的神情。如今怎么啦？犯事了？跟领导过不去了？在单位混不下去了？陈英昌认定儿子是做什么坏事被人逮住了。

“干得好好的，为什么要辞职？”父亲说，“你进银行工作，村里全都羡慕！你这一辞职，让我脸往哪里放？”

管仲在公元前六百多年前就说过“衣食足知荣辱”，这话是不错。但千百年以来，中国农民即使衣食不足，也把脸面看得很重。西周时就有墨刑，即黥面之刑。西周刑法规定“墨罪五百”，即规定处以墨刑的罪状有五百条之多。黥面不伤四肢的健全，不影响劳动，却伤害面子，是一种精神惩罚。所以几千年来，中国人都很看重面子，农民把面子、荣誉看得比天大。

陈宇曾是父亲的骄傲！最让陈英昌难忘的是1996年中秋节，他和老伴一起到顺德龙江去看儿子，营业所的十多个人都到大门口欢迎他老两口，排着队和他们握手。从小到大，陈英昌还没有受到过这种礼遇，多风光呀！而后所里还派专车送陈英昌夫妇到广州去游览了一天。

陈宇说，家里还这么穷，我这样做，也是为了多挣点。

陈英昌咆哮道，我不要你给家里挣钱，我要你给祖宗留面子！

陈宇说，我好好的，我真的没有做坏事。

父亲说，你没做坏事，为什么要辞职？

陈宇说，我就是想多挣钱。

父亲说，我不图你挣多少钱，图一家人平平安安过日子。

陈宇说，我自己干，会更平安。

父亲说，你给公家干，有什么不平安？

陈宇无法说明“吃公家饭”的复杂性，担心说了会更让父亲怀疑自己已经干了什么坏事。他就一口咬定说还是自己干更好。

父亲说，好什么好，如果干个体户，早就可以干了，何必要供你读到大学！

陈英昌对儿子的期望很高，对“个体户”还停留在“街边仔”的概念上，摆地摊、夜市叫卖，或者东奔西颠做“二盘商”。在陈英昌心中，那是上不了架的形象。

母亲符木荣也在一旁帮腔：“你当了公家人，我的脸上也有光，你现在去干个体，说什么我们也想不通！”

父亲继续说："培养你读大学，就是希望你有一份体面的工作，银行的工作万人慕，你怎么能不要！"

陈宇试图再解释，父亲不听。

"你不要解释。"父亲说，"你要是在银行没做坏事，你就给我在银行老老实实地干。"

茂德公呢？茂德公是什么态度？

土改那声枪响，对茂德公一生的影响极大。那声枪响打掉了他的发财梦，从此但求安稳过日子。此刻，茂德公对孙子说："有公家饭碗端，是求之不得的。我听人家说，你那个饭碗比铁饭碗还好，是金饭碗！你怎么把金饭碗当空酒瓶给扔了？"

茂德公还说做生意多辛苦，他说自己早早起来，到龙门批些东西挑回来卖，就挣些小钱。陈宇听了想笑，又不敢笑出声。心想自己要做的，怎会是爷爷这样的生意呢！

这是一家三代人认识的分歧。谁也无法说服谁。

没有统一意见，但陈宇必须回单位了。

"回去吧，在单位好好干！"父亲说。

陈宇不再说什么，他想，自己这回不像当年选择读文科，没跟父亲说就自作主张了。这回自己没有先斩后奏，这回自己认真地说了。

这一次，一家人都心情沉重，又仿佛特别隆重地送陈宇离家去顺德龙江。陈英昌感觉孩子确实大了，自己怕是没有力量左右他了。

1998 年 9 月，陈宇写了一封辞职信，正式提交给营业所主任。

分管的副行长几天后找到陈宇，把辞职信还给他："辞职？开什么玩笑。干得好好的干吗辞职？"

陈宇说自己一直想以自己喜爱的方式去干一番事业，这样才会觉得人生有意思，还说自己也想多赚些钱，改变家里长期贫困的状况。副行长看陈宇一脸认真的样子，关心地问，是不是工作不顺心？要不，给你挪个地方？

"不用。"陈宇说，"你帮我把报告批了，我就谢谢了。"

"你还是回去认真考虑考虑再说。"副行长劝陈宇。

陈宇去意已定，最终领导也只能批准了。

离开农业银行的那天，陈宇仿佛有一种放下的释然的感觉，他想他现在一定不会是个“风必摧之”、“流必湍之”的对象了。与他握手言别的人，多半一脸困惑和惋惜。

此前，谈了多年恋爱的阿棠用实际行动支持了陈宇，答应同他结婚。1998 年 10 月 13 日，陈宇与阿棠这对情侣，在亲朋好友的簇拥下，牵手走进了婚姻殿堂。

这桩婚事让茂德公一家沉浸在喜庆中。

茂德公当年用红轿娶亲，陈英昌用自行车迎亲，第三代长孙是用小轿车把新娘接到家。当小车停在陈英昌新家门口，从车上走出一个靓丽的新媳妇时，茂德公、茂德阿嬷都笑得合不上嘴。茂德阿嬷拉住孙媳妇的手，左看右瞧，反复打量，直夸孙子好眼力。

离村返回龙江的时候，茂德公一家老少都聚集在家门口送别。车子徐徐开动，陈宇暗下决心：“我要成功，我一定能成功！”

这不是豪言壮语，这是一个雷州农民子孙的雄心和家庭责任。后来的事实证明，陈宇下海，确实改变了雷州茂德公家庭的命运。

● 同时期的世界和相关思索

1980 年 10 月，中国科学院物理学家陈春先提出：应该效仿硅谷“技术扩散模式”在中关村建“中国硅谷”。同年 12 月 23 日，他办起了中关村第一个民营科技实体。一年后，陈春先的实践遭非议被迫停止。1981 年 10 月，陈春先办起了第一个“待业青年电子技术培训班”。IBM 个人电脑 1983 年来到北京市场。陈春先在中关村培训的经营电子产品的青年学员，在 1983 年成为撒向中关村街市的第一批社会力量。同年由中科院人员创办的“科海”、“京海”相继问世。1984 年，“两通两海”问世，“联想”问世。1985 年，北大新技术公司问世。中关村电子一条街兴起。知识分子“下海经商”，是对中国几千年“儒不经商”的传统意识的全面冲撞。这对 20 世纪末的陈宇下海经商，依然是重要影响。

1980年前后，中国第一批持有合法经营执照的个体工商户出现，其中多是农民和城市待业青年。1981年，全国个体工商户为183万户。中国农民走向自主发展二三产业的创造力由此得到释放。1982年，五届人大第五次会议把发展和保护个人经济写入宪法。2000年，全国个体工商户发展到2571万户。

随着全国第一轮土地承包期限临近，中共中央决定在农村进行第二轮土地延包，承包期为30年。1997年，茂德公所在的足荣村进行了第二轮土地延包。

第 6 章

酸甜苦辣诸葛酿

中国的酒，自古以粮食和水果酿造，酒业是农业经济的重要组成。在中华历史长河中，酒滋润着中华民族的形成和演进。数不清的青铜器是酒器，数不清的酒器是礼器，酒更大的作用并非滋润肠胃，而是作用于精神。《诗经》中百姓以春酒祝寿，曹孟德以酒解忧，赵匡胤“杯酒释兵权”……酒融入人们的文化生活。饮酒赋诗更是文人雅士的一大爱好，历代文人墨客与酒有着无法分割的情怀。陶渊明“酒中有真味”，王维“劝君更尽一杯酒，西出阳关无故人”，李白“斗酒诗百篇”，杜甫“饮酣视八极”，孟浩然“把酒话桑麻”，刘禹锡“暂凭杯酒长精神”，苏东坡“把酒问青天”，辛弃疾“醉里挑灯看剑”，柳永“今宵酒醒何处”，举不胜举。

为解决川军喜饮浓香酒，黔兵爱喝酱香酒的问题，诸葛亮招川、黔两地酿酒名师，发明了一种兼有浓、酱两种香味的白酒，该酒初入口是“浓烈醇和”的浓香味，再回味是“细腻绵柔”的酱香味，所谓“浓头酱尾”就是这种酒了。

1 诸葛酿顺德起兵

离开银行，工资没了，专车没了，原来的保障全没了。站在顺德大街上，川流不息的车辆从陈宇身边闪过。眼前的变化，不能说他心里没有准备，但他还是强烈地体验到：世界变了，变得陌生了。

如果他从未在银行里干过，大约是不会有眼下这些感觉的。现在他真切地体会到，一个人没有了铁饭碗，失去旱涝保收的优势，便会产生危机感。陈宇骨子里是个敢于挑战的人，这种性格在他童年爬高树的时候就开始养成，他似乎能从某种危险中体会到一种快乐的感觉。

少年时，他也特别喜欢父亲给他讲的那些古代的惊险故事，后来自己看“小人书”也喜欢看那些古代英雄的惊险故事。即使那些人物因失败而受辱，他也觉得那是一种励志。譬如勾践闹市为吴王牵马，韩信忍胯下之辱，在他看来也不失英雄气概。他甚至觉得，人生怎么能够没有失败，怎么能够没有受辱呢？想好了这两点：一不怕失败，二不怕受辱，似乎也没啥可怕了。

然而商业是有大学问的，单凭不怕是不够的。商海要求人要有眼光、有智慧、有独到的见识；要求人要有朝气、有活力、有只争朝夕的魄力。当然还有很具体的问题，要有本钱。

陈宇前几年借钱盖屋，又刚办完婚事，现在辞职下海经商，可以说是一没有资金，二没有经验，三没有后台，有的只是胆量和勇气。

焦虑之中，陈宇在银行工作的一位同事，解囊相助，一下子拿出十万元，借给他去创业。此人独具慧眼，相信陈宇一定能成功，钱不会白扔到水里去。

陈宇此时担任四川江口醇酒的经销商。江口古镇位于四川巴中市境内，蜀将张飞在这里做过太守。江口醇酒厂是个老酒厂，历史可上溯到晚清。江口醇发端有个传奇故事：相传早年有一条青龙从泉口跨入巴河，顺流入海，后人在泉口处建一龙头，号称“南台神泉”。清朝海洲道员廖纶于此筑“春籍山庄”，建造酒、茶二坊，汲泉酿酒，其酒清香散发，过往行人闻香下马，饮者莫不交口称赞，此后南台酒声誉鹊起。经百年春秋演进，江口醇酒厂拥有新老窖池1000余口，有8个系列几十个品种，享有“四川第一醇”的美誉。

1998年初，陈宇卖了3个月的江口醇，不知什么原因，仓库里的“江口醇”一天比一天出得慢，最后压库走不动了。

初涉商海，陈宇踌躇满志，胆大气盛，投入很多资金为江口醇作广告。俗话说羊毛出在羊身上，他公司卖的酒价格也就高一些。深圳有个江口醇代理商，卖的江口醇窜到陈宇经销的顺德、韶关、新丰等地盘来。同样是江口醇，深圳代理商的价格比陈宇的低，一冲击，就没有人到陈宇公司进货，陈宇如果降价出售，也要亏老本。

如何才能改变这种状况？这仅仅是陈宇经商遇到的头一个问题，就这个问题如何化解，也够考验陈宇了。

陈宇能不能化解这个难题，如何走出这个困境，后面自会叙述到。这里请你先注意这样一个时代背景：

这是20世纪将要结束的年月，这是一个信息时代，这个时代最要紧的并不是与人竞争，而是要善于获取信息和利用信息。信息时代的信息，未必是像农业时代或工业时代搞间谍活动那样通过搞情报获得。信息时代的信息可能是满天飞，并且充斥着一切报刊，各种媒体的。

譬如当时做酒流行贴牌，是一个不需要去“刺探”，而是酒行业人人皆知的信息。当时广东卖得最好的“古绵纯”，就是贴牌酒，厂家原先是以生产八宝粥闻名的广州泰奇食品公司，推销者将白酒度数降到33度，这一产品创新在广东白酒市场掀起一阵“降度”狂潮，受到消费者青睐。此后“古绵纯”销售直线上升，一举成为广东中档白酒中的佼佼者。

三国故事对陈宇影响深深 从前陈英昌给儿子讲三国故事，何曾想过会在儿子青年时促使他弄出一片“诸葛亮”生意来呢！

陈宇注意到了这些信息，接下来就看他怎么利用这些信息了。

“品牌时代已经到来。”陈宇想到，“我为什么不自己创立一个品牌呢？如果自己能创出一个品牌，利润不仅会多得多，还能防止窜货。”

创牌的想法激励着陈宇，接下来的问题是创个什么牌？陈宇想，要响亮，要有吸引力。可是怎样的名字才响亮，才有吸引力？

“还有，搞个什么品牌，能给我带来好运？”陈宇寝食难安，苦苦思索着。

“酒”与“文化”，两者水乳交融。“文化”是白酒品牌不可缺少的品牌卖点。喝酒喝情趣，几杯下肚，豪情倍增。消费者选喝某种酒，是觉得这种酒里有自己的影子，承载着自己的思想和生活态度，可以表达自己的人生意趣。

在中国古代文化中，诗酒相连，李白“斗酒诗百篇”，杜甫“饮酣视八极”，很多名士都有与酒有缘的佳话。在诸多的名士中，似乎罕见诸葛亮饮酒的故事。可是，陈宇偏偏对诸葛亮情有独钟。

小时候，陈宇听父亲给他讲“三国故事”，后来就自己看《三国演义》连环画，有了“三国情结”。陈宇最敬佩的人就是诸葛亮。诸葛亮神机妙算，是智慧的象征。现在，陈宇虽不知诸葛亮对喝酒是否感兴趣，却意外听说诸葛亮对酿酒也有研究。诸葛亮为解决川军喜饮浓香酒，黔兵爱喝酱香酒的问题，招川、黔两地酿酒名师，发明了一种兼有浓、酱两种香味的白酒，该酒初入口是“浓烈醇和”的浓香味，再回味是“细腻绵柔”的酱香味，美其名曰“浓头酱尾”。

诸葛亮妇孺皆知，诸葛亮会酿酒，两条思路结合起来，陈宇突然找到了两者的交叉点：诸葛亮，诸葛酿。“酿”与“亮”音相近，特别南方一些地区民间“普通话”读出来，几乎就是一个音，很容易让人想起诸葛亮。若创个新品牌，名字就叫“诸葛酿”，诸葛亮自然会成为“诸葛酿”品牌的灵魂，会让人产生一系列与诸葛亮有关的美好联想，同时还可以解释成“诸葛先生酿的酒”。

得名之际，茅塞顿开。

陈宇一跃而起，拍手叫好。

他有种预感，“诸葛酿”一定会给自己带来好运。

陈宇的想法得到江口醇酒厂张超先老总的认同，厂家与经销商认识一致了。这不光是做贴牌，而是要超越贴牌，要实实在在地创新。

于是，江口醇酒厂在寻觅和继承诸葛亮传统配方的基础上，运用现代生物技术，经过反复尝试，推陈出新，成功地试酿出“浓头酱尾”的新酒，以“诸葛酿”命名隆重推上市场。

中国白酒具特有的滋味，民间俗称烧酒、老白干、烧刀子等。酒质无色透明、气味芳香纯正、入口绵甜爽净，酒精含量较高，经储存老熟后，具有以酯类为主体的复合香味。北方人一般好喝高度酒，南方人爱喝低度酒。白酒主要香型有酱香、浓香、清香、米香四大香型。相对来说，喜欢浓香型、酱香型的人居多。前者以五粮液、剑南春为代表，后者以茅台酒为代表。诸葛酿的特点是兼有浓、酱香，与名酒相比，诸葛酿的价格为一般消费者所能承受，接下来的问题便是如何打开销路。

“诸葛酿”正式上市时间是 1999 年 6 月 4 日。

此前，市场上没有任何一种酒叫“诸葛酿”。

上市之日，陈宇搞了多种推销活动。请了许多农民工装扮成三国时的士兵，拿着长矛，挑着酒坛子，大街小巷到处逛，吆喝叫卖。“水村山郭酒旗风”，市面挑起“诸葛酿”的酒幌，有个记者拍到这些有趣的场面，在《广州日报》上发表。

“诸葛酿”口感不错，喝了不上头，价格适中，在广东顺德、韶关等地最先投入市场后，很快引起消费者的关注。

写到这儿，请你留意，诸葛酿酒是江口醇酒厂酿造的，陈宇还没有建造一个酒厂的能力，他是利用了江口醇酒厂的资源，陈宇的贡献是创造一种新品牌的新型酒这样一个思路。诸葛酿诞生后，陈宇顺理成章地当上了“诸葛酿”的总代理，他终于有了自己的“诸葛酿”品牌。

还请留意，陈宇在遇到深圳代理商窜货的困境后，他如果剑拔弩张地去与对方论道理或打官司，也属于有理有据。但是，他如果这么去竞争，就将陷入两败俱伤，甚至三败俱伤。

再请留意，竞争属于工业时代的经营方式，我们今天处在信息时代，信息时代的制胜法则是联手，是资源共享。陈宇的成功，正是没有停留在工业时代的竞争方式上，而是采用了信息时代的联手方式、资源共享方式——与江口醇酒厂联手创制“诸葛酿”就是明证。

从代理商到创出一个“诸葛酿”品牌，从此做自己的“诸葛酿”品牌。伴随角色的转变，陈宇前面的世界也变了。此时白酒销售渠道都被一些老品牌占据，刚刚涉足商海的陈宇想要打开新品“诸葛酿”推销渠道，一如面对一个蛮荒世界。品牌如何塑造，广告如何投入，渠道如何拓展？这里面有大学问。

人生要做成一番事业是需要激情的。陈宇有激情，这激情使对市场前途充满憧憬。这很重要！

2 山重水复

足荣村人听说陈宇离开银行自己当老板，七传八传便传走样了，有人说陈宇在银行犯事了，干不下去了。陈英昌也听到不少风言风语，心里空落落的。有事上龙门镇，他戴顶草帽低着头，顺墙边走，生怕遇到熟人，怕别人会问起他儿子，他该怎么回答呢？说自己千辛万苦培养出一个个体老板？这年头老板已不足为奇了。有人说：一根竹竿掉下来，砸着十个人，九个是老板。

但陈英昌对自己的儿子还是有信心的，他时刻关注着陈宇生意的进展，结果让他十分揪心，陈宇的公司正陷入困境。

茂德公对孙子做生意一事，也是担惊受怕。中国农民有句话“生意钱几十年，庄稼钱万万年”。茂德公总认为孙子丢掉“吃公家饭”的饭碗去做生意是件冒险事。刘荣阿嬷中风治愈后，留下后遗症，腿脚行动不便，茂德公已把小卖部关了，让阿嬷好好休息，他担心孙子的生意有一天也要关门。

陈宇呢？他正处在创业的兴奋之中，凡事都往好的方面想，对困难估计不足。

广东经济繁荣，是国内白酒消费的主要阵地，也是各大品牌抢滩的“黄金海岸”。陈宇创出“诸葛酿”新牌时，面对着比往年更为激烈的竞争。广东有酒类批发企业3000多家，零售企业15万家。洋酒入关，鲁酒南下，川酒雄起，皖酒争锋，八方诸侯各举大旗，群雄逐鹿华南市场。市场上新品牌走马灯似的轮换，白酒品牌推销呈现“三快一慢”。三快指上市快、推广快、死亡快，来也匆匆，去也匆匆；一慢指见效慢。

在珠三角地区，每个城市都是推销商争夺的战场，甚至每一条街道都成了酒家必争之地，朝秦暮楚，变化万端，每年都有数不清的厂商在广东砸下几百万、几千万推销费，市场却丝毫不见起色。产品进入自家的仓库就出不来了，在起步阶段便胎死娘腹，最后不得不败走麦城。这是常有的事。就是在这硝烟弥漫，竞争激烈之时，诸葛酿初涉商场。

有人说，商场是刀光剑影的江湖。业内人士则说，“两年喝倒一个品牌”。诸葛酿，面临严峻考验。

诸葛酿刚上市，很多酒友没品尝过，消费者不熟悉，自然卖不顺畅。别的经销商卖一瓶酒，进价30元，卖32元，挣2元就有利润。陈宇为开创新牌广告费投入多，成本高，酒要比别人卖得贵，销量就少。

一边是货压仓库出不去，一边是人要养住，工资要发，亏空数字不断增加，再加上发出去的货，款回笼又不及时，公司资金链断裂，要想勉强维持也日益艰难。有个债主听说陈宇生意不景气，派人追到公司来，坐等还钱，不还钱就不走人，闹得陈宇很尴尬。

陈宇是个好强、好面子的人。这年冬季的一个冷雨天，陈宇戴头盔穿雨衣骑摩托车去送货。雨大天冷，雨水将陈宇的鞋子全打湿了。过十字路口时，红灯亮了，陈宇停在路口等待。这时恰好陈宇在银行时的一位女同事开着一部小车停在他旁边，看见陈宇，热情地打开车窗跟他打招呼。陈宇面带微笑，装着若无其事地与她对话，心里却有一种无法言喻的凄凉。

陈宇说："那是一段很困难的地狱式的生活。"

这话讲的是一种客观困难与心灵挣扎捆在一起的困境。

那时，几乎每天白菜萝卜汤度日。有一次大伙想"改善一下"，便把包装酒的废纸箱拿到废品站去卖掉，在市场上买回一只鸭子，白煮了，十几个人一起蘸酱油吃。

有一个大雨天，陈村有人打电话要一瓶诸葛酿，陈宇二话没说，骑着摩托，冒着大雨，从顺德大良送到陈村去。为一瓶酒，来回冒雨奔波几十公里，值吗？陈宇觉得值。

我们也觉得值。因为这里有一种精神，这种精神在陈宇身上是随时都会迸放出来，像一支箭一样射出去的。这是陈宇身上最宝贵的东西，是比资金更重要的东西，是促使陈宇最终冲出困境的东西。

他强调推销员要想方设法让客人开第一瓶酒。开一瓶就可能会开两瓶、开三瓶。有一人喝诸葛酿，就可能影响两三人甚至更多人喝。

但是形势的严峻仍在加剧。

不久，江口醇酒厂财务部结算，报告陈宇已欠 60 万元货款，超过公司规定的经销商欠款最高限额。2001 年四川糖酒交易会之前，有个副总向张超先建议取消陈宇的代理权。

张超先 1997 年始任江口醇掌门人，时年 33 岁，面对千军万马拼夺的白酒市场，他使江口醇酒厂在原有基础上大为改观。张超先对陈宇的印象很好，认为他不仅头脑灵活，而且遵循生意场上的基本原则，从来没有窜货，更没有卖假酒。陈宇的守诚信，给张超先留下深刻印象。

张超先说："陈宇这个代理商是守规矩的，他在努力求变，诸葛酿牌子是他创出的，怎么能随便取消掉？再说，如果取消他的代理，60 万元货款谁来还？再给他一年半载时间，相信他会走出来。"

张超先从人格上肯定陈宇。陈宇也确如他所说，在他最困难的时候，仍然坚守着茂德公做人的信条:老实是福，奸诈是祸。宁可负债，不可欺客。陈宇曾写信给张超先，表示自己的诚意，要求欠款能宽限一些时间。这封信感动了张超先，不仅放宽还款期限，而且将酒继续赊欠给陈宇，以致最多时欠货款达上百万。

外界关于陈宇欠债之事也开始流传,有人说亏100万,有人说亏200万，还有人说亏300万。陈宇还在坚守着。这时的陈宇,有如战场上的勇士,“风萧萧兮易水寒”，他是个撞了南墙，也要把南墙撞倒的人，他决心要在四面碰壁中冲出一条生路来。

酒是烈性的，但是做酒生意要有耐心。陈宇的毅力，在最困难的时刻突显出来。他的耐心，也是出众的，这耐心也许是一种比毅力更为柔韧的东西。

就在公司举步维艰的时候，有人打电话要订20箱诸葛酿，陈宇与伙计们高兴极了，立即起身送货。“山重水复疑无路，柳暗花明又一村”，陈宇的诸葛酿，或许由此出现转机?

3 柳暗花明

陈宇仓库的货，开始走动了，虽然还不快。

怎样才能扩大销售量？陈宇费尽心机。

俗话说“烟酒不分家”，陈宇想给每瓶酒都投放一个高级打火机，这对某些“酒客”可能会更有吸引力。已经负债甚重的陈宇，以破釜沉舟之勇，踏进广州打火机批发市场去寻货。

里面约有上百家店铺，业主一听只买几百个打火机，一连几家都不肯多搭理陈宇。有个王小姐却很热情地接待他，拿出许多样品，介绍每种款式的价格，两人愉快成交，陈宇倾囊而出，买了400个打火机。

装有打火机的诸葛酿先在南海一个镇试销，送去50件，很快就销售一空。陈宇马上把销售款打到广州找王小姐再买打火机，数量1000个，两个月后增加到每次3000个，再后来就上万个地进货。生意无大小，做好是个宝。王小姐因为一开始没有小瞧陈宇的小生意，而遇到了大客户，此为后话。

康锦纯 在陈宇生意最困难的时刻，他的岳父用房子去换来14万元抵押贷款，给他买了一辆送货的汽车，支持他做下去。当陈宇生意好转时，岳父却因病去世了。这是康锦纯在女儿与陈宇结婚之日的留影。

陈宇这时急需购汽车送货，只要货流动畅通，他便能把生意做得更大。陈宇在银行工作时，许多老板围着他转，请客吃饭，端茶递烟。现在轮到陈宇拉关系了。革命不是请客吃饭，做生意是要请客吃饭的。这一点若不说是中国特色，也是中国生意场上突出的现象。陈宇曾经为了向银行贷款4万元，请客吃饭先花去4千元，这还是靠陈宇在银行工作的老面子才贷到的。如果想再多贷些，陈宇得找东西抵押。陈宇熟悉银行贷款程序，没抵押银行是绝对不肯放贷的。银行只会干锦上添花的事，想要它雪中送炭，几乎是不可能的。银行是个嫌贫爱富的机构。事实上，不只是银行，改革开放至今，嫌贫爱富已经成为一种颇为普遍的意识，这种意识在腐蚀着人间社会。

在陈宇生意最困难的日子，妻子阿棠看到丈夫一筹莫展的样子，很想帮丈夫，又不知道如何帮，只能在精神上鼓励他，这很重要。阿棠的父亲康锦纯是一个化工厂的业务厂长，工作也很忙，闲下来别无所好，爱喝几杯小酒。他对这个卖酒的女婿是满意的，陈宇也会抽空坐下来陪岳父喝几杯。

康锦纯为人正派，不赌博，也不唱歌，同事说他古板。康厂长说“不做亏心事，不怕鬼敲门”。靠工资度日，康家也没有什么积蓄。陈宇负债的事传到他耳朵里，他也想帮他。怎么帮呢？他手头有一本房产证，拿去贷款是可以换些钱的，便决定这么做。他相信女婿能东山再起。

用岳父的房子去抵押贷款，陈宇想都不敢想。现在，不敢想的事，岳父却做了。2000 年，陈宇用岳父以房产贷来的款 14 万元，买了一辆送货的汽车。

陈宇把新车从车行开到公司后，心里牢记着岳父对他的信任与厚爱，心想将来一定要好好报答岳父母一家。可是当陈宇刚刚挣到钱，还了贷，日子刚刚好过了，岳父却生病了。

康锦纯突得重病，并无先兆。陈宇开着新买的小车，陪岳父去广州各大医院检查治疗，并四处求医问药，寻求单方。只要听说什么地方能治这个病，就赶去咨询、买药。 此时正是陈宇想展开拳脚大干一番的时候，但他没心思放在生意上。

康锦纯得病前是一位英俊壮实的中年人，可是“病来如山倒”，待医院下达病危通知，陈宇接岳父回家，抱他上楼时，全身骨瘦如柴。陈宇在创业困难时，一直在熬，岳父也陪着他熬。顺德人喜欢清水打边炉，两个人经常坐在一起喝点小酒打个边炉。岳父总是鼓励陈宇，说“情况会好转的”。如今生意情况真好转了，岳父却要走了，陈宇眼泪忍不住直流。康锦纯 2002 年 5 月去世，年仅 58 岁。

这是陈宇最大的遗憾。

接下来的一段时间，陈宇公司的销售业绩直线上升，欠江口醇酒厂的货款每个月都能还一部分。陈宇采取的主要策略是把酒做到餐饮终端去。餐饮终端指酒楼饭店的餐桌。营销上要做好每一个环节，从酒楼经理、吧台领班，一直到包厢服务员，每一个环节都是不能忽略的资源。推销员千方百计说服酒楼老板进货，派促销小妹在餐饮酒楼来回穿梭，训练有素地在酒楼向客人推荐、介绍诸葛酿的产品特色，与食客做面对面的交流，帮助老板把酒卖出去，行话叫“终端拦截”。

“终端拦截”这个行话并不好听，即使是在内部使用，“拦截”一词也不好听，但它直白，易懂。这是中国市场经济中目前尚处于粗糙阶段，甚至不乏粗鲁的一种表现。像“终端拦截”这种方式，看似还打上信息时代词汇的痕迹，实则对员工的心理和行为是有潜在的腐蚀影响的。

行业人士介绍，诸葛酿不是最早做餐饮终端的，也不是最早送礼品的，但它是在餐饮渠道送礼品最坚决最成功的。诸葛酿礼品精美，又有一系列人员促销，在酒楼顾客这个“终端”，就比在商场的货架上好卖。

诸葛酿坚持小品牌运作大市场，选择从二三级市场做起，不走商场超市，终端拦截一炮走红。这是陈宇版的“农村包围城市”。广东的商场超市要收取高额进场、进店费等。深圳某外资超市进店费一年要 8 万元，一般厂商难以承受渠道费用之重。酒楼终端门槛不高，只要厂家出人出力，酒楼坐收其利，老板自然愿意。诸葛酿出货量最大的还是在餐饮终端，投入小，获利大。

在广州，许多中低档餐饮、饭店允许自带酒水。陈宇看好这一点，挺进餐饮附近的烟酒店等销售点，方便顾客购买。对那些要进场费的超市、高档酒楼，陈宇的推销员就先从它周边小店做起，类似农村包围城市，最后的出货量也相当可观。

诸葛酿“开盒有礼”，盒内打火机、笔记本、小玩具等促销品对顾客有一定吸引力。有的一个打火机在市场上要卖四五十元，还有 900 多种造型各异形状可爱的陶瓷“公仔”。“公仔”是广东、香港、澳门等地对小玩偶的叫法。很多人喝“诸葛酿”就冲这礼物来，为收集不同的“公仔”，一喝酒就点“诸葛酿”，一开盒满桌的人都惊叫起来。陈宇要的就是这效果。最后发展到有的顾客到酒楼就点诸葛酿，可是酒楼没有，顾客说那就换个地方吧！搞得酒楼老板赶快吩咐属下去进诸葛酿。实际上酒楼生意与酒生意是相辅相成的。顾客要喝“诸葛酿”，酒楼缺货，必然会影响酒楼自己的生意。

陈宇从“求他进货”，变成主动上门的“我要给货”，就像诸葛亮借东风，实际则是陈宇在信息时代又一次运用资源共享——与酒楼联手，并实现了资源共享——的成功范例。陈宇迎来了诸葛酿销售的春天。

4　一举成名诸葛酿

陈宇没有松懈，依然边干边学，边学边想，不断改变他的营销策略，在酒的包装、广告形式和用词上，绞尽脑汁。

最大的改变是广告策略。诸葛酿登陆广东时，有十多个白酒品牌在香港本港台、翡翠台等投入几千万资金狂轰滥炸。那个年代，只需广告轰炸猛烈就可能炸开市场。

陈宇把广告集中做在公交车身、店招、灯箱等户外，还特别重视做墙体广告。公司聘请两个画师，开着车，把大街小巷、乡村集镇能画的空墙都刷上“诸葛酿”的广告，两人画了一年多时间。

在一些中低档餐饮甚至大排档，诸葛酿也不嫌其小，专门制作店招、POP、灯箱广告，有效地覆盖了广东中档白酒的消费人群。同时他把广告做进餐厅包房，一边是诸葛酿广告，另一边是酒店招牌菜，两者放在一起，酒店满意，也方便服务员向顾客推荐。

结果，诸葛酿酒十分好卖，其他酒业也纷纷效仿，也不去香港电视台做广告了。有一次香港某电视台广告总监与陈宇邂逅，对方戏言：“你把我们害惨了，电视台都要关门了。”

广东酒业有句名言：“得珠三角者得广东。”珠三角的重要性可见一斑。据行业部门统计，在广东白酒 70 多个亿的销量中，珠三角市场至少占 60% 以上。一种白酒只要在珠三角成为畅销品牌，其销售收入绝对可以进入广东白酒前列。

陈宇深谙此理，把诸葛酿主要力量放在珠三角市场上，打造强势区域品牌。陈宇吃过窜货的亏，意识到建立一个忠诚的推销队伍，是比做广告还重要的头等大事。陈宇认为绝大部分白酒品牌不是死于竞争对手，而是死于自己经销商的窜货和杀价。区域总代理的最大好处就是可以避免这一弊端。

陈宇属下的代理商基本上都是他培养出来的。把代理商当作人才来培养，给他一个发展平台。他的几个堂弟、表弟，原来都是打工仔，陈宇扶持他们做老板，不仅先给货，还给上一笔资金做本钱，让他们去开发市场。这些人成熟后，自然而然成为铁杆代销商，忠于诸葛酿品牌，坚决不卖其他酒。而这些代理商手下又有一支农民组成的业务员队伍，不怕吃苦，四处奔波。

陈宇选择代理商采取独家总代理制，即一个地区只选择一个代理商，并规定代理商不能代理其他同类白酒。“成熟一个开发一个，开发一个成活一个。”陈宇不断调整、巩固代理商队伍，最后基本上是自己的亲戚朋友。

陈宇认为，做生意首先是学做人。他经常向属下灌输这种观点。在顺德有些不讲理的竞争对手，把诸葛酿广告盖掉、撕掉，还到酒楼消费者面前攻击诸葛酿酒的品质，公然挑衅。陈宇属下的人也冲动起来，双方争执，几乎就要动手打架。每逢此类情况，陈宇冷静处理，告诫经销商、业务员要忍让克制，千万不要动手打架，以理服人，以德服人。

随着事业的发展，陈宇属下一个代理商负责一个区域，一个区域代理商手下又有二三十个推销商，推销商手下还有数百名业务员，一个城市有七八辆车打着诸葛酿广告的送货车，大街小街来回跑，四处酒楼送酒忙。他们各自为阵，管好自己的区域，又统一服从于陈宇的经销策略。六年来，诸葛酿价格在中档白酒中最为稳定，这很大程度得益于这种总代理销售机制。

在给代理商发货时，陈宇也有绝招。你要十件，只能给你九件，从而制造出一种产品畅销，供不应求的印象。更重要的是，这有益于防止经销商压货，避免掠夺性开发市场，延长市场生命周期，因而也保护了经销商利益。

2001 年秋天，整个顺德都在喝诸葛酿。在广东，广州、东莞、顺德、番禺和佛山等地是诸葛酿销售最好的区域，都有了一定知名度，逐渐获得消费者的喜爱，各地代销商走货速度越来越快。

欠账还钱，天经地义。陈宇终于靠自己的坚守与智慧，不仅还清所有债务，还有了盈余。

准确的市场定位，有效的营销策略，让诸葛酿在酒类竞销中大放异彩。有人因此认为“得终端者得天下”。我们以为，这句话应改成“得顾客者得天下”。因为前句讲的是赚顾客的钱，后句讲的是为顾客服务，看起来目标都是为了赢得市场，但对于经营者而言，若能够在公司群体中培育起牢固的为顾客服务的意识，才会最终于人于己有稳固的最大的好处。

诸葛酿的广告语曰 :“一举成名诸葛酿。”它凭借优良的酒质，更依靠艰辛的经营，才终于达到那“一举”，打响名声，在广东市场风生水起，令人刮目相看。回忆曾经的历程，陈宇则至今忘不了当年十字路口那雨中的凄凉……大约也正是那铭心镂骨的记忆，激励和推动着陈宇。

诸葛酿没有茅台、五粮液、剑南春那样高贵的名气，也没有本地酒先天的地缘优势，却能在强酒如林的广东市场异军突起。有人赞陈宇得了诸葛亮的锦囊妙计，写出一段广东白酒的“江湖传说”。

2003 年对陈宇来说，是一个丰收的年景。年底诸葛酿累计销售超过 1000 万瓶，销售额过亿元。在白酒业创造了以小品牌创大市场的奇迹。

陈宇开始进入业界人士的视野，引起业内关注。酒业人士把古绵纯、泰山特曲、皖酒王、诸葛酿这四大成功品牌禅封为“四大家族”。诸葛酿这匹黑马腾空，包揽了广东市场 2003 年度名酒消费市场的六种奖项：

首届广东市场名酒品牌；

首届广东市场消费者最受欢迎的酒类品牌；

首届广东市场优质酒品牌；

受广州市民欢迎的白酒品牌；

受广州市民欢迎的十大文化美酒和最佳包装奖。

2003 年初，诸葛酿酒还获得四川省政府颁发的“四川省名牌产品称号”等多个奖项。四川省工商局认定“诸葛酿”为知名商品，其名称为特有名称。

从“山重水复”到“柳暗花明”，诸葛酿一举成名，陈宇大气长舒。然而新的危机已悄悄来到他的身边。正如宋人杨万里的诗所言：

莫言下岭便无难，赚得路人错喜欢。
正入万山圈子里，一山放过一山拦。

● 同时期的世界和相关思索

中国的酒，是在以陶器储存粮食和野果的时代萌生的，自古依附于农业，是农业经济的重要组成部分。当代中国酒类的生产销售，也经历了从计划经济向市场经济的变迁。

1979年以前，中国酒类行业的销售渠道由国营糖酒公司垄断，从省级到地区级、县级，只是供货和销货的供销关系。由于酒类的需求大于供应，国营糖酒公司坐享其成，稳如泰山。

1980—1994年，随着中国改革开放的深入，有胆识的个体经销商抛开糖酒公司与厂家直接结亲，绝大多数获得了好效益。1995—1997年，个体经销商与名牌酒业的合作，获利更大。1998—1999年，个体经销商逐渐垄断了酒类渠道，国营糖酒公司大部分解体，酒类市场供大于求。个体经销商和众多厂家开始感到举步维艰，双方惟有找准合作伙伴，才能实现双赢。

2000—2003年，经销商开始反思。面对“两年喝倒一个品牌”的现实，怎样才能生存发展？此时酒业经销格外考验经营者的智慧了。

第 7 章 真假诸葛酿大战

都说真的假不了，假的真不了，这是指商品的质量本身。然而在社会现实中，假的被当作真的，真的也被当作假的，却是常有的事。因而需要法制来甄别和主持公道。诸葛酿风波持续六年，前后经历十多场对簿公堂，有人称之为中国酒类史上最惨烈的品牌争夺战。这是陈宇第一次打官司，对他人生而言，最重要的恐怕已不是这场官司的输赢。在复杂的社会和法制环境中，陈宇输掉这场官司也是可能的。因而更重要的是，他要在这场官司中认真审视自己从商的目的和走向，给自己的未来判一个出路——很多人都说“无商不奸”，都说“商人就是唯利是图”，这是真理吗？我要接受这个“真理”吗？

湘江边长沙法庭，双方对簿公堂，决定真假诸葛酿的命运。时近中秋，月儿分外明。陈宇无心赏月，也无心惦家，满脑子都是“官司”。他烟瘾不大，等待判决的前夜，他一根接一根地抽掉三包半香烟。他说他抽的不是烟，是痛苦……

1 两个男人一条心

正当诸葛酿热销，陈宇忙得不亦乐乎之时，假冒、仿造的诸葛酿酒频频现身超市、商店。据不完全统计，市场先后出现 40 多种假、仿诸葛酿，其外表包装相似，名称相似，价格相似，消费者有如走进诸葛八卦阵，孰真孰假，一头雾水。

陈宇办公室电话响个不停，都是报告当地出现冒牌酒信息的。很快，陈宇发现营销额开始下跌。

打造一个品牌是件相当不容易的事情，为新品研发、广告投放、市场开发、市场推广、品牌维护、销售管理、售后服务，陈宇投入了巨额资金。而仿冒品牌无需投入市场推广等费用，在成本上远低于诸葛酿，提供给经销商的利润空间也就大。很多经销商看到有利可图，谁家便宜进谁家的，管它是真是假。陈宇无形中成了“冤大头”，等于是为众多仿冒诸葛酿的厂家铺桥开路做嫁衣。

1999 年诸葛酿诞生之初，白酒市场上独此一家，没有与其名称雷同的酒。从 2002 年底开始，诸葛酿就成了他人竞相仿冒的对象。工商部门先后查处过几起造假案件。但当时造假的还是一些小厂家，数量有限，还没有对诸葛酿构成威胁。2004 年势头不同，一些有实力的大厂家也盯上这一火红的生意，假冒诸葛酿来势汹汹，并以“正统”自居，“李鬼”想吃掉“李逵”，若不采取有力的反击措施，诸葛酿将遭灭顶之灾。

天上不会掉馅饼。自己精心制作的馅饼岂能拱手与人！陈宇与江口醇老总张超先通了电话，通报情况。张超先说："这市场是我们创造出来的，当然要奋起打击假冒产品，维护诸葛酿的正当权益。"

江口醇酒业集团新添诸葛酿后，对整个集团起了推动作用，2003年取得销售收入3.11亿元、利税5570万元的好成绩。江口醇酒厂产品成为酒类知名品牌，继五粮液、泸州老窖等"六朵金花"之后，摘得四川白酒业"第七朵金花"桂冠。

在创业中，张超先与陈宇结下深厚的情谊，两人亲如兄弟，配合默契。面对假冒产品，两个男人一条心，亮出维权之剑，展开了一系列品牌保卫战。

品牌被仿冒向来是商家难言之苦，因为如果公开说自己的品牌被仿冒，那就是告诉大家市场上这一品牌的商品有假货了，公众难辨真假，干脆不买，那就连真货的名誉也一落千丈，甚至从此货滞名毁，与假货同归于尽，所以很多企业遭遇仿冒，恨而不言，俗称"打断门牙往肚里吞"。诸葛酿一反常规，果断采取了一项对公众负责的举措：把诸葛酿被仿冒的情况在媒体上公之于众，自曝被十多家企业所仿冒，在白酒业掀起了一场轩然大波。

江口醇董事长张超先说，厂家有责任主动站出来告诉消费者，维护消费者应有的知情权，这是维护消费者利益的具体行为。并主张通过行业协会和媒体，召开新闻发布会，用《反不正当竞争法》等法律武器，来保护自身品牌特有的权利和荣誉。

陈宇是营销总监，为加强消费者的品牌印象，他把"一举成名诸葛酿"的广告语改为"畅饮诸葛酿，认准江口醇"，在主流媒体投放了大量广告，强调诸葛酿品牌的唯一性，提醒消费者认准正宗诸葛酿，并积极配合工商局查处了一批仿冒的诸葛酿。

在2004年中国（广州）酒饮产品交易会的"诚信论坛"上，张超先怒砸仿冒诸葛酿，并宣布今后诸葛酿全部采用铁盒包装上市，即日起纸盒装全部停止生产。此举意在提高仿冒的门槛，意味着今后市场上所有纸盒包装诸葛酿，都不是正宗的。

从2004年5月到7月，诸葛酿投入1000多万元，将纸盒包装的诸葛酿全部更换成铁盒装。

2002年的陈宇 此时的陈宇看起来还像个学生，苦恼与思索同时降临。正当诸葛酿热销之际，市场上却冒出大量仿冒伪劣产品，甚至“李鬼”要吃掉“李逵”。不管怎么说，这是考验陈宇毅力与智慧的时刻，这仍然是人生成长的季节。

陈宇说，原来的纸包装，一个小印刷厂就可以加工，铁盒包装首先要有厂家的委托书，其次一个铁盒生产要经过 18 道工序，成本是纸盒的 5 倍，包装成本高昂，这就迫使一些无实力的假冒企业出局。此外，新包装特邀请中国足坛名宿、在广东赫赫有名的“矮脚虎”赵达裕作为形象代言人，在铁盒包装正面印上赵达裕的光头像作标志。广告词也做了相应调整，打出“畅饮诸葛酿，认准赵达裕”。

赵达裕说：“我跟陈宇认识四年多了，第一次跟他接触，觉得这个人诚实，是个想干事业的人，所以我做诸葛酿的代言人，觉得很有信心。”

当然执行起来并不容易。有人担心诸葛酿更换新包装，会在客户渠道上遇到库存的麻烦。陈宇认为，诸葛酿一般是在酒楼里压货，更换起来比较简单。同时陈宇对所有的渠道客户承诺，只要认定是正宗诸葛酿，可以按“一换一”原则置换铁盒装。

江口醇的主动出击初见成效。据诸葛酿广州总代理刘某讲，市场上的仿冒产品明显少了，大约下降到 2—3 成。

陈宇和张超先还想出一招，特邀几位商标专家，就诸葛酿出现众多假冒产品一事，进行一场关于正宗产品维权问题的讨论，此事成为广东酒界一大亮点。讨论从广东延伸到多省市，这使诸葛酿顿时成为业内人士关注的焦点，促使坏事转化成好事，半年之内广东市场得到进一步开拓，诸葛酿为更多人所知。但是，即便如此，诸葛酿维权之路还刚刚开始，接下来的事情更让张超先、陈宇始料未及。

2 湘江边对簿公堂

“恶人先告状”，从前陈宇只在书上见过，没想到在现实生活中，他遇到了。

2004 年 9 月，张超先、陈宇意外地接到湖南长沙中院的传票。四川泸州千年酒业公司、四川诸葛酿酒有限公司、四川诸葛亮酒业有限公司联合在湖南长沙中院起诉江口醇公司及其销售商，诉称江口醇的诸葛酿侵犯了“诸葛亮”注册商标专用权。请求法院判定江口醇公司商标侵权，立即停止商标侵权行为，并赔偿其经济损失 50 万元。

本来陈宇想过，拿起法律武器将假冒者告上法庭，可是假冒者有数十家，一时还拿不准告哪家。再说在白酒行业，打官司有惨痛的前车之鉴，赢了官司输市场的事时有发生。1992 年，贵州醇酒厂在广州市场推出 35 度浓香型“贵州醇”，开创了低度浓香型白酒进军广东的先河。正当大红大紫之际，“贵州醇”却陷入了与同省另一白酒巨头的商标纠纷。“贵州醇”从 1993 年开始，理直气壮地打官司，一打就是八年。“贵州醇”虽然赢了官司，却大伤元气，最后退出历史舞台的中心，在边缘上挣扎经营。

陈宇说，他万万没有料到，自己不想打官司，居然有“李鬼”叫唤着打上门来。

面对“李鬼”的挑衅，张超先、陈宇积极应诉。

他们聘请广州三环汇华律师事务所知识产权律师温旭为诉讼代理人。温旭是中山大学知识产权学院兼职教授，兼任中华全国律师协会知识产权专业委员会副主任，广东省律师协会知识产权委员会主任等职，长年致力于知识产权保护相关领域的研究，在实践和学术上一直站在中国知识产权保护的第一线。

温旭经过一番调查，发现所谓的三家公司，作祟就是泸州千年酒业。

假“孔明”欲“暗渡陈仓”，这是一场精心策划的“局”。温旭有信心揭穿这个“局”。但陈宇依然担心，为什么？

这还得从诸葛酿注册商标遇阻说起。

学金融出身的陈宇，很清楚商标对商品的重要性。

早在1999年6月，陈宇创出诸葛酿品牌时便想到，下一步关键是要将“诸葛酿”注册，以保卫自己所创的“诸葛酿”品牌不受他人侵犯。随后陈宇便以江口醇酒业集团名义向国家工商行政管辖总局提出注册“诸葛酿”商标的申请未果。之后，2001年12月，江口醇酒业集团二次重新申请“诸葛酿”商标，仍未成功。理由是武汉同和实业有限责任公司已注册了“诸葛亮”商标，“诸葛酿”与“诸葛亮”两者近似。2002年江口醇酒业集团又以“诸葛”为名申请注册商标，仍被驳回。理由是：此前已有“小诸葛”被注册。

三次申请，三次碰壁，还干吗？

干。中国人常说“事不过三”。很有韧性的陈宇却相信：也许第四次有望。

既然受阻原因在“小诸葛”被注册，2003年陈宇将“小诸葛”商标买断，从而获得了“小诸葛”商标。接着，江口醇酒业集团作为“小诸葛”商标拥有者，再次申请“诸葛酿”商标，不想仍被驳回。理由是：四川泸州千年酒业有限公司于2002年7月申请注册“诸葛酿”商标，已获初审通过，正处初审公告期。

陈宇大吃一惊，也大惑不解。

作为“诸葛酿”生产的正宗厂家江口醇酒业集团，四次申请“诸葛酿”被驳回，如今泸州千年酒业这个假“诸葛酿”，用何手段获得“诸葛酿”商标的初审？

经一番了解，陈宇才知对方经“高人”指点，出了绝招。

前面说过，江口醇酒业集团第二次申请“诸葛酿”商标遭挫，是因“诸葛酿”与“诸葛亮”属于类似商标，而“诸葛亮”这个商标当时已经被武汉同和实业有限责任公司注册。

武汉同和实业有限责任公司在注册了“诸葛亮”商标后，却从未使用过。泸州千年酒业2002年在某家商标事务所律师的指点下，先花30万元买断“诸葛亮”商标，紧接着于2002年7月向国家商标总局提出“诸葛酿”商标申请，并获初审通过。如此一番操作，泸州千年酒业便有望将“诸葛酿”收入囊中。

好险！当陈宇知道事情原委时，离国家工商行政管辖总局公告期结束仅不到一周时间，届时，“诸葛酿”商标即可获准。

江口醇集团立刻上书提出异议，泸州千年酒业瞒天过海的障眼法被识破，申请最终泡了汤。

但千年酒业并未死心，新成立四川诸葛亮酒业有限公司和四川诸葛酿酒有限公司，生产、销售仿冒“诸葛酿”特有名称的白酒。2003 年 10 月，四川工商部门曾对其仿冒行为进行查处。但千年酒业公司继续生产“诸葛亮”牌“诸葛酿”酒，并且在名称、包装、装潢等方面明显模仿江口醇“诸葛酿”。

陈宇说，更令他料想不到的是，仿冒者摇身一变，还成了“打假者”。泸州千年酒业因购买了“诸葛亮”商标权，便以此提出市面上众多“诸葛酿”酒侵犯了它的权益，此举也产生了一些积极效果，即致使市场上多种仿冒诸葛酿酒被工商管理部门查处。但泸州千年酒业惟一无法撼动的是江口醇“诸葛酿”这尊真神，于是状告江口醇“诸葛酿”侵犯其诸葛亮商标。

湘江边长沙法庭，双方对簿公堂，决定真假诸葛酿的命运。

时近中秋，月儿分外明。陈宇无心赏月，也无心惦家，满脑子都是“官司”。陈宇烟瘾不大，等待判决的前夜，他一根接一根地抽掉三包半香烟。他说他抽的不是烟，是痛苦……他说他此前遇见过卑鄙的，但没遇见过这么卑鄙的，这与冒人姓名后还想灭掉真人何异？

庭审中，诸葛酿的辩护律师温旭据理力争，使法官和听众都明白了事情的来龙去脉。

温旭代表江口醇酒业集团答辩称：1999 年 6 月起，江口醇酒业集团，生产的“诸葛酿”酒就已进入广东市场，6 年来投入几千万元广告费，使“诸葛酿”品牌得到了政府部门和消费者的广泛认同。2003 年，诸葛酿酒销售额突破亿元大关，多次获得广东市场名牌产品等称号。“诸葛酿”还被四川省工商局认定为“知名商品特有名称”。

温旭指出：两个包装极为相似的同类产品，使用在先者必是原创，出现于后者定是仿冒。诸葛酿 1999 年就使用“诸葛酿”，千年酒业 2002 年才买断“诸葛亮”商标，两者相差头尾三年，凭什么说“侵犯了诸葛亮注册商标专用权”？

温旭律师还指出，根据《反不正当竞争法》的规定，四川江口醇酒业集团享有“诸葛酿”知名商品特有名称权。千年酒业行为不仅违反了《民法通则》所规定的诚实信用原则，同时也侵犯了江口醇“诸葛酿”合法使用的在先权利，构成了《反不正当竞争法》所禁止的不正当竞争行为。

长沙中院知识产权庭的分管领导和法官，精通法律，正直而有魄力，特别有法律理想。他们审阅了全部的案卷材料，认真听取温旭律师的答辩意见，确认诸葛酿有道理。最后判决：江口醇酒业集团公司使用独创的、且具有较高知名度的“诸葛酿”白酒特有名称，不构成对原告泸州千年酒业“诸葛亮”注册商标的侵权。

泸州千年酒业不服，向湖南高院提起上诉，最终被驳回。

“问苍茫大地，谁主沉浮？”有关报刊报导：长沙诸葛商标大战，诸葛酿胜诉。

尘埃初定，仰望苍天，陈宇泪水夺眶而出。

这是陈宇人生第一次打官司。特别值得一说的是，对他的人生而言，最重要的还不是赢了这场官司。在当今的社会风气和法制环境中，陈宇输掉这场官司也是可能的。因而更重要的是，陈宇在这场官司中认真审视了自已从商的走向，给自己的未来判一个出路——很多人都说“无商不奸”，很多人都说“商人就是唯利是图”,这是真理吗？自己要接受这个“真理”吗？

如今不同程度的假冒伪劣产品，可以做到整条街都无人不知，整个村、整个镇、整个县都无人不知，可以算是“路人皆知”了吧，但是仍然可以轰轰烈烈地做，放在阳光下做，因为那是卖到远方去的，“当地人都知道”。

一些化学剂应用到食品中，已使“假冒伪劣”这个新词汇不够用了，该称之“假冒伪劣毒”了。用科学方法将有毒有害物质掺入产品中，是这个时代科学发明成果的一种表现，能赚到钱就是硬道理，能获暴利就是硬道理，阳光下的假冒伪劣毒做到这田地，消费者已防不胜防……

如果陈宇在这场官司中惨败，为了挽回巨额的经济损失，他要不要从此学会“无商不奸”，要不要从此信奉“商人就是唯利是图”，而不管采用什么手段……

我们在接触到茂德公这户“农民世家”前人与后生的故事时，特别是作为“后生”的陈宇的经商故事时，曾反复斟酌这户“农民世家”的意义，斟酌陈宇经商历程的意义。这个农民家族赚了多少钱，他们的企业取得多少经济效益，在我们看来都不重要。如果论赚钱，或者论某公司获得多么巨大的经济效益，如今中国境内拥有巨额钱财的家族，拥有巨额钱财的企业，达到富可敌省，远远超过茂德公家族万倍的也不令人奇怪了。那么这个“农民世家”的意义在哪儿？

仅就这场官司而言，陈宇的收获是，在这场惊心动魄的审判中，他认取了从商还是应该坚守诚信，即使失败到企业被彻底毁灭，也要守住一个“德”字。

“茂德”就是德茂盛的意思。茂德公，就是敬德弘扬德的意思。所以，茂德公香辣酱、茂德公草堂，都不是讲“茂德公”其人的意思，而是要坚持中国传统美德的意思。这就是茂德公家族共同的认取。

这场官司对陈宇而言，还有一个极大的收获，就是他看到：即使这场官司诸葛酿也可能失败，但坚持正义的法庭毕竟是有的。所以陈宇非常感激湘江边上的这家法院，感谢这里的法官，不是感谢他们支持了诸葛酿，而是感激他们坚持了正义，所以陈宇感到全身温暖，感到正义还是宝贵的，是一生都应该信奉的，是不能丢的。即使法院丢了，我们也不能失去对正义的信仰。这是陈宇真正的收获，也是我们在今天这个朱紫杂陈的世界里撰写这个故事的意义。

3　诸葛酿之争尘埃落定

市场经济讲公平竞争，讲市场秩序。

对诸葛酿市场影响最大的是泸州千年酒业，为了维护自身的合法利益，江口醇决定发起反击，以法律武器追究仿冒、假冒诸葛酿的厂家的责任。

2004 年 11 月，江口醇对泸州千年酒业、四川诸葛酿酒业有限公司等三个厂家在湛江市中级人民法院提起诉讼，状告泸州千年酒业生产的“金装诸葛酿”，在名称、包装、装潢等方面明显模仿江口醇“诸葛酿”，严重影响了江口醇“诸葛酿”的正常销售，也严重侵害了广大消费者的利益。

通过多次庭审调查，对簿公堂，2006年1月24日，湛江市中级人民法院终于做出一审判决，被告泸州千年酒业公司应立即停止生产和销售“金装诸葛酿”酒，并赔偿原告江口醇酒业集团损失30万元。

被告不服，上诉到广东省高级人民法院。

2006年10月27日，广东省高级人民法院做出“粤高法民三终字第95号”民事判决书，终审判决维持湛江中级人民法院的判决，重申：“诸葛酿酒公司、千年酒业公司擅自使用与江口醇酒业公司产品相同的名称及相近似的包装、装潢，足以造成普通消费者混淆或误认，属于不正当竞争行为，应承担停止侵权、赔礼道歉、赔偿损失的民事责任。”终审判决后，被告向法院按时如数交纳了30万元赔偿款。

这件事过后，陈宇曾无限感慨，他认为对手能这样干脆赔款，是值得他尊敬的。

千年酒业兵败湛江，但有关诸葛酿的纷争却远没有结束。

江口醇诸葛酿以“反不正当竞争”胜诉千年酒业之后，仿冒的“诸葛”们感到危机，结成连盟，将矛头一致对准江口醇。其中湖北襄樊三九酿酒厂、泸州佳冠酒业有限公司等企业，成为江口醇酒业公司的强劲对手。

江口醇再次把三九酒厂、佳冠公司等仿冒者告上法庭，江口醇一一胜诉。三九酒厂、佳冠公司不服广东高院的终审裁决，还前往北京，向最高人民法院递交申诉材料，要求重审，最高人民法院均予驳回，维持原判。

“诸葛”官司历时六载，官司打了20多场，多地开庭40余次，最后由中华人民共和国最高人民法院一锤定音，为旷日持久的这场纷争画上了句号。

陈宇连续打赢千年酒业、三九酒厂、佳冠公司这三场关键官司，终于笑了。公司里的人说他笑得像个孩子，笑得好开心。

“赢了！”报纸上、公交车上，陈宇就打出这两个字，让人对江口醇诸葛酿的印象更加深刻。

开心的陈宇告诉自己仍然要冷静，官司虽赢，但市场上假冒的诸葛酿不会因此绝迹，陈宇仍苦苦寻求抗击假冒产品的方法。

中国白酒产业之大，卖酒的人也多有不知。白酒注册生产企业有

38000多家，年产量约500万吨，白酒品牌数以万计，白酒消费人群达3亿之众，年销售额达1000多亿元。

近年来，广东省法院收到的知识产权民事案件多达2000余件，位居全国之首。诸葛酿官司，有人称之为中国酒类史上最惨烈的品牌争夺战。"诸葛酿酒不正当竞争案"被列入"十大典型案件"。不知神机妙算的诸葛亮能否算到，在他逝世1700多年后，会出现以他姓氏为品牌的纷争，而且竟久久未能平息。

4 商道酬诚

陈宇说，出现知识产权纷争，可从正反两个方面来分析。从好的方面看，品牌被仿冒是坏事，但也可见诸葛酿在市场上确实获得很大成功，才会引来侵权者的闯入。我们如何将坏事变成好事，就成为我们的主要工作。这工作包括：从产品的口感、香味、功能、包装、设计上进行创新，提高产品竞争力。从不好的方面看，因仿冒者的产品质量不及真品，会伤害到真品的市场。

那六年，陈宇一边干事，一边总在为官司闹心，很难超脱出来。不单是陈宇担心，陈宇打官司的消息传到雷州半岛的足荣村，茂德公、陈英昌也非常操心。古人说"乡邻和为贵，衙门休出入"，"冤家宜解不宜结"，茂德公父子有浓郁的老一辈农民心理，总认为打官司不是好事，直到听说陈宇打赢了官司，心才定下来。

回顾长达六年的官司历程，陈宇曾无限感慨地说过这样一句话："打了六年官司，我似乎被'强奸'了无数遍，还只能付之一笑。"一个男子汉，何至于说出这话？要理解他这话中的酸楚和无奈，非亲历者是不容易理解的。

陈宇还说，当时他前面晃动着三条路：

一是花钱打官司，奉陪到底。"我的就是我的，凭什么要给你？凡事得讨个说法。"这意识反映出陈宇骨子里的中国农民性格。这是一种不屈不挠，虽粉身碎骨也不放弃真理正义的品质。

二是用营销办法把假货打掉。因为即使官司赢了，不见得假冒诸葛酿就会绝迹,还要用不断创新的营销手段赢得市场。那时的陈宇,最初是作为被告,一边不得不应对官司诉讼，一边则是加大品牌宣传，不敢松懈。他除了继续在《南方都市报》等报刊登出整版大幅广告之外,在2005年春节还曾经搞过“纯金本色，众人信赖”的足金金牌抽奖促销活动，每个金牌印有赵达裕头像，价值上千元，可谓在品牌打造上继续重拳出击。广告词也更新为“一举成名，再举辉煌”，“好事成双，江口醇诸葛酿”，以此回报顾客。

三是“我可以花点钱叫人把对手给灭了，那我也成为罪人，一辈子就完了”。这是陈宇愤怒时曾有过的“一闪念”。

他说的上述“三条路”，把第一条和第二条综合起来了，就是说相信和依靠法制体系，也积极地运用自身开发市场的努力，毫不松懈。至于第三条路，他不会走。

诚信为本，信誉为天，做生意首先要学会做人。

陈宇说:“诚实守信是一种自我约束的品质。诸葛亮白帝城接受刘备‘托孤’,也是贵在一个‘诚’字。虽然现在很多人把诚信视若草芥,以金钱至上,假冒骗诈,尔虞我诈,无所不欺。但我坚持诚信,也要求与我合作者要讲诚信,不被侵权行为的高利润所利诱。”

通过法律武器，江口醇取得了“诸葛酿”的专有使用权。

但陈宇也确实体验到了官司虽赢，司法系统要执行也难。为什么难?他说他发现，仿冒“诸葛酿”者的后面多有当权者撑腰，更难对付的是，关系网无处不在，像鬼魅一样在作祟，你根本摸不清他们的关系在哪里。打假，很难真正打下去。

当然,正义之剑也曾挥舞。在法律武器下,诸葛酿也有扬眉吐气的时候。中华人民共和国最高人民法院的终审裁决经华南各大媒体报道后，华南各大酒类批发市场和经销商闻风而动,十多个仿冒“诸葛酿”的酒品纷纷下柜,退出市场。有一次广东省打假办、广东省酒类专卖局、广州市打假办、白云区打假办等相关部门查封了白云区石井水泥厂河边仓库,发现满仓库“诸葛酿”全是仿冒酒，此次共查获仿冒酒5000余箱，还查获用于包装的“诸葛酿”铁盒几百个，纸箱几百个。

在广州，“家乐福”、“好又多”等大型超市里各杂牌“诸葛酿”相继下架。天平架食品批发市场的白酒经销商刘先生大吐苦水："这两个星期经常接到投诉电话，很多酒楼打电话质问我们为什么给他们卖假货，说我们欺骗消费者，要退货。我肯定是要亏本了。"

然而，市场上的假冒诸葛酿并没有因为打假而减少，打假打假，越打越多，更多难以计数的"李鬼"悄然登场。有白酒界资深人士向记者透露，市面上假冒的诸葛酿酒，从10年前刚开始时的40多种，到2006年增加到100多种，有的厂家居然生产出10种相似包装的诸葛酿白酒，投放市场。

尽管如此，诸葛酿仍然出现奇迹。

2008年3月，诸葛酿在广州、东莞、深圳、顺德、佛山等几个精品市场中销势强劲。诸葛酿在风雨雷电中居然能够保持十年"红旗不倒"，始终占据广东白酒销售额前三名的位置，这不能不说是一个奇迹。

陈宇说，诸葛酿未来的发展将不限于国内市场。诸葛酿、马六甲、浪漫经典江口醇等系列产品，先后出口到新加坡、马来西亚、日本、越南、韩国等国家，这些国家和地区的文化与中国一脉相承，对三国诸葛亮并不陌生，绵甜醇和的酒品质量被越来越多的国际消费者认可。

吸取国内市场诸葛酿注册受阻的教训，公司先后在新加坡、马来西亚、日本、韩国等海外国家成功注册了江口醇、诸葛酿、马六甲等商标，以防唯利是图者在境外恶意抢注而影响产品的销售和品牌提升。

白酒行业的竞争太激烈了。陈宇早在2002年就开始考虑，不能把全部精力放在做酒生意上，得广开门路，在做好诸葛酿总代理的同时，另辟新路。

陈宇，这个处于创业兴奋状态的农民大学毕业生，接下来还有哪些出人意料的动作？

● 同时期的世界和相关思索

古希腊色雷斯人信奉的葡萄酒神叫狄奥尼索斯，在希腊神话中他是众神之神宙斯的儿子。现实的希腊，岛屿众多而山多土地少，种粮不足以自给，有人种葡萄酿酒卖到远方去可换回更多的粮食。希腊人的商业是从西亚两河流域的城市里学去的。西亚早期的城市，就有"城堡"和"市场"两大因素，希腊旅行者来到两河流域的城市，此后希腊人成为西亚城市文明的继承者。种葡萄酿酒卖到远方去，对希腊经济和艺术的发展都有重大影响。农业有农忙和农闲之分，酿酒、造酒瓶，以及在酒瓶上做工艺美术，都不受农时之限，这就使希腊的劳作模糊了农忙和农闲之分。把美术做在酒瓶上，使美术在希腊很早就有了附加值。这结果使酒瓶与酒瓶上绘画艺术的价格高于酒的价格，当然更远远高于种植粮食的价格。这一系列变化都需要通过本土商业和航海贸易才体现出价值，这使希腊社会逐渐诞生出商人阶层，其富裕超过传统的地主阶层。这给希腊社会带来了重大变化。希腊人在雅典的卫城建起了巨大的狄奥尼索斯剧场，可容纳17000人，这是希腊最古老的露天剧场。东侧的酒神剧场建于公元前5世纪。由于酒对艺术的影响，狄奥尼索斯也是古希腊的艺术之神。罗马人继承了希腊的城市文明，也继承了希腊人对酒神的崇拜。狄奥尼索斯，罗马人称之巴克斯，是植物神，葡萄种植业和酿酒的保护神。从希腊到罗马，酿酒和附加在酒瓶上的美术及其经营，对日后整个欧洲商业和艺术的发展产生了深远影响。

迄今，世界公认的三大名酒是中国贵州茅台酒、法国柯涅克白兰地、英国苏格兰威士忌。

中国古籍有仪狄造酒之说，仪狄为女性，夏代的人。考古则发现早在距今9000年前的中国河南贾湖遗址已有酿酒的遗迹。酒在中国远古的语言中，意思是储藏在陶罐中的野果时间久了变成的汁液，而且越久越好，日后用粮食发酵酿制的汁液也是越久越好，酒的名称取意是“久”的意思，造字的祖先设计为一个坛子加三滴水的形象，就是“酒”。今人有称仪狄为酒神的，但在中国的众神中恐无酒神。《战国策·魏策》记载：“昔者，帝女令仪狄作酒而美，进之禹，禹饮而甘之。遂疏仪狄，绝旨酒。曰：后世必有以酒亡其国者。”说的是大禹饮了仪狄造的酒，感觉很美，反而疏远之，加以禁止。这是后人追述的。然而商朝最后一帝纣造“酒池肉林”，其奢靡却是造成商朝灭亡的重要原因，西周建立政权后就颁布了禁酒令，这禁酒诰文保存于《尚书·酒诰》。鉴于此，中国人对酒并未形成神崇拜。但是，在中国文化领域，酒文化却十分灿烂。

杜甫的“醉里从为客，诗成觉有神”，苏东坡的“俯仰各有志，得酒诗自成”，均讲到从醉中得到的神韵。南宋诗人张元年写道：“雨后飞花知底数，醉来赢得自由身。”描述的是醉中可以抛弃传统束缚，回归原生态的生命体验。王羲之是在与友人饮酒中作《兰亭序》，据说酒醒后“更书数十本，终不能及之”，所以我们今天看到的《兰亭序》，即使王羲之把字写错了，涂个墨块，也有天然去雕饰，无拘无束的旷达和自由，犹有神助的美，就在其中。

当今，酒在广东，2004年消费量突破150个亿，是中国最大的酒饮消费市场，其中白酒销售额达到75个亿，超过全国白酒销售总额613亿的十分之一。

第8章 回乡办厂　三代合力

他有浓厚的乡土情结，或许还因为在北京上过大学，目睹了“大都市的繁华”和“家乡茅屋群构成的贫困”……不少媒体说陈宇回乡办厂是“回报家乡”，我们不敢这么说。因为他回乡办厂之初，看起来并不富裕。但可以肯定，他性格中有一种很要强的东西，他不认为“落后的农村无用”，他相信农民不比谁差，诚实、本分就是最好的东西。人要是失去诚实和本分，你说你多么先进，我都以为不可取，不可信。

茂德公不知商标是怎么回事，但孙子要用爷爷的照片做生意，有何不可？茂德公爽快地答应了。孙子还给爷爷付了用其名字和头像做商标的报酬。肥水没流外人田，或许，这也算是农民的意识。

1 一个出色商标的诞生

回故乡，回故乡——

这是陈宇心藏已久的向往。告别家乡去北京上大学那年，他根本不可能想到，自己有一天会向往回乡。现在，这个向往是多么真实地降临。

陈宇说不清为什么。有人说，游子离乡越远，家乡在心中越近。这可能是一部分游子的情况。如今很多人离乡离土，去读书、去打工，远去他乡异国，走了就走了……陈宇现在仍在广东，距离雷州半岛并不遥远，但他已渴望回乡。用什么方式回到家乡呢？办企业，回乡办企业！

陈宇的向往，得到爷爷茂德公、老爸陈英昌的大力支持。

陈宇是农村出来的大学生，对家乡土鸡的记忆特别深刻，童年的儿歌记忆犹新：

鸡脚仔，鸡角哥，飞去菜园吃菜秧。
飞去南山吃竹仔，飞去海南吃槟榔。

陈宇想，爷爷、老爸都有养鸡的经验，我回乡发展养鸡业，说不定就是一条路呢！

陈宇想，21 世纪，人们的消费观念在改变。过去有啥吃啥，能填饱肚子就行，图的是生存。现在讲生活，吃啥有讲究了。困难时期人们吃的山野菜和粗粮，现在成了世人追求健康的佳品。“绿色食品”的理念已经普及，鱼虾要吃活蹦乱跳的，鸡要吃“走地鸡”、“运动鸡”，农村人喂养的土鸡身价倍增。

茂德公一家在足荣村边的小树林承包下100多亩山林地作养鸡场。这里光照充分，雨量充沛，方圆几百平方公里内无工业污染，树籽、白蚁等天然食料资源特别丰富。

就这样，陈宇回来了，办一项三代人合力的事业。

鸡场具体事宜由陈英昌操办掌管。他把鸡场划分成十多个饲养区，按照“茂德公模式”分批放养。每个区域可让几千只鸡自由奔走嬉戏其中，以稻谷、米糠、树籽、草籽、白蚁等为主要食料。茂德公经常到鸡场转悠，具体事不用他管，只是出些点子，实际上他是养鸡场的顾问。一个可养五六万只鸡的足荣鸡场顺利地办了起来。

在品牌时代，商品都要有名称，鸡也如此。河田鸡，湛江鸡，三黄鸡，据说三黄鸡的名称是明朝开国皇帝朱元璋钦赐的。陈宇也要给足荣土鸡取个更好的名字。

足荣村属嘉山岭地区，过去是雷州出了名的穷地方，给人的感觉是穷山僻壤，东西土得掉渣。鸡在农村一直是很金贵的。家里除非是逢年过节，或者拜神，或者是来了贵宾，才有可能杀一只鸡。嘉山岭的人养的鸡，“人”与“山”合一即为“仙”，“嘉仙鸡”，隐藏着“嘉山岭人养的鸡”的意思，又可以解释成礼拜神仙，款待嘉宾的鸡。嘉仙鸡这个名字就是这么产生的。

诸葛酿因注册商标受阻而遭遇官司不断，给陈宇的教训太深了。第一批“嘉仙鸡”还在养，陈宇就开始考虑注册商标之事。

该用什么名字和图像，作为嘉仙鸡注册商标呢?

深入琢磨这件事的陈宇，现在知道了，品牌整体设计包含品牌的名称，品牌的人文、历史、时尚意义，品牌的联想，品牌的视觉形象，品牌的语言形象，品牌的品质指数，品牌的亲和力等因素。还要注意挖掘三种“缘”分：人缘、地缘、亲缘。人缘让品牌得到认可，地缘让品牌得到喜爱，亲缘让品牌得到沟通。

陈宇看见爷爷茂德公戴着草帽，在地里挥鞭使牛，累了就蹲在耕牛旁抽水烟。茂德公不仅在经济上支持陈宇读书，更多的是教导陈宇待人

爷与孙 茂德公种了一辈子地，放了一辈子牛，养了一辈子鸡、鸭、鹅，从没想到自己的头像能做成商标，能值那么多钱。孙子陈宇正儿八经地请他在公证书上签了字，给了他5万元。他不收，孙子说这是市场规矩，不能不收。对记者，茂德公却只说得了4000元。我们问起他为什么没有如实说，他说怕露富。

处事的道理。陈宇记得小时候爷爷常教育他做人要本分，对人要友善，绝不能欺负人。“即使别人欺负你，你也不要有报复之心。”爷爷是这样说的。

在茂德公开小店时，有个人向刘荣阿嬷赊欠一瓶十全大补酒。没多久，那人拿回来，说里面是酱油，卖假酒骗人。阿嬷气极了。明明是一瓶没有开封的十全大补酒，怎么会变成酱油呢？双方吵得不可开交。茂德公知道是那人使坏赖账，却劝老婆算了，这亏就自己吃吧！有一次晒谷子，茂德公已经将谷子晒开，有个后来者气势汹汹，叫茂德公把晒开的谷子收起来，让给他先晒。这块空地是公共的，按理是谁先到，谁先晒。但茂德公选择了退让一步，收起谷子，不与他吵闹。

爷爷这种忍让的性格是从他养父禄洲公身上继承来的。老实做人，吃亏是福。茂德公种了一辈子地，放了一辈子牛，养了一辈子鸡、鸭、鹅。

小时候喝的鸡汤味，陈宇现在还忘不了。陈宇灵光一闪，突发奇想，如果选爷爷老实巴交的肖像做商标，中国农民淳朴厚道、忠诚老实、勤劳俭朴、善良本分的品德，一定能给品牌添加乡村文化内涵。

以头像为商标，民国时期多见，比如“胡文虎万金油”。陈宇用爷爷茂德公一个普通中国农民头像作为企业的商标，这大约是破天荒的事。

没人干过的事，那就是创新。主意已定，陈宇与爷爷商量。茂德公不知道商标是怎么回事，但孙子要用爷爷的照片做生意，有什么不可呢？茂德公一脸憨笑，爽快地答应了。

接下来的事情陈宇做得很正规，就像请赵达裕做诸葛酿代言人一样，陈宇正儿八经地请爷爷在公证书上签字，同意他的肖像作为嘉仙鸡的商标。同时给了茂德公一个小包，里面装着 5 万元钱，叫茂德公收好。茂德公不要，陈宇说这是市场规矩，爷爷你不能不收。

这是茂德公此生挣到的最大一笔钱，也是最轻松的一笔钱。过去他十年辛苦也没挣这么多。

在陈宇看来，用爷爷的名字做商标，也是他表达孝道的一种方式，他挣了钱就想孝敬、回报爷爷的，两全其美。而肥水没流外人田，也算是中国农民的意识。

后来有记者问茂德公肖像使用费的事，他对记者说是得了 4000 元。茂德公明明得了 5 万，怎么说是 4000 呢？我们再问茂德公时，他说他“打了埋伏”，原因是“怕露富”。他一直忘不了自己青年时梦想当地主，那个想富之梦被土改的枪声打破。古人也有“富为祸所伏”的说法，茂德公认取的真理是不能露富。

鸡场第一批“嘉仙鸡”上市了。食品只要沾上“土”字就好卖，嘉仙鸡得到广州市民的青睐，出现供不应求的局面。80 多岁的雷州老农茂德公肖像，成了嘉仙鸡的商标。嘉仙鸡的广告语是：“自然长大，自然美味。”随着广告宣传，茂德公肖像频繁出现在广州街头、交通要道、大酒楼门口，还被印在宣传单、菜单、餐纸巾上。

企业的商标可谓五花八门，争奇斗艳，看到茂德公头像，很多人都以为是百年老品牌，不知茂德公是一个还健在的老实本分的乡下农民。一时间，广州城不少顾客好奇地问："茂德公是谁？"有记者注意到这一新鲜的商标，在媒体上介绍了茂德公近况，原来茂德公就是广东老农，生活在雷州半岛。在外工作的雷州人听说茂德公是老乡，更平添亲切与光荣。

老农和老农养的鸡，传递着朴素的信息，给人们诚实、本分、地道等泥土气息，在有形无形之中都奇妙地给了顾客很大的信任度。

做品牌策划，现在陈宇是个有自己鲜明观点的人了，他认为："老板可以不出名，品牌一定要出名。"他还认为，企业甚至是躲在品牌之后的，而老板更是躲在企业之后。他把出头露脸的事给了茂德公，这是把荣誉给了农民，自己则躲起来偷着乐，这情形让他感觉有点童年时捉迷藏的味道。做企业这么做，似乎就有点境界，甚至有点"仙气"了。

有了回归家乡，把家乡的资源用起来之后的考虑和实践后，陈宇仿佛突然走到了一个思路大开的时期，哲学上把这样的时期称"质的飞跃"，由此也把陈宇"这一代"的优势相当充分地释放出来了。证据之一就是：陈宇在把思路回归到农村后，接着就将农村和大城市联系起来思索，具体的实践是，不仅在足荣村建立了嘉仙鸡山林放养基地，并在广州番禺建立了一个占地180多亩的产品加工配送中心和培训基地。在这基础上，又开始涉足餐饮业。2002年半年之内，陈宇在广州开了以"嘉仙鸡"为品牌的三家大餐厅，五家嘉仙鸡连锁店，给嘉仙鸡创造出一个良好的销售平台。"嘉仙鸡"也从一个单一产品的品牌，发展成为餐饮行业的一个行业品牌。由此，陈宇也宛如在雷州半岛偏僻的农村同家乡人眼里的大都市广州之间，架起了一座桥梁。

茂德公家人能切切实实地看到，他们在足荣村的山地里放养的家乡鸡，是怎样跟广州人的生活有关系。尽管"茂德公们"还不一定充分意识到，这样的"关系"不只是"我们乡下人养的鸡供给城里吃"，而是在改变城里人"吃"的品质。西方的科技文明教给中国人养的鸡是"坐监狱的鸡"，是带有"科技含量"的添加剂催肥的非自然的"无机的鸡"。无数的城市人，即使是深知此种"饲料鸡"不好的高级知识分子也不得不吃这种失去自然品质的食物。如今大部分乡镇的农村人也在吃这种鸡。谁都知道，这种鸡放到水里煮，不仅很快煮烂，而且皮肤呈不完整的破损状态，鸡汤是混浊不清的。而土鸡煮熟后，汤液清纯，皮肤完整，并可见清晰的机理严

茂德公头像图　在茂德公头像商标中凝聚着祖孙三代的奋斗，你仔细观察，会发现，这其实是联系着传统和当代的一个了不起的象征。

密的鸡皮疙瘩。怎样的食品养育怎样的人，今天越来越多肥胖的人，甚至过早发育的孩童，并不都是所谓“吃得太好的富贵病”，而是许许多多的食品，从蔬菜到肉蛋奶，都在运用“科学方法”的过程中失去它们天然的品质，从而改变中国人身体的品质。这里所以强调“中国人”，因为在过去的几十年间，中国人在发展市场经济中应用科技手段改变传统养殖、种植方式，以致失去食物的天然品质，在全球几乎是最突出的，埋伏着对中国人健康的巨大威胁。所以，陈宇回乡汇聚三代人放养自然的家乡鸡，我们不认为这只是一件关于如何赚钱的经济事件。

我们认为，这件事还太少太少的人去做，这件事也很难想象由大都市的人去做，要改变如今几乎举国的中国人都在吃“无机食品”的状况，恐怕再过三十年，甚至半个世纪，都很难很难。

所以，茂德公三代人做的这件事——也许他们自己并未意识到有这么重要，但我们认为——非常重要、非常宝贵！所以我们写下这个“茂德公嘉仙鸡”的故事，不是赞扬他们养鸡致富，而是记录他们以中国农民重视自然的方式，抵抗西方科技文明教给我们的像关押集中营犯人那样的养鸡方式，客观上在为自然有机食品的回归尽点力。

不论他们自己意识到什么，足荣村人意识到什么，茂德公家在雷州半岛自然的天空下做的这件事，对整个足荣村人也在产生着深刻的影响。

有一次陈宇请爷爷到广州旅游，在嘉仙鸡酒楼用餐。

酒店里挂着很多茂德公相片。茂德公一进来，有的客人就认出他来，高兴地说："茂德公来了！"

不少客人围观过来，茂德公觉得奇怪，有些不好意思。饭局间，茂德公上洗手间，发现印着他照片的餐巾纸包装袋，被客人扔在塑料桶里，心里很不舒服。农村人敬惜字纸，宁可用树枝刮屁股，也不能用有字的纸，若用有字的纸擦屁股那是对孔子的不敬。茂德公从卫生间出来，就吩咐孙子不要把他的像印得太多了，弄得到处都是，这不好。

陈宇一边点头表示听到了，一边想这是不可能不印的了。茂德公头像，如今已成为珠三角脍炙人口的名品商标。回乡办天然的放养土鸡场，只是陈宇回乡创业的第一步。下一步，"茂德公"这三代人还将创办起"足荣村工业园区"。

凝聚在"茂德公头像"商标中的三代人的奋斗，你仔细观察，凝神细想，会发现，这其实是联系着传统和当代世界的一个了不起的象征。

2　回乡办工厂

很多人对生于斯，长于斯的故乡，有一种特殊的依恋。即使你离开家乡后再也没有回来。可能是一条小溪，一个古井，一棵樟树，会突然出现在你的梦中，令你难以忘怀。家乡故土，是多少人出发的起点，也是多少人归来的终点。

陈宇有浓厚的乡土情结，或许还因为在北京上过大学，目睹了"大都市的繁华"和"家乡茅屋群构成的贫困"……审视他的举动，该把他回乡办产业描述为"试图回报家乡"，还是别的什么？但可以肯定，他性格中有一种很要强的东西，他不认为"落后的农村无用"，他相信农民不比谁差，诚实、本分就是最好的东西。

不少媒体说陈宇回乡办厂是"回报家乡"。有人举例说，诸葛酿酒的包装，在足荣村，从雷州半岛运出去，这要增加很多运费。在离广州近的农村搞个包装酒的工厂，不是可以节省很多运费吗？陈宇怎么这么傻呢？陈宇坚持把厂办在足荣村，就是为了让家乡人有这份工作，不要都是外出打工。

我们感觉，如果说陈宇这些举措只是为了回报家乡，是不够的。我们看到，陈宇运用了家乡多种自然资源，包括劳动力资源，这里有“共享”的很大好处。这里还有建设家乡的远大理想——确实是远的、大的理想，如果你80岁、90岁的时候，再看家乡，回首自己一生对雷州半岛上的家乡的建设性贡献，你会为自己没有把大把大把的投入和奋斗丢在广州郊区而非常自豪，这样的选择中是有智慧的。所以，我们想，如果说陈宇的这些作为只是回报家乡，或者说是为了回报家乡，都恐怕掩盖了他回乡谋求发展的智慧性。

打一个不大合适的比方，假如诸葛亮与刘备是四川人的话，我们若说诸葛亮指导刘备入川是为了回报家乡，那就会抹杀了诸葛亮运用蜀地资源的智慧性。

不管怎么说，在很多人认为农村没有前途，农村落后，农村贫乏，而纷纷背井离乡外出打工的今天；在很多农村出身的大学生毕业后在城市漂泊，找不到回家的路的今天……陈宇的意义，不只在于“回报家乡”，而是看得见家乡有种种宝贵的资源，并懂得运用这些宝贵资源。所以，我们不惜夸张地说，懂得创造“诸葛酿”品牌名酒的陈宇，他的智慧，值得很多大学生、很多农民兄弟姐妹借鉴。可以说，懂得运用家乡历史的现实的种种资源的人，是世界上最有前途的人。

此时，陈宇在计划开办食品包装厂了，他再次选择了在家乡兴办，因为家乡有便宜的土地，有媒体所称的很多“富余劳动力”，确实没有比在家乡兴办更好的地方。

还有一个客观因素：自从陈宇在顺德办企业后，家乡人从雷州半岛远道来找陈宇的人增多了，许多人的目的就是想在陈宇的企业里找个“饭碗”。陈宇讲义气，有乡情，属下的企业也要用人，常常就用了他们。

但是，陈宇很快发现，他满足不了乡亲们的求职要求。雷州家乡的农民，文化程度不高，又无一技之长，自己虽有心安排，但没有适合他们的岗位。如果把工厂办到家门口去，这样村里人不用离乡背井，就可以在工厂打工，还可以顾及家中的农活，这岂不好吗！此种情形也是促使陈宇回乡办厂的原因之一。

把一个愿望写在墙上，勉励自己，召唤大家 “富而思源匹夫有责报乡梓，与时俱进众志成城奔小康。”这是陈宇自撰的一幅对联，连同一句“有益家乡发展的事多做一点”，都大大地写在足荣村茂德公企业的墙上。如果只把这看作“回乡创业”是不够的，这是一个组织乡亲共同创业建设家乡的故事。

当然，如果产品的终端主要是在广州市场，那么从雷州半岛到广州够远的，把厂办在家乡足荣村，这会增加运输成本，减少企业利润。但是，这个厂是办在家乡，这里有一种很大的吸引力。

陈宇有这样一个观念：“作为商人，利益不一定要最大化，利润合理化是最重要的。回乡投资，能为家乡发展尽上力，能看到乡亲们有工可做，心里是快乐的。”陈宇这话，也应看作是他真实的心理愿望和感受。

2003 年，足荣村有史以来有了第一座工厂。陈宇在足荣村开办的食品包装厂，在村民欢呼声中诞生了，由此安排了足荣村 200 多人就业。

中国农民如今要从农村走出去，并不困难。读书、当兵、打工，都可以走出去，两手空空都可以完成你的长征，奔向皇城根儿，闯荡天南地北，甚至走出国门。

出去容易回来难。如今农村人走出去了，返回农村才难。

茂德公感叹地说：“大家都进城了，不想留在农村了。”

农村前所未有地冷落。很多乡村，还在田间劳动的只有妇女、老人。留守山村的被人们戏称为“386199部队”，这个“番号”每两个数字代表的是妇女、儿童和老人的节日。

妇女劳动负担重，且精神上很孤独；留守儿童缺少父爱、母爱；老人晚年也很凄凉，境况令人堪忧。在这种情况下，陈宇回乡创业——不论我们是否描述他“回报家乡”——意义都是非常巨大的。虽然足荣村还没有别的企业，但陈宇心中足荣村的未来是有蓝图的，这蓝图是有规划的，所以他建的第一个厂就在与足荣村共同规划的“工业园区”内。2004年，陈宇又在足荣村工业园投资600万元，兴建食品厂，研发生产香辣酱，就业人数增加到四五百人。

香辣酱的原材料辣椒，就产自家乡的山地，这是把家乡贫瘠的土地、把未能进工厂的农业劳动力也开发出来。香辣酱厂与先办的包装厂连成一片，在距离村庄不到一公里的地方。工业园区占地面积约200亩，宽阔的园区内，新建的办公楼，生产车间、仓库布局合理，还建了两个篮球场。

在车间的外墙，写着通墙的大标语：“有益家乡发展的事，多做一点。”两边配有陈宇自撰的对联：

富而思源匹夫有责报乡梓
与时俱进众志成城奔小康

另一面墙上，绘有足荣村前景规划图，旁边用黑体大字说明。

这似乎可以是陈宇“回报家乡”的一种证据。但我们更愿意看作这是对每个足荣村人的召唤和勉励，因为今日中国农民的年轻一代，有点能力的往外走，在精神上难以自信的实在不在少数。而中国农民仍是中国人口的大多数，这拥有大多数人口的农民，很多很多人难以感到自己有地位、有能力，缺乏自信，岂不是国之大事吗！呼唤穷乡僻壤的农民建设生养自己的家乡，“匹夫有责报乡梓”，这事太有意义了。

足荣村工业园区研发生产的香辣酱，仍然用茂德公之名，称“茂德公香辣酱”。这“茂德公香辣酱”系列产品有南派香辣酱王、香辣鸡丁、香辣豆豉、香辣牛肉、香辣鱼块、香辣鱼仔等六个主要品种。香辣酱以植物油、红干椒、大蒜等为原料，采用传统工艺和现代食品技术有机结合精制而成，具有香辣可口，味道自然，辣而不爆的特点。

雷州一带有几十万亩辣椒生产基地，辣椒原是雷州北运蔬菜之一。香辣厂原料充足，从外运辣椒到外运辣酱，是农业资源品牌的工业化升级。

对足荣村来说，这里建的不仅是一个工厂，而是村民致富的希望。原先村民除了下地种庄稼，还能干什么呢？ 如今，足荣村工业园区的职工，大部分是本村和附近村庄的青年男女，打工不离乡，亦工亦农。特别是足荣村的职工，最满意的是工厂建在家门口，三餐都可以回家吃饭。家有婴儿的妇女，车间还安排她们在上班的中间回家喂奶。

妇女们说：“这真是太好了！”

农忙期间，员工可以请假，回去做农活。

工厂实行底薪与计件工资相结合的办法，多劳多得，一般员工月工资都超过千元。如果进城打工，要考虑住宿费、水电费、暂住费、往返路费等等，再说一外出打工，家里的农活全丢了，再也顾不上。

出门万事难。如果不是想挣点钱，谁愿意背井离乡？家中有自己的妻儿老小，村中有自己的亲朋好友，走得再远，家乡永远是心中的牵挂。如果力气都用于建设城市人的家乡，中国农村岂不是永远凄凉吗？如果力气用在建设自己的家乡，家乡总会一天天兴旺起来，繁荣起来，即使没有城市的摩天大楼，但我们这儿的空气一定比城市的好！陈宇在用逐步发展中出现的变化，为家乡人勾画理想，建设志气了。

你看，足荣村有的一家多人在园区内打工，或是兄弟姐妹、或是夫妻。辣酱车间主任陈小彪一家有三对夫妇，加上父亲共七个人在工厂打工，每月从工厂里获得收入一万多元。往年足荣村人进城打工，尽干那些城里人“看不起、吃不消、又少不了”的事儿，超负荷劳累，一个月也不过挣千把元，现在不出村庄一个月也能挣个千儿八百，何必再出去呢？回乡上班的人多起来，村庄也渐渐恢复了从前的人气，而且远比先前更热闹了。

陈宇回乡办厂，茂德公在心里也暗暗担心。这孙子哪来这么多的钱，来路正不正？儿子陈英昌告诉他，这钱不都是自己的，有银行贷款来的，这叫经营。是经营，不是金银。陈英昌告诉父亲茂德公，孙子经营那钱是正当的，你可以放心。茂德公空闲时喜欢坐在一个路口，笑眯眯地看着村里人到工厂去上班。但不定何时，茂德公仍然会深深地皱着眉头，不知他在担心什么。

3 从农民到厂长

自足荣村工业园开创以来，陈宇的父亲陈英昌挑起了工业园管理的重担。他一心扑在工地上。在他看来，儿子的事业就是他的事业，他不帮谁帮？工厂投产后，他又全身心地负责厂里的具体事务。这是一个从农民到厂长的过程，陈英昌的角色发生了重大转变。

办工厂对陈英昌来说，是个新课题，但他很快从外行到内行，从不懂到懂，到精通。年过六旬的陈英昌，像年轻人一样，精力充沛，说话中气十足。他穿着朴素随意，生活也不讲究，吃饭风风火火，不喝酒，三下五除二，别人抽支烟的工夫，他已经吃完下桌了。

他每天早早就从家里开车到工厂，厂里有许多具体事务等他拍板。找他的人一拨又一拨，他整天忙于签单，盖印，协调，边接电话边批条，忙得不亦乐乎。还有直接找他要现金的，成捆成捆的钞票付出去，既痛快又爽快。有时他也会感慨地说一句："就是有三头六臂也忙不过来。"急起来，他说话的声音便粗起来。

陈英昌逐渐明白管理现代企业不是靠体力，而是靠头脑。如今是信息时代，不懂互联网就落伍了。62岁那年，他学会了用电脑，经常在网上看新闻、看股市、看基金等相关信息，给自己"充电"。厂里年年订《参考消息》，陈英昌特别喜欢看新闻，称得上"家事国事天下事，事事关心"。

陈英昌有个好搭档，叫董可明，来自江苏，员工都叫他"董厂"。董可明早年是国营厂的厂长，一个企业管理行家。从工厂征地开始，他就来到足荣工业园，发挥他的聪明才智。董可明是足荣村长住的第一个外乡人，如今他专管生产业务，十分重视把好产品质量关，把香辣酱做到极致，还

迈进信息时代的陈英昌 陈英昌挑起了管理足荣村工业园的重任。光用“从外行到内行，从不懂到懂”是不足以评价他的。他很快就明白了，管理现代企业，靠算盘、靠自己的头脑都是不够的。他学会了用电脑，常上网看新闻、看股市、看商品及其价格等相关信息，这是陈英昌开始迈进信息时代的标志。

不断在新产品开发上动脑筋。这让陈英昌省了许多心思，只需把精力专门用在工厂的人事、资金往来等管理上。

在陈英昌父子、董可明等人努力下，茂德公食品有限公司如今拥有一支食品研发队伍，建立了现代化生产线。传统工艺和现代生物科技结合得相当不错。

陈英昌精明、务实、干练，对事业充满激情和信心，“不怕，不怕，车到山前必有路。”遇到困难时这是他的口头禅。了解他的人会说，陈宇的激情和自信，就来自他老爸的遗传。

但从外表看，陈英昌不像老板，外面来的人往往认不得他。有一次，一拨人在办公室里吵吵闹闹，陈英昌进来说：“有话坐下好好说，别叫喊。”

“你是什么人，要你管？”

“我在这里，里里外外全部管，有话对我说。”

来人一惊，这才知道他就是厂长，是老板，拿钱要他签字才行，口气一下子就软了。

陈英昌治厂善于把复杂的东西简单化，这其实也是中国农民的智慧。处理问题以人为本，重在乡情人情，他因而深得员工拥戴。在进人的问题上，能照顾的他都尽量照顾。他认为安置一个人，就可以给一个家庭带来希望，给今后的日子带来崭新的安排。再说，会找他的人，也都是乡亲。

有个四川驾驶员大老远运货到厂里，厂里卸货的农民工嫌天太热，不愿干。偏偏这位司机家中老母病危，得马上返回，在车边急得团团转。陈英昌知道这事，马上说："每箱加一毛钱，你们加班去卸了。"如果按工厂的计件工资，卸一箱就一毛钱。陈英昌认为花钱事小，行孝事大。

平日厂里有人生病或遇意外之事，陈英昌只要知道，都会关心。车间主任陈勤的女儿小腿被开水烫伤，在龙门医院住院。陈英昌、董可明听说后，立即抽时间赶去看望，送上慰问金。有一次，工厂的员工在外面被一群小混混蛮横无理地打了，陈英昌赶去，叫人赶紧送医院包扎医治。

女工连三妹，在操作机器时左手 4 个手指被机器轧烂，十指连心，她痛得昏死过去。陈英昌闻讯急忙赶到现场，指挥车辆人员将她急送大医院抢救，同时派人通知她的家人。此前陈英昌并不认识连三妹，经了解才知道她是乌石镇东洋寮人，父亲在她很小的时候就去世了，她靠母亲抚养成人，在家中排行老三。初中毕业后，她到工厂来打工，没多久就发生此不幸事情。

连三妹在医院抢救醒过来后，陈英昌当即拍板："在我的厂里出的事故，我们会负责到底。"当时三妹四个手指全碾烂了，无法再植，工厂负责了全部治疗费用，并发给误工费、营养费等。这是足荣工业园建厂以来第一件大的工伤事故，此后工厂注意员工上岗培训，加强安全生产教育，至今没有再发生过类似事故。

三妹也因这一事故改变了她的人生。伤愈后，她先被安排到员工食堂做些轻活，后来调整到仓库做管理员。三妹好学，陈英昌又送她去学电脑、学开车，还花一笔钱给她安了个科技含量颇高的假手。如今她在工厂行政办公室工作，管理厂里的考勤，制作员工工资表，还兼任纸箱车间外销出纳。陈英昌妻子符木荣十分同情三妹这个苦命的女孩，待她像亲闺女一样。

陈英昌、陈美昌兄弟情同手足，弟弟陈美昌是他管理工厂的得力助手，主管采购，工厂需要什么，什么东西该买，什么东西可以省，由他把着关。大家都叫他“祥叔”，也有人开玩笑叫他“八贤王”、“八王爷”，从这外号可以知道他在厂里的地位举足轻重。

陈英昌的小姨、大姨，还有二妹妹，都在厂里像普通员工一样干活，至于其他亲戚就更多了。

陈英昌有中国农民的精明和智慧，当过村主任，是个乡村能人。管理一个工厂，同时还管理着养鸡场，琐事繁多，他能删繁就简地处理。为工作方便，陈英昌买了一部轿车。当他第一次开着自己的新车时，和着车上播放的音乐，在方向盘上打节拍，百感交集。40年前，陈英昌就是足荣村第一个开拖拉机的人。那时，他就想过有一天要开汽车，年轮驶过40年，这一愿望没有落空。

2010年，在雷州市工会召开的第十一次代表大会上，陈英昌荣获中共雷州市委授予的雷州市“十佳劳动模范”光荣称号。身披大红彩带、胸戴大红花的陈英昌，满面红光，高兴地登上了主席台去领奖，激情与笑容在他脸上荡漾开来。

从农民到厂长，陈英昌角色变了心没变，他依然穿着随便，不像厂长像农民。或许该说，他始终就是一个中国农民。

4 醉翁之意本在酒

对茂德公香辣酱的营销，陈宇十分用心，动了大脑筋。要选择一句什么样的广告词才能吸引广大消费者的关注？

陈宇得空喜欢和朋友聚聚，品茶喝酒侃大山，在朋友们无拘无束的聊天吹牛中汲取大家的智慧。说起茂德公，“公”字突然跳出来，最初的创意是“辣酱还是阿公的香”，去掉“阿”字，简缩成“辣酱还是公的香”，意思就变了，变得挺新鲜，很另类。大家都说就用这句话做广告。

当“辣酱还是公的香”第一次出现在广州公交车上时，不少人看了确实要把眼睛停在那广告词上琢磨：难道辣椒也像鸡鸭一样有公、母之分？

能让人琢磨的广告就会让人记住。

能让人记住的广告就是成功的广告。

广告语的独特性非常重要，讲的就是“出其不意”。多人疑问也多人能解，知道内情的人都好为人师，乐于向人解释：“公”是茂德公，讲的是辣酱还是茂德公的香。

配合“辣酱还是公的香”的广告语，陈宇选择三个少女作为广告模特。“辣妹”吃“辣酱”，辣妹漂亮的脸庞，嘴唇上长着两撇“红辣椒胡须”，如此热辣少女，同样让人过目不忘。

当茂德公香辣酱广告在珠三角城市涌现的时候，“只闻其声，未见其货”，很多商店还没有茂德公香辣酱出售，比如广州白云国际机场到处可见茂德公香辣酱广告，过往客人想尝尝到底什么样的辣酱“是公的香”，却没处买。

“千呼万唤始出来”，“犹抱琵琶半遮面”，这是陈宇的营销策略。时值金融风暴，经济危机，很多企业都不得不裁员，陈宇却投了 2000 万元打茂德公香辣酱品牌，很多人说：“茂德公是不是疯了？”

陈宇并不傻，他把巨资投在茂德公香辣酱广告上，还另有所图，醉翁之意本在“酒”，他的头脑仍孜孜不倦地用在诸葛酿上……多年来，市场上假冒诸葛酿的问题始终困扰着陈宇。虽然赢了官司，但市场上的假冒产品一直未能杜绝，只是从公开销售转成地下交易。陈宇没有忘记“两年喝倒一个品牌”的警语，怎样才能杜绝假货，他伤透了脑筋。

自从在家乡生产茂德公香辣酱，陈宇就在心中盘算，往酒盒里放打火机、公仔之类礼品，谁都可做，谁都能做，如果把诸葛酿与茂德公香辣酱巧妙地“嫁接”起来，还有谁能仿冒？

陈宇说：“茂德公香辣酱是我独有的，起到识别效果，让那些假冒者干瞪眼，想再假冒难上加难。再说茂德公香辣酱每瓶价格零售价近 20 元，哪个假冒者舍得买来捆绑销售？”陈宇的目的是“独此一家，别无分店”，要让那些冒牌者望尘莫及，无法仿冒，杜绝诸葛酿假冒产品。

有人疑虑，酒和辣酱捆绑销售，没人这么干过，不合规矩。

陈宇说，没人这么干我才干。

世上最大的市场,是吃的市场。千万个家庭餐桌上的东西,吃完又要买。要把诸葛酿和茂德公香辣酱两者“嫁接”起来，还必须有一句话把两者串起来。几经选择，最后选定“吃香喝辣”四个字，陈宇感觉很棒。

以“吃香喝辣”为主题的销售活动，与其说是将诸葛酿和茂德公香辣酱“嫁接”起来，莫如说是将茂德公香辣酱做了“陪嫁”。此种“陪嫁”活动首先在酒楼、批发、零售等经销点展开，消费者只要购买诸葛酿，随酒就赠送出一瓶茂德公香辣酱。

陈宇把这种营销策略称为“反弹琵琶，借船出海”。

所谓“反弹琵琶”，是指把本应投在诸葛酿的广告费集中投放在茂德公香辣酱上，在短期内把茂德公香辣酱迅速打造成名牌，反过来促进诸葛酿的销售。

“借船出海”是借诸葛酿这个老品牌，用茂德公香辣酱取代诸葛酿以往的礼品，可完美防伪，更重要是借助诸葛酿的销售渠道，让更多人第一时间品尝到茂德公香辣酱这一新品。两者相辅相成，其实是一回事。有人为了买茂德公香辣酱，买不到单瓶的，就干脆买诸葛酿酒，得到一瓶“陪嫁”的香辣酱，也挺高兴。

中国素称“礼仪之邦”，有礼尚往来的传统。礼品市场，食品、烟酒、保健品常为人们送礼的首选。恰到好处地选择礼物，并不容易，一箱6瓶6味的茂德公香辣酱,或者买2瓶带香辣酱的诸葛酿,都适合人们选作礼品。

2009年国庆中秋前夕，茂德公食品有限公司在华南碧桂园进行“喜迎国庆，礼享中秋”的主题促销活动，现场热闹非凡，掀起一阵“香辣风”。茂德公辣酱的包装和品质都属一流，数百万计的香辣酱上市，让市面上很多辣椒调味制品起了危机感，开始紧张起来。

茂德公香辣酱在珠三角声名鹊起，其独特风味得到了众多消费者的喜爱，已进驻珠三角的10多个城市，160多家超市，还打入了新西兰市场，荣获新浪广东美食“2009年度最受关注品牌”。新浪网营销中心总经理葛景栋，给茂德公香辣酱的创始人陈宇颁奖。营销部每天都接到许多电话，咨询茂德公香辣酱的代销、批发等事宜,所有这些,都能促进诸葛酿的销售。

“以茂德公命名品牌，就是希望传递出真善美的品牌价值。”陈宇告诉记者，“品牌的最高境界是能激发起顾客心灵深处的购买热情，与万千顾客心灵的沟通和共鸣，才是品牌成熟的标志。无论是诸葛酿还是茂德公香辣酱，我们都始终用心做品质，给予消费者实实在在的产品和服务。”

现在茂德公名声远比陈宇大。在广州街头，随便问100个广东本地人“茂德公”是谁，有很多人会知道是广东老农民，如果问陈宇是谁，保准没人知道。

陈宇最感欣慰的是，自从诸葛酿与茂德公香辣酱联手销售后，假冒的诸葛酿酒渐渐失去了市场。他相信，随着时间的推移，假冒诸葛酿终将绝迹。

5 “吃香喝辣”过大年

随着足荣工业园区一车车香辣酱外运，换回来的是园区的兴旺和员工的笑容，村里的新房也接二连三盖起来。

雷州市委常委陈端是从足荣村走出去的领导干部，对足荣村情况相当熟悉。他说：“足荣工业园是一所学校，又是一个城市文明的榜样。过去农民只是对自己地里长的东西花心思，如今有了商品意识，潜移默化地提升当地农民的素质。”

园区员工多是本地农民，进厂后还带有农民的老习惯。工厂有工厂的纪律，这对当地农民员工无形中是一种教育。园区工会会议室贴着：温良恭俭让，忠孝礼义廉。这是这个乡村工厂的座右铭。村中最明显的变化是赌博的人少了，吵闹的现象少了，家家栽树，户户养花，一个以辣椒产业化为龙头的新足荣正在逐步呈现。

“郎骑竹马来，绕床弄青梅。”青梅竹马是人们向往的爱情。足荣村小，适婚男女青年没有自由恋爱的土壤，到了谈婚论嫁的年龄，都要托媒人到外村去寻找对象。

自从足荣工业园创办后，情况大不一样。因为园区内来了不少附近村庄的男女青年，同在一个车间劳动，互相之间有了接触，情投意合的就大胆开始交朋友。

留在南极冰雪世界的茂德公辣椒酱

有记者报导说："一瓶辣椒酱，改变了一个村庄的命运。"这话是激动人心的。看看留在南极冰雪世界中的茂德公辣椒酱，是不是也让人心里为之一亮。

"月上柳梢头，人约黄昏后。"这些原来只在城市公园才有的情景，开始出现在足荣园区的树荫下，也出现在足荣村的乡间小道上。

工业园区鼓励青年男女恋爱。自园区开创以来，已有 30 多对青年员工成功牵手，喜结连理。有足荣村姑娘嫁出去的，也有足荣村小伙娶外村姑娘的，如今好多对都生育了第二代。陈英昌高兴地说："这也是我们工厂的一大功劳。"

陈英昌说得不错。如今社会并不封闭，可是"剩男剩女"却逐渐成为一个社会问题，园区给青年男女提供了相互认识的平台，岂不是大好事!

由于外来务工人员增多，小村热闹了许多。村里办起了十多个小卖部，三个饮食店，还有了卫生所。

陈宇回乡投资办厂，把家乡的新型产业带起来，这是件有功德的事。有的村民从建厂起就在工厂里打工，原先住茅草房，现在盖起了三层楼房，有的把土坯房翻建成新楼房，类似的村民有四五十户。仅 2009 年一年，足荣村先后盖了 50 多栋新房，房主多是园区的员工。

人民公社时期，足荣村有广播后，村里开会常用喇叭通知。如今用电话通知，或者发短信。因为大部分人家有了电话，很多人有了手机。茂德公也有了手机，是孙子孝敬他的。茂德公一天到晚随身带着那手机，只是不知道自己的手机号，只会接不会打。这样也挺好，你要找茂德公，打他手机他就来了。

陈英昌弟弟陈美昌也是村里的冒尖户。除了在工厂管采购外，他还与人合伙开了一个木片厂，收购桉树打成片，卖给海南厂家造纸。早几年，他就在茂德公房屋对面盖了三层半的楼房。他家五口人，住得很宽敞，冰箱、彩电、洗衣机等家电一应俱全，还买了小车。

小村衣、食、住、行、用等方面都有大变化。陈英昌做自行车买卖的时期，自行车在足荣村还是稀罕物，现在工厂停车处放满了摩托车，几乎家家有摩托车。足荣村因此有了摩托车修理店。汽车、轿车也有好几十辆。

茂德公香辣酱声名在外，小村工业园区在外也有名气，雷州、龙门等地常有人前来参观，有时一天就来三四批参观者。湛江市委书记、市长、副市长，雷州市委书记、市长都曾经前来视察访问，对园区的生产很满意。

村庄的生活在往好的方面变化，传统节日也变得更有意义。年底工厂给每个员工多发一个月的工资作为固定奖金，还发酒、发辣酱，让大家“吃香喝辣”过大年。

足荣园区每逢节日还杀几头大猪，把猪肉切成一条一块，每块一二斤重，在广场搭起大棚，支起大锅，把整块猪肉下到锅里煮。熟透后捞出来放在大箩筐里，能吃的雷州汉子拿起一大块，蘸点料就啃，大块吃肉，大碗喝酒。每次杀猪，园区都不忘把肉给村里的老人和老师送去。

晚间园区大放焰火，在城市司空见惯的焰火，在小村还是很新鲜的大事，全村人都拥入园区观看。园区里有广播，播音员说五光十色怒放的焰火象征足荣园区蒸蒸日上，也象征足荣村欣欣向荣。这一切都让茂德公三代人倍感欣慰。园区事业流洒着他们的汗水，也让大家对茂德公一家刮目相看。

天增岁月人增寿，春满乾坤福满门。新年给人们新的祈盼，是希望与梦想的开端。茂德公三代人在家乡办企业的同时，陈宇在广州番禺，将原来的嘉仙鸡配送中心经一番精心打造之后，成为广州郊野最有乡村特点的私家园林会所，大名就叫“茂德公草堂”。

● 同时期的世界和相关思索

1980年，广东深圳被确定为中国当代第一个经济特区，此后出现了百万民工下深圳的浪潮。深圳之名始于明永乐八年（1410年），因该地有多条纵横的深河沟，广东人称河沟为圳。清康熙年间曾在深圳建边陲哨所。深圳与香港山水相连。在向城市化发展的进程中，深圳及周边的农村创造了世界城市化、工业化和现代化的奇迹，创造这奇迹的劳动者主要是来自全国各地的青年农民。

深圳在成为经济特区之前，国家先设立了深圳市，辖福田、罗湖、南山、宝安、盐田五个区，总面积1952.84平方公里，辟为经济特区的面积是395.81平方公里。但随着改革开放的推进，城市化的进程远不止在特区之内展开。有一个数据可以看看深圳市发展至今在国际上的影响。2009年9月22日在伦敦发布的最新全球金融中心指数报告显示，全球五大金融中心排名是：伦敦、纽约、香港、新加坡、深圳。在2010年9月20日揭晓的排名中，深圳的金融中心竞争力排名第14位，同期上榜的上海列第6位、北京第16位。深圳位居上海之后，北京之前。还有一个数据可以体现农民工对深圳城市化进程的贡献，深圳市已有1200万人，但户籍人口只有170万，至少有1000多万来自全国各地的农村青年，成为深圳市的“无名英雄”。

自深圳成为经济特区后，内地便有“东南西北中，发财到广东”之说。一趟趟“劳工专列”把全国各地的打工仔、打工妹拉到深圳，这对全国改革也产生了巨大影响。经多年改革开放，内地经济也发展起来，“东南西北中，发财未必到广东”。从2004年开始，曾在广东持续多年的“民工潮”变成了“民工荒”。广东提出，要做好农民工来粤就业的服务工作，广东的未来不能再依托于低水平的劳动密集型产业。到2010年，不仅珠三角、长三角等沿海发达地区缺工严重，内地一些省份也出现了结构性缺工。这“民工潮”与“民工荒”，都说明了中国农民工对城市建设做出的巨大贡献。三十多年来，他们是城市高楼大厦、立交桥、高速公路、铁路和机场最重要最吃苦的建设者。

大量农民工进城，也使许多村庄成了“空壳村”，村中只有留守儿童、老人和部分妇女，对农村形成了很大的创伤。城乡差距比从前更大了，特别是那些穷乡僻壤，那里人们的生活，心灵需要的尊严，都沉默在无声的荒凉中……农村靠谁来建设？雷州半岛上的足荣村，就是这样的穷乡僻壤。陈宇回乡，就是在这样的大背景下的故事。

第 9 章

茂德公草堂

中国人所称的草堂，也叫草庐，历史上多为隐者所居的简陋茅屋。茂德公草堂的意义在哪里？难道城市化的进程需要草堂？如果看到当今世界金融危机导致全球经济发生的困境，如果看到曾经被我们大肆模仿的西方工业化时期的发展方式，是怎样像推土机一样把我们自身推进大肆损害资源的深渊……我们看不见花开，听不见鸟叫，只知道拼搏、拼搏，竞争、竞争，赚钱、赚钱，还有GDP、GDP……我们许许多多的人蜂拥地成为生产的奴隶，用自己日夜加班的劳动，用自己的机器，肢解和碾碎我们在人间生活的意义……草堂会给我们一点反思吗？

关公夜读《春秋》，张飞醉酒瞪着大眼骂娘，虽然都是刘备的五虎上将，毕竟儒雅造就云长。苏东坡喝酒、煮肉都可以产出文化来，文化在茂德公草堂是最有光芒的景象。

1 都市里的村庄

这是一片茅屋建筑群，称草堂，却宛如一个茅屋构成的村庄。驱车来到这里，你可能惊讶，即使这里是广州城郊，怎会有一片这么大的地方用来盖茅草房？其实，这里是广东番禺化龙镇明经村的地盘，早先陈宇租赁来做嘉仙鸡配送中心，后改建为茂德公草堂。这片茅草屋却是一个旅游休闲的高档会所，也是樟树湾集团对外开放的一个窗口，一张关于雷州半岛足荣村农民的最好的名片。

走进茂德公草堂，会立刻感到十分亲切。大门左侧路边散立着十块大石头，每块大石头上刻有一字，合起来是浓缩中华民族传统道德的十个大字：温良恭俭让，忠孝礼义廉。一眼看去，让人精神为之一振。

说起草堂，陈宇如数家珍。主要建筑群有德居、三贤堂、棠堂、耕读斋、康庐、躬耕园等。所有房屋清一色用茅草、稻草作顶。看似茅屋，又与农村茅屋大不相同。每个草屋顶形状各一，具艺术观赏性。屋顶盖了三道：防水层、防晒隔热层，最上层才铺上厚实的茅草，比盖水泥屋顶还麻烦。茅草在这里，可以遮风挡雨，更是返璞归真的形象。它憨厚地沉默着，不仅勾起城市人怀旧思乡的情感，还可能给人一种苦尽甘来、居安思危的启示。

草堂静悄悄的，不是没有客人，是地方太大，客人都不知道藏到哪里去了。茂德公草堂的静，与广州城里的喧嚣形成了强烈的反差。

“德居”是草堂的客房部。大门外悬挂着陈宇自撰的对联：“德厚可载物，居先能容人。”外表看去是一排尖顶茅草屋，内部装饰却极其豪华古雅，有人誉之相当于五星级酒店，其实因凝聚的文化内涵有很大差别而不好比。

茂德公草堂德居一角 茅草在这里，既可以遮风挡雨，更是一种返璞归真的象征。它憨厚地沉默着，不仅勾起城市人怀古思乡的情感，还可能给人一种苦尽甘来、居安思危的启示。

但如果说这是世上“最豪华的茅草屋”，大约可以。最豪华的叫“阿公房”，也有人说它相当于豪华酒店的总统套房。那些大酒店的商务套房,这里叫“阿嬷房”。雷州人称爷爷为“公”，称奶奶为“嬷”。

也许，生在足荣村茅草屋里的陈宇，童年时梦想过这样的茅草屋？阿拉伯人在沙漠中梦想的宫殿是非常美丽的，因那梦想，才有阿拉伯神话。而且，阿拉伯人一旦有能力，确实会把他们的梦想变成现实。现在，我们所见的茂德公草堂，是雷州半岛先民的梦想吗？或许可以说，它是出现在广州城郊的雷州半岛足荣村神话。

还说德居，推开厚厚的房门，一股普洱茶特有的陈香气息扑面而来。原来内墙壁是以普洱茶砖砌面的，梳妆镜、衣柜门都用不同花式的普洱茶砖镶边。同其他宾馆有所不同的是，墙上挂的字画都是名家真迹。房中立有藤制书柜，里面陈列着古今图书。卫生设备也别出心裁，整块大石头雕琢成的洗手盆、竹筒制的淋浴出水口。与现代大酒店更不同的是，客房连通一个独立的后院，院子里花木青翠，鸟叫蛙鸣。

陈宇说，住任何一个五星级酒店，上有人，下有人，只有草堂每个房间是独特的，上看天星，下接地气，老一辈人认为只有与地面接触，沾沾地气，人才有精神，只有能吸收天地灵气的房子才是最宜居的房子。

步入“三贤堂”，文气扑面而来。孔子弟子三千，贤人七十二，“三贤堂”之三是泛指。陈宇说将这里命名为“三贤堂”，是希望聚集社会贤达、名流雅士之灵气。堂中挂一幅“道”字榜书，出自挚友书法家高凯的手笔。

何谓“道”？君主有治国之道，黎民有生存之道，商人有生财之道。道法自然，天地万物之源头，古往今来之嬗变，盛衰祸福之演化，均蕴含其中。中国最古老的哲学思想，在草堂散发着千古芬芳。

有人称草堂为“都市里的村庄”，草屋、泥砖、庄稼、农具唤起人们的乡村记忆，走进草堂，感觉就像走进中国乡村。

用竹篓、竹匾装饰的大龙门，镶有铁板铜环的古式木门，门口放着从家乡雷州购来的镇邪避灾、保境安民的雷州石狗。屋内陈列着农村式样的古董家具，八仙桌、太师椅、新嫁娘礼盒、食盒、箱柜等。抓鱼的大“鱼鼓”倒挂，就成了大厅别有风情的大灯罩，旁边配列小鱼篓串灯。老渔船木改制的沙发和座椅，大树墩做的圆桌，配着小树墩做的矮凳。房前屋后有意无意地摆放着农家用具：锄头、锄耙、斗笠、水缸、水桶、酒坛、酒瓮、石凳、石磨、磨刀石、竹搭晾衣架……在农村生活过的人，看见这些农村农具、用具，身临其境，格外亲切。

草堂小桥流水，曲径通幽，古树名木点缀其间，到处浓荫披洒，到处是醉心的绿。小路边翠竹婆娑，玫瑰、紫薇、三角梅盛开，土墙上攀依着绿油油的爬山虎……这些花草绿树，在草堂自然生长，不像公园里那样刻意修剪，显得更有几分乡村野味。茅屋外绿化的樟树、大树菠萝、剑麻、竹子都是陈宇从千里之外的家乡雷州半岛远道运来，仅樟树就有 70 多棵。

“家乡的树种，植根在草堂，让我有回家的感觉。”陈宇说，“在草堂，草随意长，花随意开，鸟随意叫，这种生命的形态，自然逍遥快活。”

草堂内各建筑的名称都别有文化味道，标准间不叫标间，叫隐士房，让人一听就有当一回林泉隐士的神秘感。停车处叫停轿处，让人联想古老岁月里的八抬大轿。水塘边上搭建的许多平台，叫“亲水平台”。小卖部高扬着古代酒幌般的黄旗，叫“味道铺子”。客人用餐全在独立的小包房，分

三贤堂夜色 孔子有弟子三千，贤者七十二。“三贤堂”的“三”为泛指。陈宇说将这里命名为“三贤堂”，是希望会聚社会贤达、名流雅士之灵气。

别用樟树湾、南渡河、乌石港、流沙港等命名。熟悉雷州的人，知道这是陈宇老家的地名。不知者好奇发问，服务生也就随机宣传了雷州。

菜地叫“绿园”，又叫“躬耕园”，其名源于诸葛亮《出师表》：“臣本布衣，躬耕于南阳，不求闻达于诸侯。”这是草堂供客人种菜体验农家情趣的地方。如果你愿意，可以在草堂租种一块菜地，领个《土地租用证》，同时获赠使用住房、康庐养生券、钓鱼券、餐券等一些物有所值的配套服务。

躬耕园中大部分菜地都被人认耕插了牌，牌上写道：罗伯菜园，徐爷自耕，黎家菜地，亨氏早教，国康耕种等等。草堂的龙眼树，有些也挂牌“卖”给了城里人。买主闲暇日兴致勃勃地与家人一起来施肥、剪枝。龙眼熟了，全家来摘采，享农家收获的喜悦，寻找与大自然亲密接触之乐。

大红灯笼是草堂一大特色。灯笼造型是圆柱形的，上印有“茂德公草堂”五个宋体字，高贵典雅，古色古香。这种造型灯笼，顾客在反映明清往事的电视剧中见过，常悬挂于达官显贵门庭，上写“某府”字样。草堂每座建筑的大门后门，林间小道边的大树上，都高高挂着红灯笼，还有一条挂着数百上千个灯笼的灯笼街。入夜，四处大红灯笼把草堂映照得红彤彤的。

草堂占地 180 亩，我们随陈宇走了整整一下午，有些地方还没走到。主人特意从我们曾合著的《休息的革命》书中摘出若干话语，写在小木牌上：“找回我们的故乡”，“大块文章从雅作”，“清风明月入怀来”……与草堂环境相衬托，平添几分诗意。

草堂内的乡村生活气息 农村那些司空见惯的土东西，搬到这儿，立刻就显得身价不菲，让你瞬间感到点石成金般地神奇起来。

初识陈宇，他以“欢迎晚宴”接待我们，并告诉我们：“欢迎贵客，都在这里举行晚宴。”

这里是棠堂外的水上T形舞台，欢迎晚宴就在此举行。舞台周围全是莲塘荷花，中间别具匠心地搭建起一个宽阔的水榭楼台，可以表演舞蹈、雷歌、武术、时装秀等节目，又可设席畅饮。

明月在天，古筝、二胡、洞箫，优雅的广东民乐轻轻奏起。“草堂私房菜”阿公瓮鸡、阿嬷四宝、太极双蔬、吃香喝辣、草堂嫩草等美味菜肴接连端上来。黄色的餐布，这是过去皇宫和寺庙使用的颜色。喝茶杯子口高低边，高的一面正遮着鼻子，就像戏台上用水袖遮住鼻子喝水，免得两个鼻孔冲着对方，这是中国先民讲究的一种文雅。宾主频频举杯，其实不在乎吃，在乎情调，更在于回顾乡村文明，在于“温故知新”。

席间，陈宇津津乐道，继续介绍他的作品——草堂。

谈到草堂名称的由来，陈宇说：“名字不用农庄，农庄到处有，度假区也多。我想到家乡的茅草房，从茅草房想到成都的杜甫草堂，又想到爷爷茂德公，茂德公草堂这名就是这么来的。”

他还说：“建草堂，最初可能有游子思乡的因素。接着，就明确地想把对雷州家乡的深刻记忆整理出来，再现在这里。建成后办公也可以，招待客户、朋友也可以，做着做着，就成为现在这个样子。”

“我自己提设想，提理念，专业设计师靠连君、韦文生等朋友帮助我实施，大家边盖边想边完善。”陈宇显出几分自豪，“我的草堂我做主。我在这里

奥运柔道冠军冼东妹带孩子来草堂体验农家情趣 草堂里有菜园，又叫“躬耕园”，其名源于诸葛亮《出师表》：“臣本布衣，躬耕于南阳，不求闻达于诸侯。”这是草堂供客人种菜体验农家情趣的地方。

才是主人，一出到外面，就可能会变成孙子。”

陈宇这话，显然比端上来的菜耐人寻味。看他说“我的草堂我做主”那神情，自豪是真的，但话音刚落，转瞬就变了，变出“孙子”来。这不自豪的后句，似乎才是陈宇这句话的核心。一个文明社会的市场经济，是须臾都不能缺乏公正的负责任的市场经济管理体制和公务员的。中国目前市场经济状态下的管理体制队伍，包括工商、税务、卫生、防疫、消防、物价等方面的监督和管理，都极其需要公正的不以权谋私的公务员，但是现实队伍中的部分公务员距离规章制度的要求，非常遥远。令人忧虑和愤怒的腐败，已经不只是少数领导干部，而是蔓延到许多普通公务员身上。所谓“法不责众”，当很多从事市场经济上层建筑管理工作的公务员遭到腐蚀，则一个社会的“公器”就岌岌可危。陈宇算得上够有性格，够有个性的人，但他走出草堂得变成“孙子”，这不是一句玩笑的话，是一句辛酸的话。当陈宇变“孙子”时，“爷”是谁？是某些穿着庄严的制服，掌管着国家“公器”的人。其严重性还在于尚不知何年可望扭转。如果说陈宇说自己“一出到外面，我就会变成孙子”，是一句批评，那也是典型的中国农民式的批评。他们将自己心中的愤怒，将自己想表达的严厉的批评，仍然化作“一家人”的关系，自称“孙子”，期望“爷爷”改变工作作风，这样我们“一家人”才都有好处。

陈宇的朋友陈文写有多部文学作品，他说：“陈宇这个人求异心理很强，不肯人云亦云，干

草堂水上T形舞台 舞台周围全是莲塘荷花，中间别具匠心地搭建起一个宽阔的水榭楼台，可以表演舞蹈、雷歌、武术、时装秀等节目，还可设席畅饮。

什么都想与众不同。”陈宇调侃自己的理想生活是“三胡”：“一是胡思乱想，二是胡说八道，三是胡作非为”。

不管怎么说，如今有能力造一个豪华大草堂的人，肯定有很多，但真正舍得花钱去做、能做得像茂德公草堂这么有乡村文化情怀、中国文化品位的恐怕不多。中国古人有句话说：“非取法至高之境，不能开独造之域。”用这句话来礼赞茂德公草堂，大约是可以的。

千年前杜甫因战乱流落成都，在友人资助下，建个简陋的草堂以寄身。“但有故人供禄米，余生此外更何求？”这是杜甫落魄时的心声。如今的杜甫草堂，诗情画意，文气升腾。茂德公草堂与之相比，多了几分乡村野味。草堂像农村，又不像一般农村那样寻常。农村那些司空见惯的土东西，一搬到这儿来，就显得身价不菲，会让你瞬间感到点石成金般地神奇起来。中国乡村文化在这里升华，让人感到光芒四射，心情高旷而舒畅。

我们相信，有什么样的人，就有什么样的草堂。

草堂耕读斋 茂德公曾祖福源公居住的茅屋门楣上就有“耕读人家”四字，如今茂德公草堂内建有一座“耕读斋”。中国万古文化，薪火相传。本书作者说，在茂德公草堂里，我们感受一种震撼，这或许是我们心中与中国文化发生了强烈呼应，或者说共鸣。

中国万古文化，薪火相传。儒家的舍己，道家的无为，佛家的无我……在此共同回荡着。在茂德公草堂，感受到一种震撼。这或许是我们心中与中国文化发生了强烈呼应，或者说共鸣。

今日中国的西化，其实已很严重。很多人认为这没有什么不好。近百年前，胡适就撰文大力宣称西化即国际化。胡适们的努力可以说在今天是很有结果了。我们想，陈宇当初没有考上北大，而考上中央民族学院，也许是一件值得庆贺的事。因为中央民族学院里中华多民族学生汇聚，有更多浓郁的中华文化，受西化的影响较小。迄今，也不知有多少人会感到，像陈宇这样一个读过大学的农民的儿子，他对中国文化之热爱，之痴迷，他在中国改革开放的前沿省，在广州，把草堂做得“如此中国”，是一件意义很大的事。对中国来说，陈宇以茂德公草堂弘扬中国文化，虽知名度远远不及胡适大力倡导西化那样在国内外享有盛名，但前者在当今的意义比被称为中国哲学家的胡适思想的意义，要大得多。

我们知道，这样说必有很多人不以为然。但我们不打算隐藏我们的看法。

2 近者悦远者来

“得半日之闲，抵十年尘梦。”茂德公草堂的出现，吸引了各种来客。2007年中秋，草堂邀请广州社会名流，举办了一个“躲起来看月亮”的赏月活动。

“今人不见古时月，今月曾经照古人。”各界知名人士在草堂一起看月亮爬上来，迎风把盏，醉月飞觞。这次活动很有些影响，“广东番禺有个茂德公草堂”，渐渐为更多人所知。

陈文是雷州半岛人，在城市飘泊三十年，搬过六次家。他喜欢草堂，草堂像他“童年生活过的故乡”。他在这儿构思、写作，感觉特别有灵感。

竹影清风，柳绿荷红，能引起作家的遐想，也可以启迪书画家的胸怀。宋代黄山谷有“江山助我”之说，意思是大自然美景有助于书画家产生创作欲望，挥笔作书如有神助。草堂的“暗香小筑”，就是书画家聚会的小天地，文人墨客浮动其间。其名取意暗香盈袖、红粉添香之盼。都说才子风流，红袖添香夜读书自古传为佳话。

画家罗永平说：“不知道为什么，来到草堂就手痒痒，想画画。”他在此创作了皮影画“中国影子”。棠堂入门处有一幅巨大的唐代仕女壁画，典雅细致，也出自罗永平之手。

说是画室，桌子略略清理一下就变成餐桌，厨房就在隔壁，草堂农家菜呼之即来，想吃什么悉听尊便。“高山流水诗千首，明月清风酒一船。”笔墨飘香，美酒佳肴，交流切磋，谈古论今，堂主陈宇有空也常来陪各路艺术家朋友喝两盅。

作家陈文、书画家陈永锵、雕塑家潘鹤、音乐演奏家方锦龙、画家罗永平、设计师连君等，皆是草堂常客。三贤堂内巨幅浮雕《鱼跃图》即为陈永锵创作。书画家许固令参观完草堂后大受感染，挥毫写下“读画论道品茶、观云听雨参禅”的对联。

草堂还另设一处“茶画会”。茶话会是社交的一种好形式，古来有之。陈宇突发奇想，把茶话会改成“茶画会”，一字之改，把原来纯粹以“说”

为主的茶话会改成不仅动口说，更动手舞文弄墨，还配以古筝伴奏助兴。这里有整块原木做成的画案，笔墨纸砚，印泥、镇纸、笔洗、笔架一应齐全，为书画家们提供了舒心的创作环境。茶性本洁，尘心尽洗。茶画结缘，更添禅意。全国各地书画家时有来草堂的，在“茶画会”饮茶清谈，现场挥毫。

古人以砚为田，写字如笔耕，读书人好自称“砚农”。如今书法已难与古时相比。电脑出现后，许多大学生钢笔字都写得不成样子，更不用说写毛笔字。砚田无水，便成摆设。但仍有众多书法爱好者乐于耕种这片园地。在草堂“茶画会”挥毫的不都是书画家，更有爱好者。或者平日并不爱好，到这里忽然来了兴趣，信手涂鸦也自得其乐。

“闲坐夜明月，幽人弹素琴。”琴棋书画，陶冶情操，是中国文化的一个重要方面。抚琴者特别喜欢草堂优雅的环境。2009 年岁末，在草堂三贤堂上演的古琴宴上，中国琴类协会秘书长杨青满腔豪情吟唱一曲《送孟浩然之广陵》，随后说：“我已经戒酒 20 多年了，今天来到这里，感觉来到了古琴的家，来到我心灵的家，我要开戒！”说完举杯一饮而尽……

“七条弦上五音寒，此艺知音自古难。”又一个月白风清之夜，琴坛高手云集三贤堂，暗香浮动，琴乐和鸣。广陵派第十二代传人徐永先生及弟子陈华一小姐以高超的琴艺醉倒在场的所有听众。继而九嶷派传人刘杨小姐、稼轩琴行陈志彦先生等琴坛高手，共同演奏了令人回肠百转的中国古乐。

草堂还经常举办国学讲座，不定期地举行高层峰会、高端论坛等。如 2010 年 4 月 10 日，阿里巴巴、新浪网、精品购物指南、南方周末、南方都市报、商界、凤凰周刊、潇湘晨报、中国国家地理杂志、央视网等媒体人士在此召开了一次媒体峰会。

2009 年草堂还曾举办信孚中印文化沙龙，中国近代史专家、中山大学哲学系袁伟时教授，暨南大学东南亚研究所国际问题专家庄礼伟教授，印度驻广州领事馆文化参赞、印度《每日新闻新识》驻香港记者等人士出席了这次论坛。

垂钓者寻迹而来。竿起竿落，超然物外。云卷云舒，陶醉水边。有人说，姜子牙遗风于今不衰，钓者所怀亦非鱼，只是寻求垂钓过程的静坐，在静坐中体验一个悠然的世界。

草堂接待客人细致用心，必先了解其好。有一次接待的客人爱好养鸽，草堂便用“以鸽传情”为主题，印在菜单上。广州某位先生设宴向女友举行求爱仪式。员工们便把整个棠堂布置得温馨浪漫，让沉浸在爱情中的青年男女陶醉。

草堂是放任自由的天地。吹牛撒野，吟诗作画，大俗大雅。在这里没有“请勿吸烟”、“请勿踩踏”之类的警示，有的只是“塘水深深，请家长管好你的子女”之类的温馨提示。餐厅一面墙上，任由游客题字涂鸦，上面已经密密麻麻、层层叠叠写满了天南地北游客的名字，你想写你到此一游，你就随便写吧。你仔细觅读，还会读到令人会心一笑的幽默留言。

有一回，号称“国内最牛的室内设计师们”在草堂聚会，青梅煮酒，菊花伴蟹，酒酣之际，草堂的雷人歌帮唱着歌，撑着小船从荷塘突然闪现出来，给客人一个意外惊喜，也算是一种如诗如画的“娱乐设计”吧。

每年“六一”儿童节，一群文人戴红领巾、挂奶瓶，做“老鹰抓小鸡”游戏。奶瓶并不虚设，装的是解渴的饮品。玩累了，喝一口，满清爽的。老少爷们回归童年。陈宇风趣地说：“一般不喝酒的人，来到我们这里也会喝醉。不写字的人，来到我们这里也会挥毫泼墨。这就是草堂赋予人自然的、无压力的生命状态。”

陈文写的《谁隐居在茂德公草堂》一书颇有反响，不少对隐居文化感兴趣者来草堂过把“隐”。读此书名，莫以为陈宇是隐士，他只是建个草堂供他人隐隐，可以隐之十天半月，也可是一天数时，让朋友们分享这城市喧嚣之外的草堂静谧。

观天赏月，听雨吟诗，感受古人的悠闲生活、自在心境。反思当代世界主要是由美国人发明的这种快节奏、疲于奔命的拼搏岁月，你或许会在这里收获到生命的大智慧。

光顾草堂的有许多是文化艺术界、新闻界、企业界的知名人士。常有慕名而来的贵客隐居数日或数周。

胡茵梦是台湾影星，祖上本姓瓜尔佳，是满洲正红旗的贵族，早年曾与台湾作家李敖结婚，不足四个月离婚，著有《生命的不可思议：胡茵梦自传》。她来茂德公草堂住过之后评价：“这里的气场很安静，没有杂质，

有朋自远方来，不亦悦乎 陈宇说："草堂不是逐利的地方，而是义交天下的地方。我们不可能把每一个空间都变成钱，但可以把每一个空间都变得快乐。有朋自远方来，不亦悦乎？你快乐所以我快乐，快乐就是财富。"图为陈宇、陈文与胡茵梦等远方来客。

真的很棒！"

金庸的儿子曾说："我爸姓查，到我这代是'传'字辈，老爸希望我风流倜傥。所以，我的名字叫查传倜。"查传倜还自嘲地说，我没有遗传父亲的写作天赋，却爱上了美食。媒体报道查传倜来到茂德公草堂，称之"美食家查传倜寻味草堂"。席间，查传倜惊讶草堂"江湖味"十足的各色菜品，不时地拍照留影。查先生幽默地说，他的笔名是"八袋弟子"。陈宇问之何为"八袋"？他说，柴米油盐酱醋茶，是古人说的开门七件事，我比那七件事多了一件"酒"，爱吃爱喝，生活随意简单。他自称与陈宇是酒逢知己，相见恨晚。

"有道则现，无道则隐。"历史上的隐士，大部分是一批有才学的人，世人说他们才高八斗，生不逢时。经国大业轮不到他们献计献策，也难容他们说三道四。他们便息影家园，隐居世外，啸傲林泉。他们在诗书中寻找失落的自我，浇铸寂寞人生，演绎出另类人生经典故事。从帝尧时代的许由洗耳传说，到东汉高士严子陵垂钓富春江，东晋陶渊明不为五斗米折腰，襟袍高洁的隐者为后世所景仰，影响着现代人的心灵。归隐并不只是休闲，有志向者是隐在静谧处专心干事。

2008 年新世纪出版社推出一本新书《中国流行音乐与公民文化·草堂对话》，作者是陈小奇和陈志红。你也许不知道陈小奇是谁，但你可能听过《涛声依旧》，这支歌的词曲作者便是广东省流行音乐协会主席陈小奇。茂德公草堂为此书诞生提供了上乘条件，书中“对话”地点就在茂德公草堂。

大隐隐于市，小隐隐山林。中国古语说君子以文会友。陈宇有结交天下名士的古风，草堂许多文化活动都是他慷慨解囊相助的。李白云：“人生贵相知，何必金与钱。”文能载道，以文会友，天长地久。经商的陈宇骨子里是个文人。关公夜读《春秋》，张飞醉酒瞪着大眼骂娘，虽然都是刘备的五虎上将，毕竟儒雅造就云长。苏东坡喝酒、煮肉都可以产出文化来，文化在茂德公草堂是最有光芒的景象。

陈宇接受《南方航空》采访时说：“草堂不是逐利的地方，而是义交天下的地方，我们不可能把每一个空间都变成钱，但我们可以把每一个空间都变得快乐。有朋自远方来，不亦悦乎？这就是快乐！你快乐所以我快乐，快乐就是财富。”

主人“交以道接以礼”，客人“近者悦远者来”。这两句话前者出自《孟子》，后者源自《论语》，草堂的文化力比经济力更高贵，更有重量。

3 草堂，有这样一群人

常说“一个篱笆三个桩，一个好汉三个帮”。陈宇说他很幸运，常有贵人相助。这些贵人都是谁？

“你身边的每个人都可能是你的贵人，但这得取决于你自己做人处事的态度。”陈宇说，“公司员工就是我的贵人。”他这么说，像是一种自我表扬。知之者则知道陈宇讲的是他的经验。如果你做人处事不好，员工不但不能成为你的贵人，还会成为你的敌人。

草堂建成后，陈宇便把原来在广州天河区办公的地点移师草堂。如今这里聚集了来自五湖四海有知识、有志向的年轻人。

前期草堂大掌柜叫刘开正。他加入公司十年间历任多职，兢兢业业，成为陈宇得力助手。雷州樟树湾项目启动后，陈宇派他任项目副总。他家在顺德，二话没说，常年离家在雷州工地第一线指挥施工。

曾敏儿是个川妹子。来草堂前，她一直保持着一种游走的状态，无拘无束，从四川到西藏，从西藏到海南，又从海南到广州，最想去的地方是南极，她有一种想去体验极限之美的狂想。她边走边写，出版有小说《刹那芳华》、《罂粟之爱》、《香格里拉的前世今生》旅行图文集、《广西行知书》等。我们见面时，她笑眯眯地从身后拿出两本书来送给我们，是她的新作《行走大埔》，读后才知是一本民俗风情很浓郁的书，视角独特。

酷爱行走游荡的敏儿，却把脚步停在了茂德公草堂，接受陈宇的邀请，担任草堂大掌柜。热爱，是她停留的惟一理由。她说草堂像一个暖融融的大家庭，她对草堂充满热爱，充满信心，愿把自己的未来、命运同草堂盛衰兴亡连在一起。

"亲爱的"是曾敏儿的口头语，见面开口都叫"亲爱的"，有时把初次见面的人弄傻了，据说女掌柜最开心的是常有文化圈的朋友来这里。文人雅聚，增添了草堂的文化气息，她在自己的博客上这样介绍草堂："草庐结社，诗书为怀，一个可以不回家的桃源。"

郑旭纯也是女性，原是资深职业经理人。大学毕业后做过广告公司总监，营销管理经理，接触各行业客户。她和敏儿是邻居，同住在一个小区内，与敏儿志趣相投，也爱好文学，喜欢写文章，相邀来草堂游玩、用餐，结果喜欢上茂德公草堂。

郑旭纯说："我被草堂耕读文化所震撼，肃然起敬。在草堂有许多接触文化名人的机会，来往客人层次高，修养好，人总是要有理想的，是草堂精神层面的东西吸引了我，因此我接受了陈总的聘请。"

世上有很多事是见仁见智，所见不同的。别人认为是不足之处，陈宇也许还感到是自己的优点。譬如他认为人是可以感动的，是可以改变

曾敏儿 她是个川妹子，来草堂之前，多年保持着一种游走的状态，无拘无束，她边走边写，出版有小说、随笔多种。酷爱游走的她，却把脚步停在了草堂。她说草堂就像一个暖融融的大家庭，热爱，是她停留的理由。

的。对打工者他有怜悯之心，这或许是基于自己在茅草屋里长大的童年记忆。他没有主动炒过一个员工，总以宽容之心待之，他认为反正天塌不下来。

草堂原有个厨师长，出了些乱子，本来顺理成章可以让他另谋高就，陈宇还是将他留下来继续干。总之陈宇不想炒人。如果属于企业结构调整，需要减员，春节前则一定不减员。

公司行政经理杨惠贤是陕西咸阳人，毕业于大学计算机应用专业。她说陈宇从来不拖欠工资，准时发放，每年都安排全体员工体检，员工生病了，公司负责治疗。公司还统一为员工在附近的明经村租下两幢农民新盖的住房，都有卫生间，还统一安装了空调。员工免费在食堂用餐，每餐四菜一汤，菜谱经常更换。对农场工的劳保，陈宇亲自过问，配齐风衣、手套、水鞋袜子、草帽等。她在公司干了八年，不感觉是给老板打工，而是在为朋友做事。

总公司财务部副经理付强是四川人，华南理工大学毕业，此前在好几个老板手下干过，前几任老板，见业绩不好就把财务叫来臭骂一顿，而他在陈宇手下干了六年，从来没有这种情况。有一次，陈宇晚上 9 点多打电话给他，先问："有没有打扰你休息？"然后再问事，让他十分感动。

草堂员工大部分都是农家子弟。他们都有一个共同的看法：陈宇先是个好人，再是个好老板。有时接待任务刚完成，陈宇会把大家叫一起说："辛苦你们了！"他们说，就这么一句话，所有的辛苦都值得了。

采购部谢宏明是陈宇的老乡，1995年大学毕业，学的是税务。他说陈总疑人不用，用人不疑，很多事都放手让手下去干，大家也就很有积极性。陈总常鼓励员工"不用扬鞭自奋蹄"，要有"慎独"的精神。"慎独"是中国古代儒家自我修身方法，见于《礼记·大学》，指在独自活动无人监督的情况下，能自觉规范自己的行动，不做有违道德信念、做人原则的事。所谓"独行不愧影，独寝不愧衾"，讲的就是这个意思。

银奇是陈宇的同龄老乡，烹调高级技师，曾获"雷州十大名厨"称号。他说："陈宇是个有人情味的老板，有年冬天特别冷，草堂几个农民工烧树叶取暖。看到陈宇走过来，担心老板怪他们烤火。没想到陈宇并没在意，反而说天冷，你们要穿暖些。"

商界老板的人格魅力，比他经营和管理企业的才能，对属下有更大的影响力。现在很多青年人不愿谈理想，好像谈理想是羞耻的事。陈宇把这些在外漂泊的人聚在一起，把一群人的理想再度唤起，这就不是一个简单的变化。人生怎么可以没有理想呢！

如果我们回头看看，仔细想想，尽管茂德公年轻时想当地主的理想，被土改的枪声击碎，他也还是有理想的，譬如老老实实做人做事，争取把茅草屋盖得好一些，不漏风雨；譬如在足荣村开个小卖铺，多赚点钱支持孙子孙女读书……至于陈英昌，有宁可永远住茅屋也要供养每一个有能力升学的孩子上大学的理想。至于陈宇，几乎每一程都靠理想指引，每一步都想做到理想的那么好！

4 生活家

掌声、音乐响起来，陈宇登上了领奖台，他捧着奖杯，两眼光亮，笑容从脸上荡漾开来。他被中国新锐杂志《新周刊》等有关单位评为2007年度生活家，得此奖项仅陈宇一人。主持人宣读了颁奖词——

他只有一壶酒、一只鸡、一间草堂。作为传统文化的珍视者，他把地道的家乡美味成功引入了城市人的胃。他渗透了新富阶层的记忆底色，为“找个地方躲起来”的未来休闲潮流，提供了匹配的隐居空间。

也许有人会说，得个杂志的奖项不算什么。但看看这个颁奖词，不能小看了新事物。对许多人来说，“生活家”是陌生的概念。茂德公听说这事，一脸迷惘，“什么叫生活家？”陈英昌也解释不清，“总是好事吧，是不是表扬咱们陈宇挣到钱，生活好过了？”

新世纪冒出的新名词，“生活家”为其中之一。生活本来就是一门很大的学问，既然是一门学问，就应该有“生活家”。然而对什么是“生活家”，什么样的人才算“生活家”，众说纷纭。

生活家，顾名思义，似乎该是特别懂得生活，对生活有独到见解的人。香港歌手李宗盛在北京“798”开了家餐馆，名叫“生活家的院子”，出入其间的多是音乐界、演艺界人士。那么这些人士是“生活家”吗？是不是懂吃喝、懂享受的人，就是“生活家”？

王宏甲在《贫穷致富与执政》一书中曾这样写道：“什么是生活？生活不只是我们的身体有饭吃，有衣穿，有房住，我们的精神住哪里，不断发展进步的文化，是我们精神的家园。”

其实，我们也不清楚《新周刊》等有关单位评“生活家”是何内涵。但我们知道，我们在《休息的革命》一书中曾这样写道：

人类并不是生产的奴隶。人类需要从疯狂的追逐发展速度中觉醒，需要从疯狂的相互耗损性竞争中觉醒，需要以新的方式给自己疲惫的生活、受伤的心灵放假。

如果看到当今世界的金融危机导致全球经济发生的困境，如果看到曾经被我们大肆模仿的西方工业化时期的发展方式，是怎样像推土机一样把我们自身推进大肆损害资源的深渊，那种疯狂地追逐发展速度的方式，又是怎样把我们卷进了疯狂的相互耗损性竞争，剥夺并侵害了我们的生活，甚至我们的灵魂……我们看不见花开，听不见鸟叫，只知道拼搏、拼搏，竞争、竞争，赚钱、赚钱，还有GDP、GDP……我们许许多多的人正不知不觉地成为生产的奴隶，用自己日夜加班的劳动，用自己的机器，肢解和碾碎我们在人间生活的意义。那么，再想想这个评“生活家”的奖项，就可能觉得比评个著名企业家更有意义。

陈宇自己也曾这样说：“说我是生活家，我很乐意，评为生活家，比评上企业家更高兴。”

他还说过：“要有时间去爬爬山，到白云山、莲花山转转，要停下来，看看身边那片晚霞。”

人到中年，他还保持着一种忽闪忽闪的天真，称自己为“大龄文学青年”，喜读《十月》《当代》。学金融出身，不进股市、不买彩票、也不赌。大学毕业后未放弃学习，2007年获得北京大学EMBA学位，也算圆了他青年时期的北大梦。有一次同几个朋友喝茶讲三国，忽冒出“和平年代不打战，坐下喝杯诸葛酿”的广告词。草堂各处楹联多由他自撰，其一曰：

画几尺　尺中乾坤何必有大小
茶一壶　壶里日月本来无高低

陈宇爱茶，爱到痴迷的程度。茶中又特爱普洱茶。有一次他从古玩市场淘回一张价格不菲的明末清初茶几，居然舍得让工匠把原来的面板挖空，铺上福、禄、寿、禧字样的普洱茶砖。用普洱茶砖砌内墙，普洱茶饼做象棋，都源于陈宇对普洱茶的酷爱。草堂陈列柜上收藏的普洱茶饼、茶砖都有来头：民族大团结纪念茶、一元纸币同号收藏饼、长征纪念茶、神州六号纪念茶、哥德堡号纪念茶、孔明兴茶1780盛会纪念饼、联合国成立60周年纪念茶……

陈宇夫妻每年都共游丽江、成都、同里等风景名胜。陈宇至今还保留谈恋爱时的浪漫做法，每逢太太生日，他总会记得送上一份礼物。手机屏幕永远是太太的倩影，出差回来第一个任务是回家见太太。有一年太太生日，陈宇在外地谈生意脱不了身，交待草堂掌柜要办好生日晚宴，让太太与她的朋友聚会庆贺。席间千里之外的陈宇，一个接一个电话打过来询问。

茂德公草堂内的棠堂，就是以陈宇妻子阿棠的名字命名的。棠堂建好那年，陈宇在太太生日的宴会上宣布："今年给太太的生日礼物是——棠堂！"

据说阿棠"醉了"，亲朋好友们乐了，举杯共贺。乘酒兴，陈宇还创作了一副藏头联，表达与夫人举杯同饮、垂竿共钓的情趣：

棠下同酌醉里摘星两三颗
堂前共钓钩尖挂月八九份

5 知止而有得

陈宇的草堂办公室墙上，挂有一幅名家手笔"得道有度"，他把这四字当座右铭。

有人说商人就是商人，就是讲盈利，讲赚钱。陈宇读大学金融专业，教科书上就写着"资本家追求利润的最大化"，他并不同意教科书的这种说法，认为只能追求"利润合理化"。

商海浪高风不止，难得一片清静心。在商海激烈的角逐竞争中，不少人挣钱挣到疲惫不堪人不像人，陈宇也有这经历，用他自己的话说："忙着赚钱，人像一部机器，在生意场日夜穿梭。"

陈宇后来认识到："人的欲望是无穷尽的，人要对自己的欲望进行管理，不管理就要出事。"欲望一强便叫"贪"，便会"人心不足蛇吞象"。欲望太疯狂，利欲熏心，贪婪膨胀，生活的真趣便丧失了。陈宇坦言："我也经历过这种阶段，现在才想明白，必须对欲望自我约束。"

陈宇注意到，武打片中动刀耍棍的，打不过拿扇子的，而拿扇子的又斗不过静坐闭目养神的。生意场上也得讲究以静制动，无为而无不为。那些还在酒桌上吃喝碰杯谈生意，进 OK 厅唱歌拉关系的，肯定不如清茶一杯坐下来相互品茗文化的商人。

"每临大事有静气，不信今时无古贤。"这是清人翁同龢撰写的名联。陈宇根据自身的体会说："人有双重性格，多重身份，只有在独处的时候才是最自己，最真实的。外面风大雨大，回到草堂我就舒缓了。"

陈宇建造了草堂，草堂也在塑造陈宇。他自认为是一个对财富有重新认识的生意人，他认定生活中没有失败，只有失败者。风也罢，雨也罢，转个弯，换一种方式思考，将会看到不一样的风景。

一顶“生活家”的桂冠，让外界有人认为陈宇是发了财乐逍遥，“躲在草堂作寓公”。陈宇自称“骨子里是个慵懒、喜欢自由的人”。熟悉他的员工则说他骨子里永不安于现状，永没停止追求。上午还在书斋饮功夫茶，下午便驱车赶到五六百里外的雷州工地。陈宇已经是个自觉到要努力改变自己这种“机器状态”的人，已经是个被评为“生活家”的人，可是他的生活是正常人的生活吗？看起来他在指挥着很多员工，但他又被更多的人指挥着，他就在饮小杯功夫茶时也不时地被找他的电话打断，他想安宁、想静坐，其实难得安宁。他的妻子生日时，他从远方打来一个接一个电话问候，这固然是好的，但反映他已经很少有时间与妻子相伴。在妻子生日之时，他若再不打来电话就不像话了。他的时间、他的生活正被那个叫“经济”的东西挤占和剥夺，或者说被不清楚的力量切得很碎，很难由自己掌握。

他说他体会到人有双重性格，多重身份，那其实是多种不同的价值观在撕扯他，他在经历着某种分裂的性格对他的侵袭。他酷爱茶，确然是在用心于用清茶来拯救自己。他确实是个用种种努力来拯救自己的人，是个以“得道有度”为座右铭的人，是个令员工尊敬的人了。爷爷茂德公说他孝顺，父亲陈英昌说他没有忘本，妻子夸他是“侠骨柔情”，亲朋好友夸他讲义气。他说评他“生活家”比评个“企业家”更高兴，这确然也是他的真实感觉。

然而，中国还有多少“企业家”陷在那种搞经济被经济所绑架所剥夺，赚钱被钱所侵害所糟蹋的状态！即使那些暴富的老板在种种高消费的场所“善待自己”，那不是被金钱所侵蚀、被分裂的生活分裂的人格所撕扯吗？中国的企业家要使自己不至于成为被金钱所驱使所剥夺的奴隶，中国的“经济学家”要使自己的经济理论拥有丰沛的文化灵魂，都尚需岁月。陈宇已经是一个相当自觉的自我建设者，一个觉悟之中的令人敬佩的从商者。

儒家经典《大学》中有这样一段话：“知止而后有定，定而后能静，静而后能安，安而后能虑，虑而后能得。”这大约是说，懂得停下来然后才稳定，稳定然后才能冷静，冷静然后才能平心静气，平心静气然后才能仔细考虑，仔细考虑然后才能有所收获。这话将动静得失讲得很高妙。那种疯狂地追逐发展速度的思想和方式，无论一个国家还是一个具体的企业家，与中国古典智慧能同日而语吗？

子在川上曰："逝者如斯夫，不舍昼夜。"人们对岁月流逝的感慨千言万语，早已被孔子所概括。古人还有"一日安闲值千金"之说，陈宇在草堂细细体会这些古代智慧，感有清泉汩汩而来，这是他日益热爱中国古典文化的原因。所以，草堂中诸多字画，那已经不是对草堂的布置和点缀，这个名为"茂德公"的草堂，是彰显一种独特力量的文化殿堂。

● 同时期的世界和相关思索

中国最著名的草堂大约首推杜甫草堂。

杜甫草堂位于四川省成都市西门外的浣花溪畔，是唐代伟大诗人杜甫流寓成都时的居所。公元759年冬天，杜甫为避"安史之乱"，携家入蜀。次年春，友人帮助他在成都西郊修建茅屋居住，时称"成都草堂"。杜甫先后在此居住近四年，创作诗歌流传至今的有240余首，如《春夜喜雨》、《蜀相》等名篇，其中《茅屋为秋风所破歌》更是千古绝唱。杜甫草堂是经宋、元、明、清多次修复而成。1961年3月被国务院公布为第一批全国重点文物保护单位，新修整的杜甫草堂完整保留了清代嘉庆重建时的格局，总面积近300亩，是非常独特的"混合式"中国古典园林。2006年12月被国家旅游局评为国家4A级旅游景区。

阅微草堂是清代纪晓岚故居，位于北京市珠市口西大街，属北京市文物保护单位。两进四合院格局，第二进院正房是纪晓岚当年的书房，总占地570平方米。2003年故居重建后对外开放。

1891年，康有为为传播维新变法思想和培养变法人才，租用了广州市的邱氏书室授课，因仰慕"杜甫草堂"之名将此处更名为"万木草堂"。邱氏书室原是广东邱氏子弟到省城应试的居住处。万木草堂成为戊戌变法的策源地，梁启超等一批青年在此接受熏陶。1892年万木草堂迁到卫边街的邝氏宗祠。1893 年，因来学者一再增多，万木草堂迁到府学官仰高祠，该地点是官办的教育机构。今人将康有为在这三址所办的学堂统称为“万木草堂”。戊戌变法失败，康有为逃亡日本，“万木草堂”随即被查封。1950 年后，康有为始创万木草堂的旧址一度成为一家锁厂的车间，后又成为 40 户居民居住的大杂院。1983 年万木草堂被列为广州市重点文物保护单位。2004 年广州市投入 1300 万元迁出居民，对草堂进行修缮。后又经多次修缮，到 2008 年免费向公众开放。

第 10 章 天涯海角雷州游

二十世纪的国际旅游业，是从第二次世界大战结束后开始重建的。西班牙处在伊比利亚半岛，旅游业非常发达，号称“向世界销售阳光的地方”。这话形象地说，阳光也能卖钱。同是半岛，雷州半岛上的雷州市，为什么改革开放 30 年了还是阳光灿烂的贫困市？国务院副总理张德江在广东省委书记任上到雷州视察，曾不客气地对雷州的干部说：“改革开放这么多年了，你们搞成这样，真不容易啊！”在这个国际和国内的大背景上，来看看茂德公家族如何如拓荒般挺进家乡雷州的旅游业，或许会增添对这个农民家族的了解。

雷州位于雷州半岛腹部，东临南海，西靠北部湾，北与湛江市接壤，南与徐闻县毗邻，素有“岭南名郡，海北奇观”之誉。历史上，这里还是南方海上丝绸之路的补给港。雷州半岛则隔着琼州海峡与海南岛相望。

1 天南重地古雷州

雷州半岛，是个被旅游遗忘的地方。

国家旅游局从1979年起就创办了《中国旅游报》，但30多年来，没有刊载过一篇关于雷州旅游的文章。广东旅游部门近年提出大力发展以“广府风、客家情、潮汕韵、百越神、南海潮”为代表的广东本土旅游文化，也还没有突出雷州半岛的雷文化。

陈宇试图对雷州旅游业有所作为是2006年的事。樟树湾集团与市政府签订了开发旅游的协议，陈宇决心筹一笔巨资在雷州投建雷文化体验休闲游，打造一条位于“天南重地”的旅游休闲黄金线。

要做这件事，所筹巨资约需数十亿元。此举被家乡人认为犹如一记响雷，雷醒了古雷州。

雷州位于雷州半岛腹部，东临南海，西靠北部湾，北与湛江市接壤，南与徐闻县毗邻，素有“岭南名郡，海北奇观”之誉。南渡河是雷州的母亲河，忠诚地滋养着、维护着这方热土。雷州半岛则隔着琼州海峡与海南岛相望。

雷州城的历史可上溯至春秋战国时期。明代黄佐《广东通志》记载：公元前355年，楚灭越后，“楚（将）子熊挥受命镇粤，至此开石城，建楚豁楼，以表其界”。这“石城”就是雷州最早的古城，距今已有2360多个春秋。

20世纪后期，在雷州境内的西海岸一带，考古发现多处新石器时代的山岗遗址，出土各种石器和陶片1000多件，证明至迟在4000年以前，雷州已有先民繁衍生息，用石刀石斧开垦出雷州的早期历史。

天南重地石牌坊 雷州古为兵家必争之地，历朝历代视之为“天南重地”。国家旅游局自1979年创办《中国旅游报》30年来，却没有刊载一篇关于雷州旅游的文章。而今，陈宇的樟树湾集团决心筹巨资投建雷州文化体验休闲游，打造一条位于“天南重地”的旅游休闲黄金线。

雷州古为兵家必争之地，因此历朝历代都视之为“天南重地”。“秦王扫六合，虎视何雄哉！”秦建大一统的王朝时，雷州属南越郡管辖。西汉元鼎六年（公元前111年），为维护大汉国土的统一，伏波将军率汉军挥师南下，平定南越国。汉在岭南置九郡，雷州属合浦郡，成为大汉王朝东南边陲最前沿的关隘，与同年在大西北建的玉门关遥相呼应。此后，雷州城作为府、郡、州、道治所，历代都是雷州半岛的政治、经济、文化中心。

西汉时，雷州郡府在城南七里处开设的雷州港，成为中国南方海上丝绸之路的补给港。西汉官船满载丝织品、陶瓷，以及雷州地产的葛布、牛酒、黄鱼等，自雷州城南的口岸起航，远销异国。

唐宋时期，雷州的手工业经济已很发达。重要行业有陶瓷、纺织、铁工、木雕等，尤以陶瓷生产最兴旺，为当时广东陶瓷生产的重要基地。雷州许多村庄如今仍以窑命名，如碗洋、旧洋、后洋（雷州方言“窑”与“洋”同音）等。唐代雷州出产的葛布，工艺精致，质地优良，被朝廷列为贡品。雷州曾经商号林立，万商云集。《宋史·食货志》记载，宋代已有“番船”

在这里停泊贸易。

雷州古城至今保留着比较完整的古城格局，名人宗祠、学宫、古塔、寺庙散布于古城街巷之中。现存最著名古建筑是雷祖祠。南亭街内有一座始创于东汉的伏波祠，是岭南地区最古老的祠庙之一。大新街之东的一条小巷里，有一座为纪念“天下清官”陈瑸而建的“陈清端公祠”。陈瑸“知谋国而不知谋家，知恤民而不知爱身”的人格魅力，至今为家乡人称道不已。

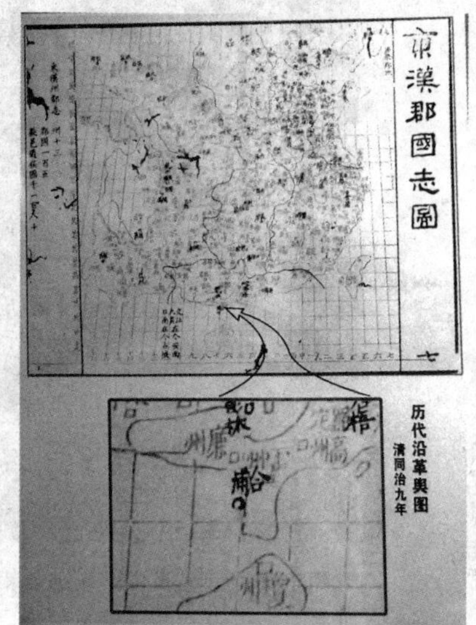

雷州半岛位置图 雷州半岛与海南岛之间隔着琼州海峡，今海南岛在清代以前称琼州，上图为东汉郡国志图中的雷州半岛和琼州岛位置图。

明代的三元塔，高耸入云，雄视南天，号称“南天一柱”。登塔凭栏远眺，雷州胜境、古城新貌尽收眼底。传说此塔为启兴雷州人文之风而建，初名“文魁塔”，又称“启秀塔”。因挖塔基时发现蛇卵三只，邑人认为此乃“三元及第”之兆，故改称“三元塔”。现为省级重点文物保护单位。

城中的西湖，更是风景迷人处。湖水清澄缥碧，波光浩淼，四周花柳依水，亭台拱桥，朱栏画栋，错落有致，被誉为“粤西园林经典”。宋代这里是一片无堤四流的苍茫野水，时人修筑堤坝，开凿东、南、西方向三条水渠，导水灌溉10万亩农田。

西湖边的天宁寺，始建于唐大历年间（约770年），是雷州半岛现存最早的佛寺，苏东坡流放雷州曾为寺院题下“万山第一”匾额。

“弟兄聚散天南北，烟水苍茫情有无。”这是西湖边苏公亭前的楹联，记叙唐宋八大家中的苏轼、苏辙兄弟，双双“戴罪”在雷州的轶事。

雷州十贤祠 雷州古为蛮烟瘴雨之地，谪官贬宦流放之所。苏轼、秦观、寇准、李纲等都曾流放至此。关山难越，谁悲失路之人？雷州人对苏轼、寇准等十位贬官崇敬有加，在雷州西湖北侧建“十贤祠”敬奉之。文天祥撰写了《雷州十贤堂记》，称雷州黎民“敬贤如师”。

宋绍圣年间，苏轼从惠州贬移儋州，千里跋涉，途中与先前被贬的胞弟苏辙在雷州邂逅，两人悲喜交加，携手同游罗湖，泛舟碧水，乐不思归。

世事难料，人生如梦。以往兄弟想见而不得见，忽然相见却是“同作逐臣同路行，天涯难弟与难兄”。雷州半岛罗湖因东坡兄弟在此一游，更名为西湖。雷州古为“蛮烟瘴雨”之地，谪官贬宦流放之所。被流放到这里的名人名臣远不止苏家兄弟。

李白有诗曰：“君不见李北海，英风豪气今安在。”这李北海是唐代名宦、书法家李邕。他曾得帝王垂青，位极尊荣。李邕敢于直谏，一生曾九次遭贬，如雨打浮萍，时沉时浮。神龙二年(706)曾贬为雷州司户参军，是雷州有文字记载的第一位贬官。

宋代雷州贬官更多。北宋寇准，从“一人之下，万人之上”的宰相高位，跌落到名不列品的雷州司户。然而在寇准的世界里，官无大小，只要当得精彩。寇准勤政爱民，在雷州倡建真武堂，设讲坛教授天文地理，破除歪理邪说，传播中原生产技术，向当地人传授中州音。中州音是以洛阳话为标准的语言，在周代被称为雅音，清代以前属历代的官方语言。寇准在雷州传授中州音，促进了雷州与中原的文化交流。一代名臣寇准客死雷州，确然是鞠躬尽瘁的典范。

北宋陆续贬到雷州的还有苏门四学士之一的秦观，曾连中“三元榜首”的大臣王岩叟，著名谏议大臣任伯雨。南宋先后贬到雷州的有抗金名相李纲、赵鼎，参政李光、编修胡诠。

时运不济，命途多舛。关山难越，谁悲失路之人？雷州人古道热肠，非势利之人。他们对寇准、苏轼等朝廷贬官崇敬有加，于宋咸淳十年(1274)，在西湖北侧建“十贤祠”敬奉之。南宋末年丞相文天祥深为雷州人敬贤之举感动，挥毫写下《雷州十贤堂记》，称赞雷州黎民“敬贤如师”。文天祥还表彰雷民“疾恶如仇”。原来宋代被贬到雷州的还有宰相丁谓、章惇等人，这些人口碑不佳，雷州虽远，雷民也听说丁谓害寇准，章惇害苏轼，所以都视他们不是贤者，对他们不屑一顾。

雷州人这种“敬贤如师、疾恶如仇”的民风，自宋以来影响至今。“十贤祠”，朝拜者络绎不绝。我们曾见路旁一位农妇牵着孩子指着贤臣的像说：“看到没有，他们都是贤人。”

雷州有幸得英才，圣贤浩气遗古城。雷州这些往事，用作旅游资源，可是闪烁着千古光辉的好教材！它似乎告诉我们，自古遭朝廷流放的多是贤臣。皇帝们大约没有想到，为惩罚这些臣子，把他们贬到这不毛之地来，却给天涯海角的边民带来了福音。这大抵就是文化良知内在的力量。

十贤过后，带来了诸子百家，带来了六经六艺，文采风流启迪民智，中州文化播火南天，给雷州草芥黎民带来了清新的文化气息。除此，雷州自古好避兵，每逢战乱，便有中原士族南逃避祸于雷州。

苏轼在《雷州伏波庙记》说 :“汉末至五代中原避乱之人多家于此，今衣冠礼乐盖班班然矣。”古籍还有称雷州为“名贤迁谪之乡，声名文物多所濡染”。

雷州乡土文化因此得与中原文明交融而学风颇盛。宋元明清，雷州先后建起了莱泉书院、怀坡书院、崇文书院、文会书院、雷阳书院、浚元书院等州县级书院十多所。其中雷阳书院发展为广东六大书院之一，孕育出了以清代陈昌齐、陈瑸、陈乔森、丁宗洛为代表的一大批雷州半岛本地人才。

小巷深深，老街长长。

雷州市博物馆藏大石缸 这个世上罕见的大石缸造型古朴，直径约2米，重达4吨，为古越民祭祀神器。现陈列在雷州市博物馆一楼大厅。

雷州的一砖一瓦都有典故，区别只在于今人知与不知，只在于是否已被遗忘。一个古井、一条深巷，都沉默着曾经笑声朗朗的历史故事。雷州有市级以上文物保护单位60余个，不算少啊！近年雷州农民挖坑建厕所，居然挖出36个酷似“兵马俑”的“小人物”，该叫它们什么？经雷州市博物馆专家寻访考证，初步认为是北宋年间的陪葬物品。

雷州市博物馆，荟萃雷州千秋文物。一楼大厅陈列着世上罕见的大石缸，造型古朴，直径约2米，重达4吨，为古越民祭祀神器。馆长介绍馆藏陶瓷器、金银器、玉器、古书画、钱币、石狗、石铲、石璧、石础等历史文物约5000多件。其中国家一级文物16件，二级101件，三级428件。雷州市博物馆收藏文物数量之多，级别之高，居广东省县市级博物馆之首，誉为“岭南文博一枝花”。

雷州在隋开皇年九年（589）叫海康县，意取海疆安宁之意。雷州之名始于唐贞观八年（634），而后一度又复称海康县。1994年4月，国务院批准，撤销海康县，设立雷州市，由广东省人民政府直辖，湛江市代管。同年，国务院公布雷州为中国第三批历史文化名城，这是国家颁发给雷州的一个很高荣誉。

“百代兴亡朝复暮，江风吹倒前朝树。”岁月沧桑，朝代更迭，天灾人祸频频，雷州还能留下如此多的文物古迹和实物，这需要多少代人的精心呵护！

这只是蜻蜓点水般的介绍，大抵已能使人窥见雷州这地方天高云洁，气象不凡。透过历史的尘埃，触摸沧桑，我们能感到，雷州的历史还活着。雷州非止雷州，我们如此描述它，还因这个阳光明媚的半岛，毕竟是中华的“天南重地”。

陈宇说：“雷州有这么多优越条件，旅游却发展不起来，不能让祖宗笑话我们这些后辈子孙无能。”

身为雷州人，陈宇自觉地把开发雷州旅游这件事扛上了肩。这又是一件他没有做过的事。但雷州确然已处在旅游开发的早晨。

2 雷州旅游的软肋

一辆旅游大巴刷的一声，停在雷祖祠前。

跟着导游的小黄旗，游客三五成群进了山门。没过多久，有些年轻游客先跑了出来，坐在树荫下议论：

“没啥看头，真扫兴！”

“历史文化名城，名在哪儿啊？”

这天陈宇也在雷祖祠前上香，游客的三言两语飘进他的耳朵，刺激着他。自中国在改革开放时期恢复旅游业以来，广东旅游业始终处于全国领先地位，但广东所辖的雷州不仅旅游业落后，雷州还是广东的贫困县市之一。

在世界上，西班牙处在伊比利亚半岛，旅游业非常发达，号称“向世界销售阳光的地方”，这话是形象地说，阳光也能卖钱。同是半岛，中国雷州半岛上的雷州市，为什么改革开放30年了还是阳光灿烂的贫困市？

国务院副总理张德江在广东省委书记任上到雷州视察，曾不客气地对雷州的干部说：“雷州大地，一马平川，万顷良田，改革开放这么多年了，你们搞成这样，真不容易啊！”

在本国，雷州市虽是历史文化名城，但知名度较之开封、洛阳等历史文化名城差之甚远。人们选择旅游目的地，几乎都还没有把雷州列入行程。为什么？因雷州旅游资源分布零散，如一盘散沙，缺乏有效的整合，缺乏配套工程。雷州很多地方曾回响过历史文化名流的足迹，但到了实地，却没啥看头。

如此，偶有到雷州旅游者，也留不住人。到雷州多是“一日游”，游人下车在雷州西湖、雷祖祠几个景点转了转，吃顿饭，匆匆上车就走了，很少有过夜客。若说雷州旅游业长期处于不温不火的局面，恐怕也有点过誉。

不知始于何时，雷州民风彪悍传闻于外，外界对雷州社会治安也有批评见于网络论坛，有网民说雷州烂仔动不动打架斗殴，抢劫勒索，恶性事件时有发生，走在街上心慌慌，让人缺乏安全感，这使雷州的形象、声誉也受到一定影响。

旅游业中，究竟潜藏着一个多大的世界？不知者，虽改革开放 30 年，也不会知道这里面的奥妙。据世界旅游组织测算，旅游业每增加 1 人就业，将促进相关产业增加 5 人就业。旅游业的发展对扩大劳动就业有十分重要的作用。自二战结束后恢复起来的国际旅游业，如今在世界各国不但成为国民经济重要的增长点，也是扩大就业和再就业的重要渠道。

搞旅游，如何吸引旅客停下来观光，是大学问。国家旅游局十多年前就提出了旅游“行、游、住、食、购、娱”六要素，即要在交通、游览、住房、餐饮、购物和娱乐等六个基本方面下工夫。“六要素”是旅游产业结构的六个产品，“六要素”概念一经提出，很快得到普及，如六字真言，成为旅游产业六个永恒的主题，支撑着旅游市场的整体运作。

以旅游“六要素”来衡量，雷州还有很大的差距。

旅游是第三产业的龙头，对整个城市经济拉动作用巨大。最先的投资者往往又都是旅游者，他们来此接触当地各方面人士，了解投资政策，投资环境，最后决定是否投资。用他们的话说：“一看景点二看路，三看通讯和宾馆，然后才是谈项目。”

据说当年张德江视察湛江后，给湛江、雷州下了“死命令”，内容是：“一年稳定，三年变样，如果还没有变，班子集体换人。”

自此，雷州面貌渐有所变。雷州市新领导班子认识到“发展旅游就是发展地方经济”。旅游业是个综合性产业，一业兴而百业旺，它能带动交通、商业、宾馆、餐饮、娱乐等相关行业的兴盛，雷州确立了“依托名城，旅游旺市”的产业发展战略。

任何事业，只要真正意识到了它的重要，现在出发并不晚。

雷州现在开始抓旅游，未尝不能后来居上。

新千年的钟声敲响，雷州市挖掘“雷文化”内涵，先后投入巨资开发雷州石狗文化、修复西湖文化长廊、三元塔公园、雷湖文化广场、南湖休闲广场、博物馆、文化馆，还有明代的邦塘古民居等一批旅游文化设施建设。还改造了西湖大道、雷州大道，修整了鹰峰岭古火山风景区游览道路，旅游景点和城市面貌因之初步改观。

市政府与樟树湾集团洽谈的雷文化体验休闲游于 2006 年 9 月立项，项目以“雷祖祠”为核心，是综合樟树湾半岛首府、雷州鼓城、赤豆寮爱情岛，以及茂德公生态农业体验休闲园在内的大型旅游综合项目，对拓宽城市空间，确定雷州市未来城区中心位置，提升雷州城市文化品位，促进雷州旅游业“突围发展”具重大意义。

雷州市委书记李昌梧、雷州市市长罗滇南亲任旅游文化项目建设小组正副组长。市委、市政府开始像抓经济那样抓旅游。雷州市还成立了专门的项目配套工程指挥部，建设相关配套工程，建设长约 1.5 公里的“文化路”，直通项目工地。李昌梧表示，要把雷文化体验休闲游作为市委、市政府的“一把手工程”，以咬定青山不放松的精神，稳步推进项目工程建设进度。

为营造“放心雷州”，近几年市公安部门下大力气整顿治安，治安状况有较大好转。雷州还开展了“爱我雷州，增辉古都”系列活动，以提高公民素质，优化人文环境，提升社会文明程度。

有人说陈宇是“雷人”，他回乡搞旅游的行动也很“雷人”。他要把整个雷州文化品牌注入到他庞大的雷文化体验休闲游项目中去，试图打造成一个中国独特的雷文化旅游目的地。

怎样才能做到“唯雷州独有”？基于对家乡的了解，陈宇抓住“雷祖祠”和“雷州换鼓”这两个点，迈开了挺进雷州旅游业的脚步。

3 整修雷祖祠

在雷州，最负盛名的地方神是雷祖。

关于雷祖的神奇传说，在雷州半岛黎民百姓中已流传1500多年。“天下雷王”的英灵，一直飘荡在雷州半岛上空。每天都有许多黎民来雷祖祠祭祀。他们提着祭品供物，领着儿女，虔诚地拜谒雷祖。

雷祖祠依山而筑，气势雄伟。位于雷州城西南五里的英榜山麓，始建于唐贞观十六年（642），是纪念唐代雷州首任刺史陈文玉的祠堂，为全国重点文物保护单位。

雷祖祠前有一副气势磅礴的楹联：“霹雳开天南一祖，声名为海北同尊。”前来旅游的人都不禁会问，雷祖究竟是人还是神？何以得到雷州人如此崇敬，千年香火不绝？

雷祖陈文玉确有其人，是一位充满神奇色彩的英雄人物。唐太宗李世民继位后，雷州半岛有黎、瑶、壮、寮、侗、苗等少数民族居住，纷争不断，狼烟常起。为了稳定边疆，李世民启用雷州土著陈文玉出任半岛的合州刺史。

李世民称得上英雄识英雄。陈文玉上任后，为官清正，廉洁爱民，精于吏治，具大将风范。他立志要“立我边疆，宁我黎庶，丰吾田谷，荣我冠裳。”他竭诚调和不同民族的矛盾，使和谐相处。为护地方安宁，他创修雷州城墙以御敌。府治公款短缺，他自捐薪俸。雷州各族百姓由此得以安居乐业，他深得民众拥载。

唐贞观八年（634），陈文玉奏请朝廷，将合州易名雷州并获准，雷州之名乃从此而始。他逝世后，唐太宗李世民对失去这位德政昭彰的地方官而惋惜，于贞观十六年(642)下诏，为陈文玉立祠，世代祭祀之。

接下来的事情就神化了。在雷州，关于雷祖的传说很多，雷祖诞生、雷祖升天、雷祖平叛、雷祖罚奸、雷祖治病等等。传说雷祖诞生于石蛋。

雷祖祠 “霹雳开天南一祖，声名为海北同尊。”雷州半岛上的雷祖，是自然崇拜与先祖崇拜的统一体，既是“雷神”，又被尊为“雷民之祖”。左图为明代雷祖祠平面图。

南北朝雷州有家陈姓猎户，家中养了一条九耳犬。一个雷雨夜，九耳犬突然狂叫不止。陈猎户开门查看，九耳犬直奔村外树林，从大树下拱出一只大石蛋。随即天空一声霹雳，大蛋开裂，一个结实健壮的小男儿跳将出来，两个手掌分别写有“雷”和“州”两字。这个从石蛋里蹦出来的男孩就是后来的雷州首任刺史陈文玉。

雷祖升天的神话则说，唐贞观十二年正月十五日，正当雷州城墙竣工之日，文武官员和百姓欢庆之时，陈文玉突生两翼，白日升天而去。大家见状，赶忙伏地拜送。

这些传说流传有序，大同小异，不仅民间代代相传，并有文字记载。今天数不清的人游雷祖祠，有几人会想到历史岁月中真有雷祖其人呢？其实，中国民间传说有很高的人文情愫，故事中富有哲理。那些在历史上为众人做出大好事大善事的人，就有可能被人们敬奉为神灵，世代祭祀。

在中国文化中，“神”其实是精神。

三国关云长是人，后人感其忠义精神，如今中国许多地方都有关帝庙。中国东南沿海及世界各地华人崇奉的护航女神妈祖，原本是位民间女子，原名林默娘，相传她通晓天文、医道，经常为出海的人们预告气象，给迷失的商船导航，后为救助遇难的船只而献身。福建闽东祭祀的太姥娘娘原本是个种兰花的农家女子，叫兰姑。某年麻疹流行，兰姑教乡亲采山茶煮水给患儿喝，患儿都好了。乡民们感其恩德，尊称她“太姥娘娘”。往事越千年。雷州人没有忘记贞观年间的刺史陈文玉，将其神化，成为正义、善良的化身。这说明中国民间一直有一种极其顽强的崇善力量，它是我们这个民族即使在兵荒马乱、丑恶猖獗的时候，也不至于沦亡的坚强底线。

在中国的历史长河中，大义凛然、桀骜不驯、才志超拔者不乏其人，为什么要把陈文玉立为雷祖来纪念他？在雷州，他比三皇五帝都更受到尊敬？世事变幻，改朝换代，雷州地处“天高皇帝远”的边陲，雷州人对雷祖的信仰远远超过皇帝，这是毫无疑问的。雷州远离中原的地理位置，极容易造成军事割据、自立为国的局面。聪明的雷州地方官员便奏请皇上加封雷祖，无形中增强了朝廷的亲和力，以此维系着边疆和边民。据雷州方志记载，自唐太宗贞观年间起，唐宋元明清历代帝王曾先后十四次褒奖雷祖陈文玉，其封号不断更新，地位越抬越高。雷震王、雷霆护国显应王、灵震显明昭德王等等，最后一个封号是乾隆六十年（1795）加封的，名为“康济宣威布德之神”。

古人讲“敷文化以柔远”，是注重用文化治国。中华民族的统一，不是靠武力去征服，而是靠“文化软实力”去寻求沟通和理解，才得以融万方于一统，传光明于千秋。这便是文化的力量！

雷祖实际上成为历朝联系雷州地方的纽带，为维护中华民族国土统一起了重大作用。

雷祖祠地点原在城西南。后梁乾化二年（912）八月十六日夜，雷州城飓风大作，卷走雷祖祠两根大梁。后来守军在英山寻得。州官以为此乃天意，遂在英山重建雷祖祠。经历朝风雨沧桑，战乱兵燹，从五代到清朝，雷祖祠屡坏屡修，屡修屡扩，留下十余次重修的记载。最后一次大修是明万历三十二年（1604），新祠规制宏伟，居高临下，气象万千。前后殿的木材改用名贵的铁力木，增建门楼、拜亭、钟鼓楼等。占地面积一万多平方米，分三进，由山门、正殿、侧殿、后殿、东西庑、钟鼓楼、碑廊等建筑组成。

二进为祠的建筑主体，分正殿及东、西侧殿。正殿前设有拜亭，整个建筑形制呈“凸”字形排列，正殿供奉雷祖陈文玉于正中，左侧殿为李太尉（汉朝飞将军李广），右侧殿为英山石神，俗称“雷祠三殿”，充满庄严肃穆。

《千字文》曰“冯唐易老，李广难封”，这位汉代飞将军与雷州有什么关系？原来当地流传五代后梁年间，当地寇贼煽动民族纠纷，闹得雷州无宁日。朝廷围剿征讨，屡战不胜。后来是李广在阴间协同雷祖打败雷州寇贼，并将贼人化作四个石人，押解跪在雷祖祠前，其中一个被杀了头，雷州从此得以太平。雷祖祠正殿之外，如今还有四个跪着的“千年石人”，其中一个没了脑袋。

堂庑两侧有雷神十二尊拱立，还有雷公、电母、风伯、雨师等诸神。全部建筑沿中轴线布局，顺山门青石板台阶拾级而上可直通后殿。门楼、照壁、柱础几乎无处不雕，砖雕、石雕、木雕可谓无雕不精，显示了古代建筑的精湛艺术。雷祖祠藏有许多珍贵文物，苏轼雷祖祠赋、寇准咏雷祖祠诗、南宋宰相李纲的碑记、乾隆皇帝的御笔匾额等。

这是凝固的历史，沧桑俯仰已千年。

从清代到现代300多年时间里，雷祖祠只有小修小补，无大修记录。“文革”破“四旧”，许多人文景观被当作“四旧”扫荡，古碑遭毁，牌匾被砸，字画焚烧，雷州石狗也被视为“四旧”而遭劫难，有的被砸毁，有的被抛沉于溪流。许多文物古迹破坏得百孔千疮。雷祖祠也未能幸免，局部遭破坏，后作了小修补。

1993年政府曾动意对雷祖祠进行全面整修，规划都出来了，至少需要上千万资金，后因资金不到位而搁置。一年年搁下来，十多年过去了，领导换了几任，始终没有付之行动，成了半拉子工程。

文物古迹是一个国家文明的标志物，是历史长河中遗留下来的人类文明的足迹。每一代人，都有责任把珍贵的文物古迹传给子孙后代。陈宇爷爷茂德公是雷祖47世孙，陈宇作为雷祖49世孙，如今义无反顾地承担起重修雷祖祠的重任，感到很自豪。

陈宇说：“是阴差阳错，还是鬼使神差，重修雷祖祠等着我来完成。冥冥之中，我感觉是祖先在召唤，这是上苍对我的厚爱。”

雷祖祠自唐贞观十六年始建，迄今已有1350多年。贞观盛世成为历史，贞观年间始建的雷祖祠还在。整修雷祖祠，可以把大唐盛世曾经辉煌的历史资源利用起来搞旅游。用陈宇的话说："1300 多年的历史，需要 1000 多万元整修，这一年一万元的历史，这钱值得花！"

2006 年新颁布的《文物保护法》是完善保护文化遗产制度的重大举措。"保护为主、抢救第一、合理利用、加强管理"，这是贯穿《文物保护法》的基本原则。十六个字相辅相成，准确揭示了保护与利用的关系。为保存雷祖祠历史遗韵，重修项目始终坚持一个最重要原则，修旧如旧、原汁原味，不单是要它的尺度、建筑样式要符合历史，还要保留原来的内在的精神。如今工程已基本竣工。雷祖祠经历代兴衰，终于以崭新的姿态，笑迎天下宾客。

4 "雷州换鼓"天下绝

雷祖祠前原来只有一小块操场，停车不便，祭祀者一多容纳不下，更别说举行大型祭祀活动了。

千年遗存的雷祖祠，头顶全国重点文物保护单位桂冠，祠前没有广场，不仅无法恢复雷州换鼓这一民俗活动，而且也达不到国家旅游局制定的旅游景点星级标准。

雷祖祠前车来车往，大型机械进场，打破了昔日的宁静。经过数月的紧张施工，如今一个气势宏大的祭祀广场出现在人们眼前，顿时提高了以雷祖祠为中心的旅游点的档次。

为何要新建一个这么大的广场？

陈宇介绍说："表达崇敬雷祖的地方，却没有一个道场，祭祀总得要个广场。再说搞旅游游客多了，雷祖祠前要有一个广阔的活动空间，更重要是为恢复中断了几百年的'雷州换鼓'提供了祭祀场所。"

"雷州换鼓"是雷州古代雄伟壮观的大型祭雷仪式，自古名扬中国。明代冯梦龙的《警言通言》借主人公之口说："从来说道天下有四绝，却是雷州换鼓、广德埋藏、登州海市、钱塘江潮。"

何谓"雷州换鼓"？

冯梦龙列举的天下四绝中，"广德埋藏"指安徽广德有个太极洞，洞深广阔，每年春季，有一天太阳光线会从望天孔中直射进来，出现"太极重光"

好一个雷震神州 天下别处的闪电一般呈扇形，雷州闪电是球形的，像蘑菇云那样闪开，刚一闪声音就炸开了。有人描绘道："频频电闪，如银树琼枝，似金蛇狂舞；隆隆雷鸣，如排峰倒江，似山崩海啸。"雷州半岛上的打雷闪电是可以声震神州的，这便是雷州地名的由来。

现象；"登州海市"指每当春夏之交，山东蓬莱阁以北辽阔海面常会出现神秘的海市蜃楼奇观；"钱塘江潮"是大家最熟悉的，指浙江钱塘江流域由于月球和太阳的引潮力作用，出现异常壮观的潮水，水柱高达数丈，浪花飞溅，惊心动魄。照此推论，"天下四绝"其他三绝都是自然景观，而"雷州换鼓"却是人文景观和自然景观的结合。

雷州的雷，的确不一般。一般闪电是扇形的，雷州闪电是球形的，像蘑菇云一样闪开，刚一闪声音就炸开了。对于雷州独具的"打雷"景观，有人作过这样的描写："频频电闪，如银树琼枝，似金蛇狂舞；隆隆雷鸣，如排峰倒江，似山崩海啸。"这里描绘的是壮观。实际上，雷州新雷炸响是令人惊骇的，那电闪雷鸣震天动地，人畜恐慌，世间罕见！

在遥远的岁月中，雷州新雷炸响在先民中就是一个令人恐惧的灾难，猛烈的电闪雷鸣中还会出现暴雨，暴雨中还会出现洪灾，那令人惊骇的雷声每年在头顶炸响是无法拒绝的，可是，如何才能抗拒由此产生的恐慌呢？有记载的"雷州换鼓"祭祀仪式始于唐贞观十六年(642)，更早的抵抗恐惧的方式一定在更古老的岁月中就开始了。当天雷炸响时，雷州数百上千人同时擂响大鼓，惊天动地的鼓声和先民的呐喊声会盖过天上的雷声。这隆隆的鼓声是人类创造出来的，它盖过了雷声，勇气因此焕发，恐惧被驱走了。这样的行为渐渐演变成大规模的祭祀活动，总在冬春换季新雷将至时举行。

有记载的"雷州换鼓"祭祀仪式，自唐代延续了千年之久。据唐刘恂《岭表录异》记载：雷州百姓每岁修造雷鼓，送入雷祖祠致祭，取出旧鼓，换进新鼓，故称"换鼓"。"换鼓"是"祭雷"的别称。

《雷祖志》记载：雷州祭雷活动一年举行三次，分别为开雷、酬雷、封雷。

开雷在每年农历正月十五日元宵节举行，这天是雷祖得道升天之日。酬雷于每年农历六月廿四日举行，意在酬谢雷祖。为什么定这一天，这是历史留下的一个谜。

这天是彝族“火把节”。对彝族来说，“火把节”如同汉族的春节一样隆重。古雷州是多民族地区，境内居有黎、瑶、壮、察、侗、苗等少数民族，也许当时也有彝族？不得而知。

第三次“封雷”祭祀，于每年农历九月初一举行，这天是雷祖诞生的日子。

最为隆重的是元宵日举行的“开雷”祭祀，据史料记载，开雷由锣鼓队、旌旗队、僧尼、族老、歌手、大众等按八卦图形排列成八卦阵。官员、贵宾及司祭人员在正面就座。场中央置一个大铜鼓，鼓面为太极图，法师站在鼓上主祭。参祭人员分九个方阵。

第一列阵为鼓阵，共置108面铜鼓，每鼓饰以云雷纹。

第二列阵为锣阵。

第三列阵为旗阵。

第四列阵为僧尼。

第五列阵为族老。

第六列阵为歌舞手。

第七列阵为远方来宾。

第八列阵为本地宾客。

第九列阵是黎民百姓。

法师宣布祭雷仪式开始，百姓官员一律伏地叩拜，向雷公祈祷雷声常作，雨水充沛，催生万物，故曰“开新雷”。接着由僧尼大众出场颂经，然后便是各族老颂唱铜鼓歌。之后由歌舞手出场唱雷歌、演雷剧、奏雷乐、跳傩舞。其歌朴素悠扬，感人肺腑；其舞古朴粗犷，原始强劲。随着演出不断推向高潮，旌旗招展，锣鼓齐鸣，响声如雷，震荡百里。整个活动感天地、泣鬼神、震撼人心！

开雷击鼓有固定的鼓点，非常讲究。先慢打一轮，再紧打一轮，时轻时重，时缓时急，每轮击鼓均十八槌。当击鼓至第六轮最后一槌即第一百零八槌，最为响亮。顷刻间千鼓竞发，鼓声如雷，震天动地，祭雷活动进入最高潮。

新修的雷祖祠入口处牌坊 茂德公是雷祖第47世孙。陈宇作为雷祖的第49世孙，义无反顾地承担起重修雷祖祠的重任，感到很自豪。他说：“冥冥之中，我感觉是祖先在召唤，这是上苍对我的厚爱。”

法师在这一槌落鼓的同时，迅速将预先选好的新鼓换去雷坛上的旧鼓，旋即轰隆隆一声，晴天霹雳，电闪雷鸣，风雨接踵而至。这正是《易经·系辞》所说的“鼓之以雷霆，润之以风雨”的意境。

此声只应天上有，为何平地起雷霆！

换鼓场面壮观，其雄伟的气势，不灭的激情，喷吐着胸中的向往，可谓难以比拟的民俗盛仪、艺术经典，冯梦龙所称的天下四绝，列“雷州换鼓”为四绝之首。大约因后三绝是自然现象，这第一绝却是融自然与人文为一体的“天人合一”景象。

每年的新鼓，都是事先从各部落敬献的最好的铜鼓中挑选出来的。祭雷仪式结束后，凡求雨的、求财的、求功名的、求子嗣的、求平安的，皆可列队行至“雷坛”前，按顺序击鼓三槌，以图吉祥。

雷州铜鼓在古代曾有多种用途，它既是乐器、祭器和礼器，“雷州换鼓”不但象征雷，又是权力和财富的象征。最后，各部落首领相互交换赠送铜鼓，互相祝愿。通过“雷州换鼓”活动，增进了各民族的团结。

一个民族的团结和振兴，离不开精神的支撑。我们民族的精神在哪儿？在我们的文化里。雷祖既是“雷神”，又是“雷民之祖”，雷祖成了自然崇拜与祖先崇拜的统一体，具有至高无上的权威。雷州有大多数的人姓陈，他们都把雷祖当作祖先来祭祀。

千年沧桑，百年父老。“雷州换鼓”这一自古流传的祭祀活动，记叙了雷州百姓生生不息的足迹，荡漾着雷州黎民的激情。千古以来，民间祭神、祭祖活动从来就没有停止过，因之一个民族才有伟大的传统。

● 同时期的世界和相关思索

2008 年金融危机在美国爆发后，立刻波及全球。不论有关专家如何解说这场危机，人们都能看到，金融危机并非孤立地发生在金融领域，几乎所有生产领域发生的困境都不是由于生产能力不足，而是生产能力过剩。

中国是个有巨大农业人口的国家，但在改革开放的 30 年间发生了很大改变。若审视三大产业结构，当发达国家的农业人口缩小到 5% 左右时，中国有 80% 农业人口；当发达国家工业人口缩小到 10% 以下时，中国实际从事工业的人口接近 50%。今天，第三产业正在发达国家成为容纳最多就业人员的产业，中国第三产业则是当前最需要大力发展的薄弱环节。还有一个不能漠视的现象：科技的迅猛发展及其在制造业的突出应用，已使人类在今天不需要过多的人员挤在第二产业进行相互耗损性竞争，竞争的结果必有相当一部分企业陷入严重困境直至倒闭。这是中国拥挤的第二产业突出的困难。如果适时地看清形势，有一部分人员向第三产业的消费型经济转移，则不仅是一种理性选择，还可能看到这是一个机遇。

第三产业的龙头就是旅游业。中国旅游业的起步，比二战结束后便陆续起步的欧美各国旅游业晚了 30 年，比日本、韩国、菲律宾等东南亚国家也晚了 30 年。因严重落后，1978 年起步后，中国旅游业在世界上的排名一路飙升。以旅游外汇收入为例，1978 年中国旅游外汇收入在全世界排名第 41 位，2000 年跃居世界第 5 位，2001 年加入 WTO 后一直保持在世界第 4 位。2007 年中国全国旅游业总收入突破 1 万亿元，这个“走出去玩一玩的事业”，在国民经济收入中已占有举足轻重的地位。在 30 年改革开放中，旅游业的增长速度高于中国经济年均增长速度，也高于世界旅游增长速度。

迄今，全国几乎所有的省份都把旅游业定位为支柱产业或重点产业或先导产业。很多贫困地区认识到：旅游业是脱贫良方。乡村旅游业具有“小项目、多功能、广受益”的特征。“乡村游”是世界旅游业的发展潮流，“农家乐”也是外国游客喜欢的形式。在中国辽阔的农村，脱颖而出的“乡村游”，蓬勃兴起的“农家乐”，星罗棋布。注重发展中国乡村旅游，并带动相关服务业、文化产业联袂发展，现实及潜在的市场需求都十分广阔。

第11章 于荒凉处织锦绣

夕阳西落，海面通红，斜阳海韵，七色彩虹常现，这里的日落美景与印尼巴厘岛难分雌雄。岛上还有成片的木麻黄、红树林，森林覆盖率曾高达80%，堪称人间清净地，天然大氧吧。在中国漫长的海岸线，绝大多数地方只能看到海上日出，因绝大多数是东海岸。这个赤豆寮岛就在雷州半岛的西岸，是中国大陆少有的能看到海上日落的地方。岛上面积上千亩，只有几个小茅棚，是渔民来捕鱼时留下的临时搭盖。未开发，就是上千亩荒凉……虽未开发，也极美啊！赤豆寮岛就是红豆岛、爱情岛。"世外若生红豆树，神仙也有断肠时。"这西海岸的红豆岛有过怎样的往事？海天一色，万步平沙，累了在沙滩上坐一会儿，听听海浪潮声……但是，他的开发理想受阻，正搁浅于沙滩。

中国地域辽阔，东西南北各有不同的自然和文化环境。大抵每个地方都可以发掘出“唯我独有”的文化内涵。“唯我独有”，贵在一个“独”字。独出机杼，独树一帜。

1 昔日沉睡的白水沟畔

雷州城郊有个白水沟水库，水库周边是一片荒芜的山坡地。五六年前，雷州市委市政府就把这里划为开发地带，可是招商信息公布后，无人问津。有的老板来谈了，到实地看看，摇摇头走了。

直到陈宇响应政府“回归工程”号召，与政府正式签约开发白水沟，白水沟才成为市民关注的焦点。

中国改革开放之初，北京建的第一个合资项目就是“京字第一号”的建国饭店，被称为开启了新时期中外合资的先河。在改革开放近30年的时候，雷州要发展旅游，“住”的问题仍然是个瓶颈，当务之急还是要建个有档次的酒店。

宾馆饭店是一个地方最直观的形象窗口。大饭店是当地旅游发展的必要条件，也是政府对外交流、合作，与外商谈判的一个平台。否则，要让外商坐下来谈判，坐哪里谈？到政府办公楼来谈，不合适吧。最合适的地方就是豪华饭店，全世界如此。

上世纪80年代初，哗地一下，人们还未看清是怎么回事，许多城市里一栋栋宾馆、饭店、酒楼拔地而起，雷州却风景如故。因为住宿条件差，旅行社把雷州安排成一个旅游的过路停靠站，让游客下车解解手，就去湛江了。

陈宇看中了白水沟的开发价值，当然也有对家乡的感情成分在内。“有益家乡的事多做一点。”这是他动员自己回乡创业的一个理由。白水沟眼前一片荒凉，他决心在荒凉的地方做出锦绣。他感到在这样的地方做事业，能更体会到一种成就感。

他开始称这个地方为白水沟畔，加个“畔”字，他感到这荒凉的地方有点儿好听起来。他领导的樟树湾集团在此有三个重点项目：

一是兴建一座以鼓文化为主题的五星级旅游度假酒店。二是兴建一座仿唐古城，力求还原雷州古城墙、鼓城的原始风貌。三是兴建半岛首府高档居住社区，这是雷州最顶级的高品质楼盘，现代化、人性化设计与特色水岸园林是项目的亮点。

陈宇说，他要把樟树湾五星级大酒店建设成一个高规格、高标准、设施完备、功能齐全、服务一流、人气旺盛的商旅中心，为雷州经济社会发展增光添彩。酒店建成后，雷州旅游资源配套设施的紧缺状况将大为缓解。

酒店占地总面积约60亩，建筑面积8万多平方米，多种类型的客房总数达400间。配套服务设施有千人宴会厅、西餐厅、多功能厅，还有商务中心，画廊，大堂吧，KTV豪华包房，桑拿房，并配有游泳池、健身房、网球场等体育设施，具有现代酒店的完备设施和全方位服务，是旅客观光、商务、考古、休闲的理想居所。

中国文化浩瀚如海。旅游本身是一种综合性文化活动，具有承载文化、展示文化、传播文化的功能。旅游与文化就像孪生姐妹，为使新建的樟树湾大酒店有特色，陈宇给酒店定位，要打造成国内唯一以鼓文化为主题的五星级旅游度假酒店，这便增加了酒店的文化成分。

《易经·系辞》曰：“鼓之以雷霆，润之以风雨。”鼓是雷州文化的灵魂。古代小说《说唐》里便有雷州风雷鼓的描述。雷州博物馆展出铜鼓是俚僚族的代表器物。近年在雷州英利镇谭典、上唱与流沙寮村，还出土了一批汉代铜鼓。

在古代战争中，击鼓出兵，鸣金收兵。《荀子·议兵》里就写道：“闻鼓声而进，闻金声而退。”在两军激战的古战场，澎湃的鼓声催人奋进，是前仆后继的号角，是勇往直前的激情。

在民间，鼓常用于祈神祭祀、祈年庆丰、婚丧嫁娶、歌舞娱乐。《盐铁论》记述“椎牛击鼓，戏倡舞像”，鼓声是对风调雨顺、五谷丰登的祈盼，是对太平盛世、丰衣足食的向往，是民众欢乐团结的象征。

鼓的历史很久远。原始社会，人们敲击石器给舞者助兴；陶器时代，先民用陶土烧制成“土鼓”，并用蒉草制成鼓槌来敲打。商周时代鼓已普及，《周易》有“鼓之舞之以尽神”的记述。《周礼》《礼记》《仪礼》三礼中记载的鼓的种类有雷鼓、提鼓、悬鼓、土鼓、灵鼓等30多种。春秋战国时期的鼓有羯鼓、狼鼓、渔鼓、同鼓、花盆鼓、大堂鼓、书鼓、点鼓、战鼓、板鼓、排鼓、琴鼓，广泛用于祭祀仪式、战争和宗教等场合，也用于围猎、音乐、舞蹈、信息传递。

数千年来，鼓文化早已融入中华多民族的血脉之中。鼓的用途广泛，雅俗共赏。击鼓迎宾，击鼓欢庆，击鼓祭祀，击鼓升堂，击鼓鸣冤……形成了独具特色的鼓文化。鼓在不同历史时期、不同民族都具有不可缺少的作用。它虽然非常古老，但“文革”中“破四旧”也没砸在它身上，欢呼、报喜的游行都还少不了鼓声助兴。

如今声名在外的如陕北舞姿雄浑的“安塞腰鼓”，山西气势磅礴的“威风锣鼓”，甘肃兰州舞姿轻盈的“太平鼓”，安徽得儿铃咚的“凤阳花鼓”等等，可以说是各为家乡出尽风头，挣足面子。可是列“天下四绝”之首，如雷贯耳的“雷州换鼓”却偃旗息鼓鲜为人知。

鼓文化还是一种世界性的文化，人类伴随鼓声一步步走向文明。鼓文化同样需要保护，陈宇立志将鼓文化弘扬光大。他花巨资从北京拍下了北京2008年奥运会开幕式上使用的20面“奥运缶”，准备陈列在大酒店内，作“镇殿之宝”。有人说花几百万元买20面“奥运缶”有点划不来。陈宇认为文化的力量不可估量。买下“奥运缶”，既可配合“雷州换鼓”祭祀活动，还可以为建设中的“鼓城”增添春色。

珍贵的“奥运缶”和雷州铜鼓，都将是酒店的重要装饰，除此外，还将收集古代的陶鼓、土鼓、皮鼓、木鼓、铜鼓，以及现代的爵士鼓、架子鼓等，还有各民族的特色鼓种，如满族的抓鼓、朝鲜族长鼓、傣族的象脚鼓等。尽可能地收集实物，没有实物就寻找照片，将各历史时期不同地域、不同民族、各式各样的鼓齐集于一堂，在樟树湾大酒店陈列，将蔚为大观。

2009年3月30日，樟树湾大酒店举行了隆重的奠基典礼仪式。现场彩旗飘飘，鼓声激扬，雷州市市委书记李昌梧、市长罗滇南等四套领导班子成员，雷州老书记陈光保等老领导以及市副科级以上单位的主要领导，

奥运缶与雷州大鼓 鼓文化是一种世界性的文化。茂德公企业花巨资拍下了北京2008年奥运会开幕式上使用的20面“奥运缶”，有人认为此举不划算，陈宇认为文化的力量不可估量。雷州先民自古钟情大鼓，以击鼓抵抗惊雷，由此衍生出数百上千人同时擂响大鼓的大型祭雷仪式。是时，惊天动地的鼓声和众人的呐喊声盖过天上的电闪雷鸣，勇气因此焕发，惊恐被驱散，这体现的是团结汇聚的人类力量。上图为雷州大酒店奠基典礼上使用的“奥运缶”。下图为雷州大酒店大厅正中安放的雷州大鼓。

部分镇（街道）、社区、村委会的领导干部，社会各界人士，樟树湾集团公司领导和员工等1000多人参加了奠基仪式。

李昌梧与陈宇也一起为樟树湾大酒店奠基击缶。李昌梧宣布："樟树湾大酒店奠基开始。"刹时，礼炮齐鸣，锣鼓喧天，彩烟飘飞，醒狮起舞。仪式上，还进行了舞狮、腰鼓、击缶、独唱、串唱、合唱等雷州乡土文化特色的文艺表演，其中的击奥运缶表演最为引人入胜。

昔日沉睡的白水沟畔，呈现一派热火朝天景象，一台台塔吊正举着巨臂交错作业。工程进度可用四个字形容：日新月异。2010年春节元宵期间，酒店工地还是一个个排列有序的大坑，正在进行基础施工，立夏时高楼已平地拔起，到冬至已是一大片雄伟建筑群。预计2012年7月，第一批客人可入住。

2012年4月16日，湛江新闻网报道，4月14日是个星期六，雷州市的文化休闲体验旅游项目——插秧，把湛江游客吸引到了樟树湾大酒店来体验插秧。

如前所述，樟树湾大酒店尚未开业，但是它独具一格的文化休闲体验旅游项目已开始吸引顾客。酒店内的重要建筑，也已经开始有限地供人参观。先看看这个大厅里的"雷州大鼓"，还有高悬的竹编大吊灯，都是浓浓郁郁的雷州文化。

再看与五星级大酒店配套的农家茅屋和秧田，这大约是天下绝无仅有的一种文化融合。你瞧，在五星级大酒店楼宇之间的中庭，留下上通天宇的红土地。在这雷州半岛的红土地上建有两座茅屋。茅屋门前有两畦水田，水田里流水浸灌，翠绿的秧苗已经在田埂上静静地等待着一个开春的传统插秧祈收仪式。

仪式开始了。鸣锣、放炮，祈愿丰收……这个古老的春播仪式，在中国春秋时期的《礼记》中就有记载，它包含着敬天顺应自然规律和敬重劳动。雷州半岛上古老的插秧祈收仪式与《礼记》中的风俗一脉相承。

这种体验并不只是体验一个远去的古老农耕活动。人类农业的历史经历了传统农业和化学农业两个阶段，我们今天已迫切需要进入发展生态农业的阶段。所谓生态农业，首先就需要有顺应自然规律的精神。好了，前来体验插秧的游客参加了这个开春的插秧祈收仪式，接着纷纷脱下鞋袜，卷起裤管，争相下田插秧。大家在水田里脚踩红泥，手拿秧苗，弯下腰来，一会儿就把“一亩三分地”全部插上了秧苗。主持者说：“祝福大家在这个美好的春天种下了丰收的希望。”

为了与“中国首家鼓文化主题度假酒店”相呼应，陈宇在此的第二个大项目是“盛唐风貌体验城”，同样把主题定位在鼓文化上，命名为“鼓城”。

2 盛唐风貌体验城

雷州得名始于唐朝，雷州古城建于唐朝。

唐太宗李世民在位期间，知人善用，出现贞观盛世。大唐雄风，吹拂到天南重地，雷州历史上也曾出现一段难得的太平盛世。

旅游业说的“景由心造”或“境由心造”，讲的都是旅游资源可以创造。现在没有，不等于永远没有。深圳原是个小渔村，没有古迹，没有历史文物，也没有历史名人。深圳“锦绣中华”、“中国民俗文化村”、“世界之窗”都是人工造景的典型，为全国发展旅游业突破历史资源限制做出榜样。鼓城植根于天下雷王故里，便有丰富的可利用历史资源。

梦回千年，历久弥新。鼓城以唐代雷州古城为参照，全部建筑仿唐代风格，力求还原雷州古城的盛唐风貌，古街房屋雕梁画栋、飞檐翘角，将楼台、亭馆融入街市之中。高挑的酒幌，色彩斑斓的唐代宫灯、民间大灯笼，再现千年风俗风情，做到做足了，便是盛唐风貌体验城。

鼓城规划中最引人注目的是位于鼓城中心的戏楼，共有四层。一层架空抬高，二层是戏台，供本土文化雷剧演出，三楼和四楼均为观景平台，并设置供人们娱乐用的各类大鼓。

鼓城在展示鼓文化的同时，集中展示雷州的历史文化、时代风貌以及传承发展轨迹，再现雷州大唐盛世和市井民情。并配备大型购物中心、客栈、餐馆、酒楼、茶楼、咖啡馆、数码影院、溜冰场等娱乐设施，游客可在鼓街购物，品尝雷州风味小吃，观雷剧、看傩舞，体验盛唐风貌和雷州风俗文化。

鼓城又是一座寓教于乐的历史之城，具有园林建筑美、民俗风情美、社会人文美、文化艺术美，显示雷文化辽远精深的内涵，从而提升雷州的旅游休闲形象。

鼓城建成后，集文化旅游和商业购物两大功能于一身，吃喝玩乐于一体，成为游览、观光、度假、展览、会议、购物、考察、商贸等旅游活动的中心。游客白天游览雷祖祠、西湖公园、三元塔等名胜后，下榻樟树湾大酒店，晚餐后便可就近夜游鼓城，听听雷歌，看看雷戏，购买雷工艺品、雷土特产，可以令游客流连忘返。

旅游纪念品是旅游资源的重要组成部分，在旅游购物方面，雷州还没有一个像样的大购物中心。雷州夏天很热，空调商场少，街上购物的人又多，人们脸上都挂着汗珠。经营旅游纪念品的商店分散，游客购买不便。鼓城仿唐商业街建成，游客在这里可以方便地选购雷州特有的文化工艺品。

雷州半岛的旅游工艺品，种类繁多，蒲织、草编、竹编、泥塑、面塑、根雕、木雕、石雕、椰雕都有浓郁的地方特色。雷州半岛海洋贝壳资源丰富，各种贝壳、珊瑚，以及贝壳钮扣、异形钮、手链、耳环等首饰配件，贝壳花瓶、贝壳相框、贝壳佛像、贝壳家饰摆件都具地方特色。流沙港有“中国海水珍珠第一村”的美称，珍珠制品名扬全国。雷州汉唐竹木雕刻工艺漂亮美观，竹雕工艺字画雕有心经、大悲咒、金刚经等，颜色仿古逼真，畅销各地。最具特色的是雷州石狗文化工艺品，石狗模型、石狗笔筒、石狗摆件，此种石宠物工艺品，带到西方国家赠亲送友，必受欢迎。

在鼓城还可品尝雷州各色小吃。

“民以食为天，食以味为先。”中国在国际上被誉为“烹饪王国”。而“食在广州”更是中外闻名。“食在雷州”也名不虚传，雷州有顺口溜：“一狗二牛三赤蟹，四鸭五鹅六阉鸡，蚶蚌第七鲎第八，九是猪肠十猪蹄。”

敬狗为神，食狗为乐，亦是雷州一怪。

怪在既然敬之为神，又为什么以吃之为乐？但不管怎么说，雷州人对狗肉情有独钟，称为“雷州第一菜”。

“秋风起，狗煲香。狗肉滚三滚，神仙站不稳。”

“没有白切狗，饮酒不过瘾。”

许多地方百姓吃狗肉一定要等到立冬这一节气过后，雷州人一年四季皆吃狗肉。夏至吃狗以热攻热,冬令吃狗驱寒进补,有些人还更执意认为“食夏至狗”才过瘾。白切狗则是雷州特色的名菜。

在雷州，还有白切鸡，白切肉，清煮花蟹，沙虫汤，人说：“一二三，不管鸡鸭和猪羊，通通放进白水煮。”其实，“烤”也是雷州一大特色。如烤金猪，雷州人在地里挖一深坑，围砌好，往里面投放木柴，烧至大热后便可烤制各类食品，叫“地炉”。把整只农家土猪悬于地炉里，烤至皮色大红便熟透了，具有皮、膏、肉多层口感的美味，食客常夸“老好吃了”。

雷州风味小吃叶搭饼、金捞饭、嘉岭白饼、雷州大粽、油炸虾饼、乌石甜糟，回味悠久。食客亦夸：“雷州美食，好吃！”

陈宇的第三个大项目，是兴建半岛首府高档居住社区，是雷州最顶级的高品质楼盘。半岛首府，地理位置得天独厚，拥有无与伦比的天然湖景，配套完善，交通便捷。由国内知名建筑设计部门设计。半岛首府将以高端的形象与品质出现，为雷州居民提供前所未有的高品质超大型居住文化社区，也是提升雷州城市形象的重要组成部分。

在陈宇的规划中，白水沟畔这三大项目是紧密结合的。五星级度假酒店解决游客吃、住，鼓城主要解决游客游、购、娱，房地产项目有助于雷州人的居住环境，安居才能乐业。

3 赤豆寮爱情岛

企水镇位于雷州市西部海岸，是广东省17个一级渔港之一，当地以渔业为主。从雷州出发，到企水镇约40分钟车程，与企水镇一水相望有个赤豆寮岛，面积千余亩，岛上绿树成荫，沙滩平阔，潮平浪小，水体明净，水底坚硬平坦，没有暗流，是天然的海水浴场和赏海胜地。

赤豆寮岛是个荒岛，渔民逢汛期上岛搭草寮临时居住，故名赤豆寮岛。岛上现有一座刚建不久的雷首庙，无固定住房，只有几个简易临时茅棚。大学刚毕业时，陈宇曾邀一伙男女同学上赤豆寮岛游玩过，天蓝蓝，海蓝蓝，

赤豆寮岛西海岸沙滩 中国有1.8万公里海岸线，绝大部分在东海岸，雷州半岛上的赤豆寮岛西海岸是中国大陆少数能看到海上日落的地方。这儿的沙滩，万步平沙，洁白如雪，海水潮平浪小，水体明净，水底坚硬平坦，没有暗流，是天然的海水沐浴场和观海胜地。陈宇投资开发赤豆寮岛，欲建半岛西海岸最具吸引力的旅游胜地，却遇到了前所未有的阻力。坚持，还是放弃？他面临着痛苦的选择。他被官方和民间称为“雷州文化的传播使者”，却也会受阻于家乡人的不理解，这是值得研究的现象。

碧水黄沙，构成一幅幅极美的图画，在他脑海里留下忘不了的印象。

陈宇当时就想，这么个好的地方，不开发成旅游地，岂不是太可惜。十多年后，赤豆寮岛依旧是未开垦的处女岛，养在深闺无人识。

雷州市早几年就把赤豆寮岛列入招商引资的议程，几经商谈，未有结果。樟树湾集团回雷州搞旅游开发，与市政府签订赤豆寮岛旅游项目，获得50年开发权。

足荣村始祖就是从企水特浪村迁移到足荣村的，陈宇作为后人，现在来到企水开发旅游，这又让他感到开发赤豆寮岛，是冥冥中他与祖先的一种缘分，一种约定。

印度尼西亚巴厘岛的库塔海滩，号称世界上最美丽的海滩，它是以沙滩平坦，沙粒洁白、细腻而名扬世界。赤豆寮岛的沙滩不比库塔海滩逊色，缺的只是旅游配套设施。陈宇决心要把荒凉的赤豆寮岛变成文明生态旅游岛，世界休闲度假爱情岛。

事在人为，境由心造。就看你有多大能耐。

在赤豆寮岛海域，有丰富的海洋资源，其中鲎鱼特别多。鲎对爱情很专一，雌雄鲎一旦结为夫妻，便形影相随，不再分离。肥大的雌鲎常驮着瘦小的丈夫四处游走，即使狂风巨浪也不能拆散它们。雌鲎最忠于爱情。若渔人只抓它背上的雄鲎，雌鲎也不脱身逃跑，宁可殉情，与“夫”双双落网。因此鲎鱼享有“海中鸳鸯”之美称，俗名“两公婆”，是忠贞爱情的象征。

中国有1.8万公里海岸线，绝大部分是东海岸，西海岸只是雷州半岛等少数地方才有，赤豆寮岛外海沙滩便是西海岸，是中国大陆少数能看到海上日落的地方。

夕阳西落，海面通红，斜阳海韵，七色彩虹常现，这里的日落美景可与印尼巴厘岛媲美。岛上还有成片的木麻黄、红树林，森林覆盖率达到了80%，堪称人间清净地，天然“大氧吧”。

许多人在生活中几乎与大海无缘，一旦有外出旅游机会，就期望亲近大海。赤豆寮岛有清澈的海水和纯净细腻的沙滩，海水有浅蓝、深蓝两种层次，像有一条线清楚地分开。这里沙滩宽阔，海水洁净，沙色如雪，宽坦松软，无任何杂质，最适合情侣们漫步，或置身其中尽情翻滚。

碧海蓝天，海天一色，万步平沙，徜徉爱海，充满诗情画意。累了在沙滩上坐上一会儿，听听海浪潮声，或者换上泳装，牵手跃入碧海波涛的怀抱……赤豆寮岛，并不只是白天很美，每临月夜，月亮时隐时现，海风习习，涛声时发，其月白风清景色更为诗意盎然。

陈宇开发赤豆寮爱情岛的规划，把旅游“六要素”都考虑到了。在海岛，游客可品尝西海岸海鲜大餐，吃到刚从海里捕捞的活蹦乱跳的海鲜。可购到相思红豆饰品和天南地北的爱情信物，以及地道的海产品，贝壳、珊瑚类工艺品等。

赤豆寮岛的原始“草寮”已经拆除，规划新建酒店分AB两区，有高档酒店、观海别墅。下榻小岛酒店，“欲看白沙拍天浪，开窗放入海涛来”。看大海的辽阔，听海浪的澎湃，夜晚枕着浪声入眠。酒店还提供婚庆服务，有情人牵手走进婚姻的殿堂，让古老的爱情岛见证你的爱。岛上重建草寮式的亭台楼阁，供游人休闲，品茶谈天。

“游”与“娱”方面，岛上有情侣沙滩区、情人浴池、观海台、购物一条街、小食街、游乐场、沙滩排球场、水上乐园、日光浴、游艇俱乐部、海洋教育基地、养殖文化旅游区、疯狂派对、儿童乐园等。岛上建有世界上最长的海水游泳池，全长1314米，取“一生一世”之意，名为浪漫“爱河”。

雷戏中多有讴歌爱情的戏 雷戏起源于雷州歌，流行于雷州半岛，用雷州方言演唱，是具有独特服饰、唱腔和音乐的地方剧种。不管生活多么艰辛或困苦，雷州民歌都永不疲倦地流传着关于爱情的歌，雷戏也因之多有传颂爱情的戏。

规划中最具特色的是以爱情为主题的“天鲎爱情博物馆”，让千古爱情故事永留世间。

爱情是人类最甜蜜的情感，历代骚人墨客留下诸多名句：“关关雎鸠，在河之洲。窈窕淑女，君子好逑。”（《诗经》）／“人生自是有情痴，此恨不关风与月。”（宋·欧阳修）／“天不老，情难绝。心似双丝网，中有千千结。”（宋·张先）／“问世间、情是何物，直教生死相许？”（金·元好问）。／“无情不似多情苦，一寸还成千万缕。天涯地角有穷时，只有相思无尽处。”（宋·晏殊）

爱情寻源，有无数悲欢离合的故事，牛郎追织女追到天宫银河，孟姜女千里寻夫送寒衣，陆游与唐婉沈园邂逅，梁山伯祝英台双双化蝶……爱情博物馆前红豆树，笑迎天下有情人。馆内将有古典爱情故事浮雕，同时收集古今各个历史时期的爱情信物，不同年代的婚庆礼俗、婚庆用具，以及历史演变进程。古今中外名人爱情故事，平头百姓天荒地老的爱情故事，有情人终成眷属的离奇经历，并陆续增添新的收藏内容。在这里，年轻人可寻求初恋之法宝，老一辈会回忆自己的甜蜜往事，重温人生的酸甜苦辣。

茂德公为嘉仙鸡、为香辣酱增添光彩，茂德公的爱情故事，平凡而动人，同样为赤豆寮岛增添浪漫色彩，成为赤豆寮岛爱情博物馆的精彩内容。茂德公与刘荣阿嬷经父母之命、媒妁之言成婚，两人都是16岁，都不知对方长得如何，然而他们相濡以沫，举案齐眉，度过了70多个春秋。可真是“少年夫妻老来伴”。茂德公这辈子也许并没有对刘荣阿嬷说“这一生只爱你一个”，可是70年来情未了。爱情不仅仅是花前月下，卿卿我我，更多是养儿育女、柴米油盐实实在在的日子。这是中国农民普通的爱。岁月是爱情的试金石。谁说爱情不会随日月增长而浓郁!

“爱上赤豆寮岛，在赤豆寮岛上爱上你。”在电影院谈恋爱已经是上两辈人的故事，赤豆寮岛不单是情侣幽会的游乐园，而且是孕育爱情的温床。在这熙熙攘攘的尘世上，有些人注定彼此无缘，有些人注定迟早相遇。“千里姻缘一线牵”，赤豆寮岛将成为五湖四海青年男女寻找爱情的地方，独上海岛也许能找到自己的另一半。

赤豆寮岛，神奇的爱情岛。远离尘世的喧嚣，忘却尘世的烦恼，信步漫游海滩，寻找心的宁静。在岛上，人间的盛衰荣辱，是非曲直，俱成云烟……做这样的项目建设，就是在做旅游产品。换句话说，世界上有一种产品就是这样做的，先前的茂德公草堂建设，为陈宇提供了经验，锤炼了情操。做这种产品，不仅需要资金，更需要文化，需要想象，需要艺术空间，需要历史资源，需要人生境界……如果留心观察陈宇，则可能发现，所有这些向外的建设，都是在向内建设自己。这大约是一个有志向的人，勤勉的人，真正的收获。

遗憾的是，开发赤豆寮岛，陈宇构想的美丽蓝图，刚刚付诸行动，却遇到意想不到的阻力。

4 半路杀出程咬金

赤豆寮岛是中国海洋局公布的第一批可开发利用的无人岛。无人岛的使用开发，只要和当地政府签订协议，如数交纳租金，就可以取得海岛的使用权。2008年7月，广东樟树湾经济发展有限公司向雷州市政府提出申请，准备对赤豆寮岛进行开发建设。之后，公司与雷州市政府等有关部门正式签订了“关于使用赤豆寮岛50年”的协议。

2010年1月，雷州市海洋、渔业局给樟树湾经济发展有限公司正式签发了《赤豆寮岛南部开发利用批准书》。在批准书发出之前，按常规进行了公示，在公示期内，无人提出异议。

樟树湾公司按签约交纳了使用费，开始上岛清理垃圾，准备前期施工。在工程破土动工后，企水镇的乌黎村村民忽然站出来说，赤豆寮岛是他们村的属地。乌黎村村民随即多次赴岛阻止施工，还在岛上种植木薯苗，开发工程因之时断时续。

2010 年 11 月 15 日上午，乌黎村七八十名村民再次上岛，并打出大幅标语："誓死保卫权头海！"（"权头海"是赤豆寮岛的前称）"历史证明：权头海属于乌黎人民！"村民抢夺工具，将刚挖好的地基填平。工程陷入僵局。

雷州市委、市政府指示工程暂停，先做调查。

乌黎村村民拿出一张颜色泛黄的"海康县社员土地房产证"，上面写明 4 间草宅，还有"权头海"（赤豆寮岛附近海域土名）东至企水港、南至港门、西至青水、北至赤豆海，面积 2260 亩。落款时间是 1962 年 10 月 20 日，盖有"海康县人民委员会"的公章，还有县长"何珍"的署名，以此证明乌黎村对赤豆寮岛拥有"使用权"。

乌黎村村民还拿出"民国 ×× 年"的租金单据，单据上记载当时隔壁村的两位渔民，向乌黎村村民邓兰宾交清"光银九十九元批海款"之事。

雷州市多个部门组成联合调查组，调查后得出结论：乌黎村的"土地房产证"属于过时的无效证件。理由是，1962 年以来的 40 年中，海康更名雷州，其行政区划也发生多次变更，其中主要有 1984 年 3 月的撤销公社建制，设区建乡；1987 年 3 月撤区建镇（乡）。此后各乡镇区划时有小变动，公社化年代所发的土地证，早在推行家庭联产承包责任制以及历年的变更中失去效力，就如土地改革时发给农民的土地证，在公社化年代就已过时。同理，民国时期的租金单据，也不能证明今天的行政区划无效，这是显而易见的。而且单据体现的是乌黎村村民与邻村村民的某种经济关系，与没有居民的赤豆寮岛无关。

从赤豆寮岛本身看，它始终是个无人居住的荒岛。1982 年农村土地实行家庭联产承包责任制，1997 年，农村进行第二轮土地延包。在这两次土地大变更中，乌黎村人都没有对赤豆寮岛提出归属权问题。2003 年，雷州市政府有关部门根据中央下发的文件，对市辖的所有海岛进行全面调查，确认赤豆寮岛上无常住人口后，才认定其为无居民海岛。事实上，至今该岛也无一户居民。此间，有人上岛挖虾塘，都是企水镇在实行管理和协调。岛上树木，也是镇政府组织劳力种植管理。赤豆寮岛不属于哪一个村的管辖范围。

发展地方旅游事业，需要当地领导者的眼光和魄力。刚上任不久的雷州市市委书记许顺、市长刘耀辉，项目指挥部陈奇石副市长等领导者，都认识到经济落后的雷州市，如果用五到十年时间，加强开发雷州的旅游产业，建成“全国优秀旅游城市”，雷州发展的步伐将会更快。赤豆寮岛就是雷州市打造的重点旅游景点之一，如今由于乌黎村村民突然冒出来阻止开发，工程卡壳，市委、市政府的领导们自然很重视，前往调查，到现场做工作。

最先是由雷州市人大主任黄万霖、副市长陈奇石带海洋局等有关部门人员，进乌黎村去讲政策法规，做劝说工作，苦口婆心，村民不听。无功而返。

应该说，雷州市一班领导，还是很有耐心的，前后共进村 19 次，与村干部、村民代表谈心。还把村干部、村民代表请到市政府，谈开发海岛将对企水全镇、雷州全市的长远好处，同时也答应给予乌黎村适当的经济资助，但村民要求的数额太离谱，谈判无法继续。

雷州市委、市政府认为开发赤豆寮岛事关雷州旅游产业大局，不能停滞久等，经市政府同意，派出干警维持秩序，使停顿数月的工程再次上马。

听说工程开工，100 多名乌黎村村民于 2011 年 6 月 3 日上午再次上岛，情绪激烈，阻止施工。

复杂的问题还在后头。

乌黎村村民坚持认为赤豆寮岛是该村的属地，组织了六七十人到广东省委上访，声称“雷州官商勾结，强占村民土地”。

村民一上访，基层干部就处于尴尬的境地。

乌黎村村民上访的结果是：“工程暂停，等候调解”。

然而一波未平，一波又起。乌黎村村民的行动，引起其他村村民的不平。赤豆村村民站出来说，“赤豆寮岛是因赤豆村得名的，自古就是属于赤豆村的。”他们也提出，谁用了赤豆寮岛，要给予经济补偿。

可是，赤豆村的行政区划如今归唐家镇，比起企水镇的乌黎村，距离赤豆寮岛更远。

除此，还有邻近赤豆寮岛的红牌村提出类同补偿要求。

还有，与企水镇一水之隔的镇上渔民也在议论，认为他们才最有权要求补偿。

有人说，一个荒岛，历史上一直是无居民海岛，杂草遍布，从来没有人提过对赤豆寮岛的权力，现在开发商来了，就像“唐僧”来了，谁都可以“割一刀”。

陈宇陷入两难境地，做还是不做？

比抉择更难受的是他感到很伤心。

应该说，陈宇还是个有理想的青年。问题是他的理想甚至飞翔得很高很大，这就有实现它的很大的困难。他的理想是想把雷州建设成旅游明星县。这么说，话可能说大了。有人会问：你一个人有可能做到吗？那么，说他想为此尽自己最大的努力，可以吗？他想，开发赤豆寮岛实现后，能极大提升雷州旅游品位，对广东、对全国游客都会有吸引力，老外也会慕名前来。当大江南北、五洲四海的游客相继来此一游，必将给雷州地方带来长远的利益。而首先得利的，是包括乌黎村在内的企水镇村民。绝大多数干部、群众都说这是个功德无量的事，但做起来怎么就这么难呢？

陈宇的能力确实是很有限的，如果乌黎村村民非要这么僵持下去，陈宇经不起如此的折腾，这个项目夭折是完全可能的。那么要等到什么时候，才会再有一个不怕牺牲的再来一试？

放弃，还是坚持，只在一念之间。

这要不要坚持，不是要跟谁较量，只是要不要坚持自己的这个理想，这个开发家乡的荒岛的梦想。如果不得不向这个理想告别，那就到岛上去哭一场，然后挥泪告别……人生不是想做的事就一定能做到的。

但现在陈宇还在伤心之中，伤心意味着对这个“爱情岛”的留恋，它是有可能成为海内外无数人的“爱情岛”的。如果陈宇能够得以实施，乌黎村村民就会在不远的明天坐收好处，乌黎村村民为什么要自毁前景呢？乌黎村村民以为陈宇是个取之不尽的财神爷吗？这其实对陈宇估计过高。

严格意义上说，像他这样如今仍在如此奔忙的出生于农民世家的“开发商”，只是凭借他读书得来的知识，他经营企业的能力，在组织和运行各种资源的过程中发挥他的作为，试图对家乡有贡献，试图实现他心中那种理想，那种美梦。

陈宇认为，对村民上访，应该区分他们主张的权利合理不合理？近一年来，陈宇始终为自己的理想坚守着。项目指挥部成员被陈宇所感动，但也无可奈何。

陈宇说镇一级基层干部受气得不得了。上级压，村民骂，合理要求，不合理要求都要接受。

“说官商勾结，我连一顿饭都没有请过他们。”陈宇说，“他们太辛苦，有机会我一定要请他们吃餐饭。”

旅游业是脱贫良方。在中国辽阔的农村，脱颖而出的乡村游，蓬勃兴起的“农家乐”，一个旅游点致富一个村，一个旅游区繁荣一个县，并不鲜见。一个地方发展，自身要有原动力。中国农民有吃苦耐劳等许多优秀品性，也有目光短浅的缺点，这缺点其实是他们更大的困难。

赤豆寮岛的纠纷，也引发媒体的关注。广东电视台《社会纵横》栏目的记者上岛实地调查，在“开发商与村民的矛盾中”，本欲为村民说话，了解事情真相后，反过来劝解村民。

直到目前，因为乌黎村村民的阻扰、上访，工程什么时候复工，还在未知中。赤豆寮岛的开发，会不会夭折，还在未知中。

5 给我两晚，陪你一生

这是陈宇为雷州旅游项目创作的广告词，姑且作为标题。

中国地域辽阔，东西南北各有不同的自然和文化环境。大抵每个地方都可以发掘出“唯我独有”的文化内涵。“唯我独有”，贵在一个“独”字。独出机杼，独树一帜。

发展旅游首先有个定位问题。定位准确，雷州旅游业就能驶入快车道。游客每到一个新地方，总喜欢了解当地有什么特色，地方特色越鲜明，游客就越喜欢，也越能让游客记住。就购物而言，游客打道回府时也多半是买地方土特产品。

“雷州风物异中华”。纵观雷州历史、地理环境、自然条件、风土人情和文化艺术,都与“雷”密不可分。雷文化,便是“唯雷州独有”。寻常巷陌,市井勾栏,都流传着“雷”故事。雷祖雷神、雷州换鼓、雷州石狗、雷歌雷剧,以及雷州方言、雷州民谣等等。一连串的“雷”，汇成瑰丽的光环，萦绕着这片神秘的红土地，既是中华文化的瑰宝，又属雷州特有。

雷州发展旅游正是定位在“雷文化”上。

雷州，号称“天下雷王的故里”，以雷著称。据气象科学研究资料，全世界有两大雷区，一是印尼爪哇岛，一是中国雷州半岛。地名由来，一说因多雷得名，一说因敬雷得名。《雷州府志》则说雷州“郡南有擎雷山，其得名以此”。说法虽不同，都与“雷”有关。零距离感受亘古半岛风情，面对面触摸淳朴雷州，必有许多新奇的印象深刻的景象留在你的脑海里。

雷祖：没到过雷州的人，不知道这世上还有雷祖。见到时，与雷祖的塑像面对面，会为民间对雷祖的崇拜而感到震撼。奥地利人也称贝多芬为雷神，天庭的咆哮者，音乐的普罗米修斯。在雷州半岛，雷祖就是雷州的释迦牟尼。如果你在祭祀雷祖的日子里游历雷州,也许能看到天下壮观的“雷州换鼓”。

闻雷则喜：雷是当地救难救困的福音。宣统《海康县续志》称：“雷出万物出,雷入万物入。入然除弊,出然其利。”雷州人认为“雷为万物之首”,打雷能带来风雨，滋润庄稼，五谷丰登。

雷州石狗：陕西一古二土，人说“土得掉渣也卖座”。雷州石狗，不是土的，是石头的，像谜一般散布在半岛每一个村庄。“不用狮子不用神，石狗镇宅把大门”，这素称雷州一怪。在雷州，村口、路边、巷头、门旁、水口、坟前，到处可见形态各异的石狗，百态千姿、万种造型，几乎每一件都是独立的创作，绝少雷同，这非常令人惊佩！大的有一米多高，威风凛凛；小得只有拳头大，笑容可掬。雷州石狗虽然是驱邪镇魔的守护神灵，却罕见凶神恶煞形象。许多石狗都有一个硕大的、近于夸张的生殖器，尽显阳刚之美。据说新婚女子去摸一摸，便有“喜得贵子”的灵气。这似乎折射出古雷州先民的生殖崇拜。雷州石狗被列为国家民族民间文化保护工程试点项目，入选国家级非物质文化遗产名录。

雷戏：一般游客看雷戏都觉得新鲜，因雷戏独特的服饰、唱腔、音乐，极有地方特色，看个热闹也有趣。

雷歌：雷州歌形成于唐代，是雷州半岛最盛行的一种民歌。“雷州自古是歌海。”在生活中，以饭养身，以歌养心。白天劳动，田头地尾处处歌声，赶集走亲,歌声满路。雷歌既有阳春白雪的“雅歌”,也有下里巴人的“俚歌”。雷州千年来的兴衰起落，几乎都有雷歌唱述，世态变迁歌也变，其内容折射了雷州几千年文明发展的历史。雷州歌也入选了国家级非物质文化遗产名录。

雷州舞蹈：有龙舞、醒狮舞、貔貅舞、鹰雄舞、蜈蚣舞等。还有特有的“飘色”表演。“飘色”是融魔术、杂技、音乐、舞蹈于一体的古老民间艺术，即将小孩化妆成关公、吕布、貂蝉等戏剧人物后，固定在小推车两米多的高杆上，凌空而立，利用力学原理，营造出“飘”的效果。由于采用了高超的隐蔽的办法，在外人看来，那些人物造型是站在宝剑的剑尖或者一根钓竿上的，令人称奇。

雷州音乐：雷州的民间器乐曲，始于明盛于清，流行于整个雷州半岛。雷州音乐按演奏形式可分为将军令和小牌，有的气氛热烈，气势磅礴；有的旋律流畅优美，轻松活泼。

雷州汉子：皮肤黧黑，虎背熊腰，身强体壮，富有阳刚之气，拥有天生的骁勇。身强体壮力气大的雷州农民，抓住黄牛双角，猛一下能将黄牛翻倒在地。与人交往讲义气，直来直去，不善溜须拍马。孝顺是雷州男人共同的优点。

雷州姑娘：身材纤细，打扮潮流。走过雷州的异乡人常说：“雷州的女孩好好看。”

雷话：是广东四大方言之一。

雷州黄牛：体型大、步伐快、挽力强、性温驯、易饲养、耐劳耐热，是我国优良黄牛品种之一。毛色以橙黄为主,夹有黑色,肩峰高耸,脊腰平直,肌肉丰满，被农业部列入《国家种质资源保护目录》。

海产：海洋资源极其丰富，常见的鱼类有 521 种，主要是马鲛鱼、金鲳鱼、

雷州石狗 “不用狮子不用神，石狗镇宅把大门。”在雷州到处可见石狗，千种姿势，万般造型，几乎每一件都是独创之作，绝少雷同。如今，雷州石狗被列入民族文化保护工程试点项目，入选国家级非物质文化遗产名录。

石斑鱼、鱿鱼、鲟鱼、墨鱼、青鳞鱼、鲨鱼、沙丁鱼等。常见虾类有十多种，主要有墨吉对虾、长毛对虾、斑节对虾、牛形对虾、龙虾、鹰爪虾、琵琶虾、毛虾等；还有丰富的贝类、青蟹、梭子蟹、海蜇、海参、海马、珍珠等海珍品。

白斩狗：每当夜幕降临之际，在狗肉一条街，香喷喷的熟狗立于案上，食客如云。人们三五成群围蹲于小圆桌旁，要来一碟白切狗，慢斟细酌，谈天说地。狗肉铺当家多为妇女，操刀切肉技术相当娴熟，如庖丁解牛游刃有余。在湛江评比名菜时，白斩狗跻身名菜之列。

阳光：雷州属亚热带海洋性季风气候，冬无严寒，夏无酷暑，地处天南，天空高远而宁静，日照特别长，晚上七点半夕阳正红。

月亮：高空明月，儿童称月亮为“月奶”，青年人称之“月娘”，相比内地人叫月亮更有人文情怀。

南渡河：雷州人的母亲河，流域面积1444平方公里。江河源远流长，奔腾不息，在雷州市双溪口出海，被当地黎民视为“生命之河”。可乘船游览沿河秀丽风光，其中素有“半岛粮仓”之称的22万亩东西洋就在其下游的两岸。

红土地：雷州独有的红土文化风情底蕴深厚，春风化雨润红土，雷州以盛产水稻、花生、芒果、菠萝、香蕉、西瓜、蔬菜等农作物闻名于世。最出名的是甜蔗，素有“中国第一甜县”之称。

雷州不仅是国家历史文化名城，在继 2008 年被国家文化部命名为“中国民间文化艺术之乡”后，今年又被中国书法家协会命名为“中国书法之乡”。

以雷文化为品牌，游览雷州风景名胜，感受雷州风土人情，品尝雷州土菜佳肴、美味小吃、半岛水果，把雷州打造成雷文化旅游目的地。从旅游观光来看，这种浓郁的地理文化必有利于吸引外地游客，将其整合推出，转化成旅游资源，前途必将无可限量。雷州将会把弱势化为优势。让游客在这三天两晚中体会：天何其高远，地何其厚阔。到了雷州半岛，你会亲身体会到它的意韵。我们相信，未来的雷州，必会成为闻名海内外的旅游胜地。

6 雷州文化传播使者

陈宇讲起雷州，经常喜形于色，“咱们雷州怎么怎么”，不遗余力地向外界朋友介绍雷州风情。他还在茂德公草堂组建了“雷人歌帮”，为各地宾客表演雷歌雷剧，传播雷州文化。

在雷州旅游项目还未正式签订之前，2005 年春节期间，陈宇就出资邀请国内外媒体记者 30 多人到雷州进行雷文化寻踪，中央电视台、广州电视台及日本的《朝日新闻》等媒体都有节目播放和消息报道。这也许是外界第一次高层媒体对雷州文化的集中报导，吸引了人们的注视。

接着还分批邀请台湾记者及省内多家报社记者对雷州进行采访报导，进一步向世界宣传雷祖祠、石狗、雷州换鼓等人文景观和雷州的农副产品特色。

家乡雷州的一山一水、一草一木，在陈宇眼里，蕴藏着五彩斑斓的传奇，它们是有生命的精灵。陈宇不仅是说，而且是认真去做。他对这件事有浓厚的兴趣，或许也是不能忽视的原因。

他说他最早对山川景色留下深刻印象，是在龙门中学读初中时到鹰峰岭去春游。在湛江读高中时，他就与同学说起：“我们村有个八角井，有樟树林，可以做旅游景点。”还编造故事，说铁拐李、张果老、何仙姑等八仙曾在八角井修炼，各人占据一个角，然后由八角井出发，各显神通，漂洋过海。

在大学时，他已经知道自己十分喜欢旅游，趁国庆期间他约同学一起跑到山东曲阜去游“三孔”，下海做生意后，商务繁忙，但也乘到各地谈商务之便，游览了四川青城山、都江堰、九寨沟，云南丽江，浙江乌镇，陕西西安，新疆天山……游遍了大半个中国。到有心搞旅游，他还到印尼巴厘岛、马尔代夫等地考察。陈宇这种人生“履历”，其实是他非常重要的财富。所谓履历，其实极重要的并非今人履历表上填写的在哪儿读书、哪儿工作的经历，而是穿鞋去天南海北行走的游历。人生之旅，就得去“履”。闭门苦读，会读成书呆子。总待在一个地方，便如井中之蛙，难有大出息。陈宇的旅游经历，实际上如春风化雨，潜移默化地影响了他的思想境界、气质学养、思维方式、心理素质。

旅游业能提供较广阔的就业门路，仅樟树湾大酒店建成后，可增加上千人就业。这一点，也是对陈宇很大的吸引力。因为这里有不小的成就感。

岁月流逝，雷州有很多历史往事已经消逝，陈宇为自己能致力于“擦亮雷州这颗南国明珠”而激动，陈宇也因之被官方和民间称为“雷州文化的传播使者”。除了在雷州开发一系列旅游项目之外，陈宇在家乡足荣村还有精心的开发。足荣村只是一个小村，能做多大的文章，一个小池塘能容下蛟龙吗？但在陈宇心中，小小足荣村就是一个大世界，一个最能体现中国农民的大世界。

但是，他也会遇到难题，也会受阻于家乡人的不理解。

这是值得研究的现象。

● 同时期的世界和相关思索

世界旅游组织发布的报告指出，2007 年全世界游客总数接近 9 亿人次。尽管欧洲等成熟的旅游市场仍然是世界旅游的主要目的地，但新兴经济国家以及发展中国家的旅游业增长速度非常快。报告预测，在未来十年间，世界旅游市场的游客人数仍会以年均 4%以上的速度攀升，其中亚太地区将以 8%的速度成为全球旅游最具活力的地区。

2007 年中国是世界第四大旅游目的地国家，排在法国、西班牙和美国之后，同时是世界第六大旅游消费国。联合国世界旅游组织的最新预测：2015 年中国将成为世界第一大旅游目的地国家。

回首改革开放初，各大城市面貌的改变，无一不是从建旅游饭店大厦开始的。北京长城饭店初建如“鹤立鸡群”，金陵饭店 103 米高的塔楼成为南京市的标志性建筑，上海静安希尔顿、广州白天鹅……天津、杭州、西安、桂林等一批旅游城市都是从高档饭店建设开始改观。饭店摩天大楼宛如一个城市最夺人视线的“城市高度”，从中可以看见这座城市成长的身姿。

从 1982 年起，国务院先后批准了国家历史文化名城共四批 103 个。各地历史文化名城大力推进文化与旅游的结合，全方位、多视角、深层次地彰显古城风采，使古城旅游日益成为中国的旅游品牌。1990 年后，旅游六要素的概念逐渐在全国旅游业得到推广，即交通、游览、住房、餐饮、购物和娱乐，这是旅游产业结构的六个产品，应在配套发展上下工夫。

人类走进 21 世纪，保护生态环境，促进可持续发展，已是世界各国的共同目标和战略选择。保护好生态环境和文化遗产，推动旅游业向“可持续旅游业”转变，是当今世界环境与发展的一个重大而紧迫的课题。

第 12 章

足荣村风情

“知足”思想就是经典的中国古代哲学，高妙的生活智慧，这是与疯狂地追逐发展速度，掠夺性地开采自然资源，而且仍感不够、贪得无厌相反的思想行为。“知足小院”出现在足荣村，犹如远古先民要建祭祀场所，它就像今日足荣村人的文化道场。村里立的那么多“德字石”，非止形式，中国农民把德看得比天大，那是世世代代的心灵传承。一个小小的足荣村，称得上是中国传统道德和社会秩序的“活化石”。中国文化崇礼义、讲孝敬、广积蓄、息纷争、惜字纸、尊师重教等等，都弥漫在浓浓的乡风民情中。中国农村的前途，需要人才的回归，人心的回归，尊德崇善的中华文明观的回归。

这个中国小村是如此独特。中国有很多比足荣村更有钱，更有科技实力，乃至更有优势的村落，但少有像足荣村如此有个性，并成功地实现自己的村庄。

1 村庄的文化广场

陈宇想把足荣村做成让外国游客也来观赏的旅游目的地，很像是在做一件一厢情愿的事。但是，如果做得足够令人惊奇，说不定也有可能呢！

他在足荣村做的项目，有一个是巨大的乡村文化广场。宏甲初次踏进这个广场时忽然站住……为什么？那时刻他在想，自己走过的欧洲城镇，有没有一个这样大的广场？随后想，自己的阅历有限。梵蒂冈的广场是有这么大的，古罗马的市苑广场，废墟至今还在，那广场大约也是有这么大的。但是，那是大都市。世界上，古往今来，有哪个小村庄有这么大的文化广场吗？估计就这足荣村有此一景了。

剩下的问题是：一个村，建这么大一个文化广场，有什么用？即使全村的男女老少齐集广场，也只能占一个角。这广场干什么用呢？有必要吗？

在做足荣村的“旅游项目”之前，陈宇同爷爷茂德公、父亲陈英昌都商量过，爷爷和父亲都觉得在村里投资弄这个，恐怕得不到回报。陈宇就说，就算给村里做公益事业吧！两位长辈想想，同意了。足荣村的干部也很高兴，并为此成立了一个“美村小组”，积极配合工程征地等有关事宜。

茂德公想，村中演戏是大事，就对孙子提出个要求：“给村里建个戏台吧！”茂德公一直相信他的前辈传下来的一句话：“戏是唱给祖宗听的。”所以他还积极主张戏台要建在“陈氏宗祠”的正对面，祖宗才看得见。

茂德公是看戏长大的，很多做人的道理都从戏中学来。村中演雷戏大多与村里酬神、敬神、祭祖等活动有关。还有“年例戏”，即逢年过节请戏班子进村唱戏。请戏的资金或由各家各户筹款得来，或由个人赞助，或由村集体出钱。可是从茂德公记事起，村里就没有一个像样的戏台，等到戏

隆隆机声打破了村庄的百年宁静 雷州半岛上足荣村划时代的建设，是从这隆隆的推土机声开始的。每天清晨，这隆隆机声响起，都会引来许多村民“参观”，其中多是老人。这是他们活到老了才看到的家乡景象，这景象在一天天更新，在引发他们的想象，这一天一个样的场景里还将出现什么呢?

班要来演出了，才在宗祠前临时搭建。

在雷州半岛，农村爱看雷戏的人很多，每个村庄演出时间不确定，少则三五天，多则十几二十天。戏班到了村里，村民好烟好酒招待着。许多人家还把邻村的亲朋好友请来，喝酒看戏，好不热闹。

足荣村也不例外。如果村里要来戏班了，早一个月前就开始传消息。“要演雷戏了，要演雷戏了！”小孩子们奔走跳跃，争先恐后到戏台前画圆圈，在圈内放上大石块，表示这是“我家的座位”。不一会儿，不大的谷场画满了圆圈，大大小小的石块放满一谷场，可谓乡村一大特色景观。

小孩子们从画圈放石头起，眼巴巴盼着戏班早一天到来。当雷戏班终于进村时，男女老少高高兴兴、陆陆续续把凳子椅子放到戏场上自家早就画定的圈圈里替换了石头，有的把牛车驾来在戏场后面当凳椅。邻村的人们也闻讯赶来，戏场周围有许多忽然出现的卖零食的铺子，寂静的小村顿时热闹起来。戏在晚上八点左右锣鼓开场，一直演到凌晨一点多才结束。

锣鼓一响起来，就荡漾着四时八节的热烈气氛，平日的辛劳也在笑语欢声中化解。

新戏台和广场开工了。尘土飞扬，推土机轰轰鸣响，运水泥、砖石的大卡车来回穿梭，打破了乡村百年的宁静。

80 多岁的茂德公耳聪目明，精神矍铄，保持农民早睡早起的习惯，每天一大早就起床，到广场看推土机轰隆隆地推土，看工人建戏台，工程动工不久，茂德公越看越不对劲，和自己想的不是一回事。

广场占地一万多平方米。茂德公没想到，孙子给折腾出一个他想都不敢想的大戏台和一个大广场。戏台怎么那么大？即使全村人都上台，戏台也容得下。广场怎么要那么大？即使全龙门镇人都来看戏，也都挤得下。

这要花多少钱呀？

“常将有日思无日，莫到无时想有时。”一辈子省吃俭用的茂德公，见孙子把戏台、戏场（在茂德公眼里，广场就是看戏的场子）做得这么大，觉得孙子有毛病了，这钱像流水一样流走了……茂德公越想越不对劲，整夜都睡不好觉了，要是钱都流光了，怎么办？

陈英昌虽是见过世面的人，但对儿子把戏台、广场做得这么大也不理解。他的真理是，有钱多投些到辣椒厂去不是更好吗？

“这叫什么投资？这不是明摆着的赔钱项目吗？”

“你这不是烧钱吗？”

“你不是把钱白扔了吗？”

家里的人，家外的朋友，都这么责问陈宇，要他把项目立刻停下来，停止浪费！可是陈宇执意认为他不是浪费。“我没有白扔钱，一分钱都没有白扔。”他说他花在这项目上的钱全都投在家乡，怎么是白扔呢？即使我得不到回报，也不是白扔。“你能说你给你老爸老妈的钱是白扔吗！”

官方和媒体说陈宇是“回报乡梓”。这评价对不对？如果看这项目，几乎看不出这投资能得到回报，似乎就可以认同那评价。

“可是，广场为什么要建得这么大？”人们仍不停地问。

陈宇说：“广场有多大，村子的前途就有多大！”

我们这个时代，你若想赞扬一个人，也要小心谨慎。陈宇是有性格、有个性的人，性格与个性不大容易隐藏，却较容易提供某种真性情。现在的问题是，陈宇的胸怀有多大，究竟有多少人理解他。

陈宇在足荣村投钱去做的还有多磨谷场、茂德公生态农业体验休闲园、德文化雕塑园、知足小院、足荣一环等。北京有五环六环，人们都不觉得奇怪。陈宇要在足荣村搞个“一环”。你如果问他，他会反问你，村庄为什么不可以有一环，将来还可能有二环，难道不应该好好规划吗？难道城镇建设就应该没完没了地拆了建、拆了建吗？难道农村建设就应该是自由到无序的状态？有个环绕村庄的道路，是最节约最方便全村人生产生活的路，不应该早点有吗？

现在，我们感到有些接近陈宇性格的深处了。陈宇不说话时，看上去是有些虎头虎脑的，但这个头脑有其独特的东西，很不简单。我们即使感到有些接近他性格的深处了，仍不能轻易说理解这个头脑、认识这个头脑。

晋商是明清时期中国最出色的商人，其商业做到最远最大最有规模，原因之一是山西商人发明了票号，其钱庄渐有银行的功能，使晋商成为执中国金融界之牛耳者。迄今人们还能看到晋商在山西社会留下的丰富建筑遗产，如著名的乔家大院、王家大院等。宏甲曾经专程去山西考察历史文化，看到山西有很多遍布城乡的古戏台，以为这也是山西明清时期经济繁荣的一种体现。古戏台多为露天剧场，山西古戏台亦然，也有的利用自然环境的斜坡设计出方便人们观看的场地。村镇中有戏台，创造出众人共同观看的氛围，见悲伤大家共同落泪，见恶劣大家共同愤怒，见慈孝有德则大家共同赞扬，这是有人生存的聚居区必不可少的培育共同价值观的地方，是村镇中艺术的殿堂，灵魂的家园。

山西城乡尚存的古戏台建筑连同那露天剧场，可以让我们遥想到古希腊的露天剧场。古希腊露天剧场及其上演的悲喜剧对欧洲文化的深远影响是不可忽视的。宏甲还访问过意大利佛罗伦萨文艺复兴时期最早的有包厢的剧院。佛罗伦萨不仅是欧洲文艺复兴的发祥地，也是欧洲银行的发祥地，那里的商人为了防止海盗劫掠海上商船的金币，发明出支票，由此发明出银行。佛罗伦萨著名的美第奇家族就是从银行业起家的，佛罗伦萨最早的有包厢的剧院，也是美第奇家族建造的，那剧院里的包厢则是根据美第奇家族的阳台设计。据该剧院现任院长介绍，这座佛罗伦萨最早的剧院，早期上演的剧目都是供全体佛罗伦萨人免费观看的。变成收费的剧院，是近现代以来的事。美第奇家族在艺术和科学方面曾赞助过达·芬奇和伽利略，米开朗琪罗更在14岁就受到美第奇家族的培养。美第奇家族对意大利文艺复兴的贡献，甚至使其有“文艺复兴教父”之称。而美第奇家族的先人原是意大利中西部托斯卡纳的农民。

当我们想起历史上这些往事的时候，当我们看到山西迄今仍存的很多古戏台并深为敬佩那些历史深处的古戏台建设者的时候，再看看陈宇在贫困的家乡建起这样一座崭新的大戏台，与大戏台并存的“文化广场”其实就是巨大的露天剧场……宏甲还说，在山西看到的很多古戏台，没有一座有足荣村当今新建的这一座这么大……当我们看着想着这些的时候，如何来看待青年陈宇在今天的穷村建造的这个大戏台和大广场呢！

从陈宇1989年考上中央民族学院算起，他离开家乡有15个年头。外面的世界日新月异，足荣村却变化甚小，在某些方面甚至给人往后倒退的感觉。陈宇记得自己读小学四年级时写过一篇作文，题目是《咱村通了班车》，老师把它当作范文在班上宣读。“没想到现在农村公路路况，比我小时候的还要差。”以前农村公路有道班负责，现在道班解散了，公路处于无人管修的状态。路况一年比一年更差。他开小车回村时，路面大坑小洞，路边杂草漫淹，一路颠簸，差点开不进村。

“很恐怖的是，社会在变，许多乡村没变。”陈宇说，“现在的农村集体经济日渐空壳化，公益设施，比我做孩子时的农村还要破败。”

陈宇正在雷州开发旅游，总是会想到足荣村……为什么不可以把到雷州的客人引到足荣村来呢？足荣村有千亩樟树林，有千亩辣椒基地，可以举办乡村生态旅游节。有茂德公香辣酱厂，可不可以搞辣椒节？可不可以搞甘蔗节？还有，搞乡村雕塑展，展示从古至今的乡村生活，可以吧……

建设中的足荣村文化广场一瞥 宏甲初次踏进足荣村文化广场时忽然站住……古往今来，世界上有哪个村庄有这么大的文化广场？即使足荣村全体男女老少齐集广场也只能占一个角。不知多少人问陈宇：“村里的广场为什么要建得这么大？”陈宇说：“广场有多大，村庄的前途就有多大！”怎么理解这个文化广场的大意义呢？那时刻宏甲还想起了古希腊的露天剧场。这个建有巨大戏台的文化广场其实也是露天剧场。雷戏是雷州半岛上传承千秋的文化，村中有戏台，创造出众人共同观看的氛围，见悲伤大家同落泪，见恶劣大家共愤怒，见慈孝有德则共同赞扬，这是有人生存的聚居区极其珍贵的培育共同价值观的地方，是村镇中艺术的殿堂，灵魂的家园。

先要做好一个广场，一个标志性建筑。

他将广场设计成大四方形，中间用红砖铺出几何形的块状线条，红砖之间用红土、黄沙把空隙填满。一来雨天可以渗水，二来底下的微生物可以呼吸。我们见到许多城市广场都是武断地用水泥全部封死，这等于是无情地杀灭脚下的生灵。

宏甲说，这是一个会呼吸的广场，一个有生命的广场。

这还是一个承载着浓郁的乡风民俗、神话传说、民间信仰和艺术的文化广场。广场正前方是大戏台，与大戏台正对面的上方就是陈氏宗祠。陈氏宗祠前就有个宽阔的祭祀大平台，这宽阔的大平台上有五棵老祖宗留下的参天大树。陈氏祠堂是足荣村的圣殿，是陈氏子孙与祖宗对话的地方。祖先的功德、前辈的壮举、家族的楷模，在族人中具有强大的凝聚力。村人生子，都要带着祭品香烛，抱着新生儿，到宗祠认祖归宗，虔诚地对先祖顶礼膜拜。人生总有几个过不去的槛，祭祖，向祖先保证自己崇善守本便可得到祖宗的保佑庇护而逢凶化吉，乡人是这样期望这样信仰的。所以，欲求财、求偶、求子、求平安等都要到祠堂祭祀，祈求祖宗神灵保佑。祖先的功德得到缅怀，祖先的家训得以代代相传，而现世的宗亲，因有祠堂的维系，相互间更显亲近和团结。

在陈氏宗祠前宽阔的大平台的下方，又建了依次向下延展的五级大平台，每个平台有5米宽，有序地排列着24个神台。五级平台象征“五子登科”。24个神台上，将供奉不同的神灵。其中有招财进宝的财神爷，管土地的土地公公，管风调雨顺、五谷丰登的天王，管六畜安危的菩萨，管婚姻的月老，管道德的天尊，管学业的文昌星，还有雷公、灶王爷、城隍、福禄寿喜等神仙。陈宇幽默地说：“尽是好神，给人们带来希望的神，坏种不要。”

神台上的神仙、菩萨全部都以雷州本地的原石雕刻而成。这些神像平时可以满足村民祭祀的需要，外地游客来了，可了解雷州本土风俗和欣赏当地民间雕刻艺术。

广场神像都面向戏台。按雷州传统说法，演戏不单演给人看，还要演给神看，叫“演戏酬神”。演戏第二天，村民还要杀猪，宰鸡，放鞭炮拜神，祈祷神灵保佑村庄众生平安。

广场，不是谁的财富，它是公益事业，是公共财产。陈宇夫人阿棠大约是深知陈宇的人，她来足荣村一看，眼里闪烁出惊佩，情不自禁地说了一句：“老公，你真牛。”

中国农村如此多村落，不知还有没有人像陈宇这样，在小村建起一个这么大的文化广场。

2　多磨谷场

足荣村小学的大门，与其他农村小学相比，有两大特色。其一是小学大门的造型独特，一侧耸立着一个三米多高的大圆柱，顶端呈圆锥形，远看像一支巨大的毛笔挺立校门；另一边墙体连着半圆柱，上面镌刻着古老

足荣小学　足荣小学校门造型独特。正面左侧是一支三米多高的大毛笔，右侧连着墙体的半圆柱上镌刻着《三字经》名句。陈宇出资修缮了足荣小学，校门的造型也出自他的构思。

的《三字经》选段：

人之初　性本善　性相近　习相远
昔孟母　择邻处　子不学　断机杼
养不教　父之过　教不严　师之惰

其二是学校前原有一块荒弃的空地，茂德公集团出资修建成5000多平方米的小操场。操场周围散落着上千个废旧的各式各样的石磨，是从雷州各地收购来的。还有巨大的圆柱形石头，这是过去雷州土糖寮中榨糖用的绞石。两块巨大的绞石并排靠在一起，由几头牛一起拉动，甘蔗从中间放进去就榨出蔗汁。经过滤清，上锅煮成浓浆，然后便烘干制成一块块小砖头般的红糖。

这也是陈宇的作品。他觉得要赋予农村小学校门和操场独特的文化内涵。他记得小时候读过一位老太太教导李白的故事，“只要功夫深，铁杵磨成针。”那故事突出的是一个“磨”字。他从自己成长的经历也体会到：一个人要成才，必须要经过磨砺。于是决定以“多磨”为主题，装饰新操场。

他派人去收购农村废旧的石磨，还计划选择老子、孔子等历经磨难终

足荣小学门前的多磨谷场 多磨谷场是足荣小学的操场，5000多平方米，由茂德公集团出资修建。操场周围散落着上千个今已不用的各式各样的石磨。“多磨”寓百炼成钢多磨成才，“谷场”寓不忘乡村哺育子弟之恩。

成大器的圣贤雕刻成像，立在操场。还移来数棵大樟树，种上花草翠竹，整个操场看去，既像城市公园，又具浓厚的乡土气息。陈宇将这操场命名为“多磨谷场”，“多磨”寓百炼成钢多磨成才，“谷场”寓乡村养育子弟之恩情。

这是中国农村小学唯一以石磨和谷场命名的广场。

中国“石磨”有深远的文化意蕴。作为磨碾食物的工具，早在中国稻粟尚未被驯化出来的一万数千年前就诞生了。随后作为磨米、磨面、磨豆腐、磨辣酱的工具，代代传承，没有比它更悠久的粮食加工工具。在中国文化中，一个“磨”字，蕴含多少人生哲理。诗经说：“如切如磋，如琢如磨。”讲治学修德的功夫如同切骨、磋角、琢玉、磨石一般反复为之，方能精益求精。

东汉王充《论衡》曰：“切磋琢磨，乃成宝器。”

南北朝《颜氏家训》教导子孙：“有志尚者，遂能磨砺。”

唐代韩愈《送穷文》说：“人生一世，其久几何？吾立子名，百世不磨。”

前人论“磨”，还有好事多磨、十年磨一剑、磨刀不误砍柴工、励志勤磨三尺剑、历尽磨难终无悔……还有“千磨万击还坚劲，任尔东西南北风”，“宝剑锋从磨砺出，梅花香自苦寒来”……

一个“磨”字，也能让你想到：有钱能使鬼推磨、卸磨杀驴、临阵磨枪、恶人自有恶人磨……

“磨”，还能让你想到：有“磨”才有“合”。球队需经刻苦的“磨合”训练，方有绝妙之配合；恋爱亦须“磨合”，才会成为心心相印之佳偶……人生的智慧是磨出来的，企业的发展也是磨出来的。再说校门口那支大毛笔寓何意？寄寓大手笔的激励之意。激励历经磨砺的孩子将来在不同的领域都能成为大手笔。

可以想象，足荣村每天从这个校门进出的小学生们，看到多磨谷场，看到大毛笔，看到《三字经》，对他们幼小心灵会有多么大的影响。“多磨谷场”承载着足荣村的教育理想、文化精神。陈宇希望足荣村每家每户至少出一名大学生，樟树湾公司并设立了相应的奖学金制度，这件事容后叙述。

“多磨谷场”一侧，修建了一个曲形文化长廊，共有 54 根石柱，来自足荣村 54 户家庭捐资，共同撑起长廊的大梁。陈宇最看重这些村民共捐的石柱。他说：“公益事业需要大家共同关心、共同出力，才会人心齐，泰山移。”

站在“多磨谷场”，能看到距此不很远处有一湾湖水，碧波荡漾。宏甲突发灵感说：“可以把长廊命名为合力亭，把水库命名为同心湖，同心合力建家乡。”村支书、陈宇等在场人皆称妙。

3 德文化石雕园

一进足荣村，人们就会被路边一个接一个的“德”字刻石镇住。每块石头间隔几米，用矮竹篱笆连成一体，排起来是一条“德”字的长龙，不见首尾，却是足荣村“美村行动”的灵魂。

每块大石头从几百公斤到几吨重，上面就刻一个“德”字，字体篆、隶、楷、行、草都有，最大的一个字有一米见方。从落款看，书写者大部分是全国名家、书法家。正文仅有一个“德”字，小款各不相同，多是与德相关的名句，如“厚德载物”，“有德心常乐，无私德自高”，“德不孤，必有邻”，“人以德为先，德可赢天下”，“上善若水，润物不争”……还有的落款，称赞茂德公“德茂传家”。

在小学校后面有个雕刻场，里面堆放着数百上千个大石头，都是准备用来刻“德”字的。陈宇是有心人，凡有文化名人、书家墨客来茂德公草堂时，他都笔墨伺候，恭敬地向来人求一个“德”字，如今已收藏了数百个“德”字。陈宇说，他要征成千上万“德”字，雕刻上石。要使足荣村的房前屋

德字石　一进足荣村，人们就会被路边一个接一个“德”字刻石镇住。足荣小学周围的“德”字石，每块间隔几米，用矮竹篱笆连成一体。改革开放以来，颇有一批文人以讥讽道德为高明，以亵渎道德为荣耀。王宏甲说，其实，道与德都是人生很难得到的两件东西。《国语·鲁语上》说：“重莫如国，栋莫如德。”老子《道德经》五千言，大抵前三千字曰道，后二千字曰德。道贯古今，德留天地，倘能得道有德，那是智者才有的境界。

后、田间树下随处可见刻有“德”字的大石头。当所到之处，皆是“德”影，形成“德文化原石雕刻园”，亦不失为天下奇观。

中华民族是礼仪之邦，是以道德传世的民族。道德自古就是中国人做人的根本。《黄帝内经》曰：“天德养人性，地气养人命”，讲人体健康生命的奥秘首在有德。“尊道贵德，修身治国。”德文化在中国源远流长，一直是中华文化的核心价值观。《国语·鲁语上》说：“重莫如国，栋莫如德。”老子《道德经》五千言，前面三千字为“道经”，后面二千字为“德经”。只有得道又有德的人才称得上是“道德兼备”。德留天地，道贯古今。老子《道德经》漂洋过海，早就被翻译成世界多种文字。目前已知的各种外文版《道德经》多达1000多种，可见流传之广。

孔子主张：“志于道，据于德，依于仁，游于艺。”这里的“道”当指理想的人格，“德”指立身根据和行为准则，包含着“修身、齐家、治国、平天下”。今人在大力发展经济的环境下，日益体会到古代圣贤尊崇道德的重要了。因为我们正在经受着道德诚信的沦落对每个人的侵害。

古人说“德是摇钱树，信是聚宝盆”，缺德怎能求到善果？离道失德必丧亡，永远不能安身立命。足荣村的道德石，能使见者受到震动，便是因其凝聚着当今有的放矢的警世作用。

“德”字刻在石上，还只是形式，中国农民把德看得比天大，那是世世代代的心灵传承。一个小小的足荣村，就称得上是中国传统道德和社会秩序的“活化石”。中国文化崇礼义、讲孝敬、广积蓄、息纷争、惜字纸、尊师重教等等，都弥漫在浓浓的乡风民情中。

为了更充分地体验这种浓郁的文化氛围，陈宇在村中还整出一座乡村庭院，命名为“知足小院”。不能小看这个名称，“知足”的思想就是经典的中国古代哲学，高妙的生活智慧，是与疯狂地追逐发展速度，掠夺性地开采自然资源，而且仍感不够贪得不已相反的思想行为。“知足小院”出现在足荣村，在今天的意义，犹如远古时期先民要建祭祀场所，它就像今日足荣村人的中华文化道场。你如果满脑子都是西方的月亮比中国的圆，或者满脑子都是争先恐后的先进意识，满脑子都是以强汰弱的强人意识（这都是当今被很多中国人学会并视为真理的意识），那么，你是不会认为知足小院有什么好的。

这座房子原是村中最有钱的地主的老宅，20 世纪 50 年代初改为完小，还办过初中班，陈英昌和陈宇两代人都在这里读过书。村中有了新学校后，这里成了牛棚和猪圈。陈宇花钱，重新装修，取名“知足小院”，这个有百年历史的小院，便有了新的历史使命。

2009 年 9 月，南京知名山水画家孙金龙成了知足小院的第一个入住者，他是自愿到足荣村来支教的。陈宇回忆说，我上小学时，学校就没有美术老师，20 多年过去了，学校还是没有美术教师。孙老师来了后，小学一到六年级都安排了美术书法课。孙老师每天上两节课。用三张小课桌拼成画案，铺开文房四宝，学童们轮番上台，在孙老师辅导下学写字、学画画。

别小看这学写字、学画画，中国书法，是中国文化最根本的东西。孙老师除了上课，就在知足小院里潜心钻研。他希望在艺术创作上能有“闭关破壁”的效果。半年后，孙老师在知足小院举办别开生面的“天蓝地红”书画展，并正式出版了《天蓝地红》画册。他成功地把足荣村的红泥调进颜料中，创作出带泥土芳香水墨画卷，增加了作品的厚重感。远道前去参观画展的方家对此刮目相看，当地村民和孩子们得到了近距离的艺术熏陶。

在陈宇支持下，知足小院还曾举办了“天蓝地红”画展部分作品慈善拍卖会，将拍卖所得 80.4 万元全部捐献给干旱灾区和其他慈善事业。

夜晚，幽静的小院，亮起盏盏红灯笼，墨香弥散，村民们都爱来知足小院品茗、聊天。孙老师在小村收了几十个徒弟，每逢课余，徒弟们就跑到知足小院来学画。乡村孩童艺术的梦想在这里放飞。

2010 年春节前，足荣村知足小院迎来了一批贵客。他们是广东省书法家协会和湛江市的 30 多位书法家，其中有广东省书法家协会常务副主席纪光明，广东书法院常务副院长刘小毅，湛江市书法家协会主席刘名卫。他们一是来足荣村采风，二是现场为农民义务书写春联。这么多书法名家云集足荣村，是从未有过的事。

“虎跃龙腾生紫气，风调雨顺兆丰年。”

“足荣秀丽春增色，事业辉煌虎更威。”

…………

书法家们写出的一副副对联，让村民们大开眼界，捧着墨汁未干的春联，村民无不眉开眼笑。在广州，许多书法家只看到茂德公的头像，在足荣村见到真人，感到特别亲切，很多人要与茂德公合影留念。乐得茂德公也笑呵呵的。

4 茂德公生态农业体验休闲园

足荣村水库边，有一片美丽的湿地，鸟类在此筑巢，苍鹰在上空盘旋，白色水鸟飞掠其上，此地就叫樟树湾。

陈宇创办的企业就是以“樟树湾”命名。水库边有一片千余亩的樟树林，浓浓郁郁，莽莽苍苍，神秘幽静，望不到边际。这是雷州半岛最后的亚热带雨林，现已是国家自然保护区，被很好地保护起来。

江南多佳木，樟树列名首。樟树属国家二级重点保护野生植物。走进樟树林内，树木参天，长势茂盛，藤萝萦绕，盘根错节。人们即使在酷暑盛夏来到此地，也会感到凉风习习，浑身清凉。做个深呼吸，樟树的清香，沁人心脾。林中有林间小道，行走其间，从来不会遇到蛇类。村干部说，从未听说有人在樟树林中被蛇咬伤。这是因为樟树的芬香有驱蛇作用。

香樟葱郁百重翠，林海莽莽千里波。到过足荣村的人，都不免要惊叹，天下居然有这么一大片茂盛的樟树林！

在中国南方，樟树是村庄的风水树，孤独地长在村头村尾，忠实地护卫着村庄的黎民。成片的樟树林是世间极罕见的，何况足荣村的樟树林多达上千亩。本书第二章里记叙了足荣村原始樟树林惨遭砍伐的痛心历史。好在1964年后足荣村重新封山育林，制定了村规民约保护樟树林。爱树如命的足荣村人，细心呵护，40多年过去，才出现如今的奇观，远看犹如绿色长城，更葱翠苍莽如海。人类进入21世纪，保护生态环境已是全球呼声。这片再生林保护得这么好，让人惊讶与尊敬。

足荣村前的公婆树 蓝天、红土、文化广场、德字石、多磨谷场……这个中国村庄已是如此独特。中国有很多比足荣村更有钱，更有科技实力的村庄，但少有像足荣村如此有个性，并逐渐地实现自己的村庄。图为足荣村前两棵相拥相抱密不可分的树，一棵是樟树，另一棵是榕树，足荣村人叫它们公婆树。

“足荣村人了不起！”这不只是赞树林，更是对人的敬佩了。

足荣村人还一代代传下来四棵祖先的“手植樟”。这些古树是祖先的朋友，枝干余留祖先的气息。古树参天、冠荫覆地的景象，是足荣村人的骄傲。20 世纪 50 年代，就有人出高价购买村中一棵古樟，那价钱足够村里盖个戏院演雷戏、放电影，但村民没有同意。最大的一棵樟树在知足小院附近，要六个人才能合抱，被誉为“雷州樟树王”而载入县志。前几年古樟被台风雷电劈断了上半枝干，残留的下半身仍顽强地活着。这几年足荣村大变样，老樟树劫后复生，眼看已死的树枝又长出新绿。枯树返青，显示出老樟树有惊人的生命力，也象征着足荣村的兴起。

陈氏宗祠前还有一棵神奇的大树，伟岸茂盛，仔细看，这是两棵相拥相抱、密不可分的树，一棵是樟树，另一棵是榕树。历经数百年沧桑，它们不舍不弃，你中有我，我中有你，拥抱得更紧密了。树身要十人才能环抱。大树顶天立地，枝条长臂旁逸斜出，向四面八方伸展，形如一把巨伞，支撑在陈氏宗祠前。

茂德公说，这本来是一棵樟树，鸟把榕树的种子吃进去，随着鸟屎拉在樟树边。榕树比樟树生长得快，最后把樟树包了起来。外地来客见到此景观，很自然地联想到爱情，把它们称作相依相恋的“情侣树”，还有人称它“鸳鸯树”。足荣村人叫它“公婆树”。引得年轻恋人慕名来到这里，在树下照相留念，寄意爱情天长地久。也有人在树下烧香，祈家庭幸福美满。

历史上，没有哪个皇帝下令保护这片樟树林，只有人民公社化时期的公社领导下令砍伐这片樟树林。足荣村的樟树林劫后再生，以及古树遭雷劈后再生，都是村民细心呵护的结果。当然，小村对此也是有村规民约的。历代相传的村规民约，铭记在村庄父老心中，林中不准放牧、打猎、砍伐。“毁树者，请雷戏作罚。育树者，嘉勉其子孙。”

人培育树，树回报人。樟树林具有涵养水源、固土防沙和美化环境的能力。足荣村老人很多，有人说是樟树芬香能使人长寿，不管是否，足荣村良好的生态环境必是人长寿的原因。

足荣村先后评为湛江市生态平衡村、湛江市特色文化村。茂德公生态农业体验休闲园是生态文明的象征。远古的刀耕火种曾经孕育了文明的萌生，人类在经历了农业文明和工业文明的生产方式的考验后，已经迫切需要创造一个生态文明的新历史时期。在小小足荣村的这个“生态农业体验休闲园”占地千余亩，具有天然的亚热带田园风光。园中长着大树菠萝、芒果、香蕉、辣椒、剑麻、桉树林等，规模成片，举目眺望，一片碧绿连绵天际，是一幅赏心悦目的风景画。

请留意，此园称“生态农业体验休闲园”，核心词是“体验”，就是说，“生态农业”和“休闲”，对于今天和明天的意义，都还在体验阶段。对足荣村人来说，也只是体验阶段。在今日中国大规模的经济发展方式中，中共中央强调要改变经济增长方式，胡锦涛总书记倡导践行科学发展观，要保护生态环境，都意味着我国在经济发展的同时损害环境的情况值得举国极端重视。足荣村这个“生态农业体验休闲园”也是足荣村农民新的课堂，要想让自己的家乡最终不至于走向沙漠化，今天就要进这样的新课堂里接受体验和教育。

从雷州市到足荣村，只有一个多小时车程。

太阳缓缓上升，小村炊烟袅袅。蓝天、红土、樟树林。漫步那巨大的村庄文化广场、德文化雕刻园、多磨谷场、知足小院，犹如历经一场传统文化的巡礼与熏陶。一切仿佛那么陌生，一切又那么亲切。

这个中国农村已是如此独特。中国有很多比足荣村更有钱，更有科技实力，更有教育师资，乃至更有优势的村落，但少有像足荣村如此有个性，并成功地实现自己、展现自己的村庄。

但是，也有令陈宇困惑不解的事情。他想不明白，回村搞这些公益性事业，竟比搞其他大项目更难，为什么呢？

5 何人不起故园情

有人说陈宇回来“耍威风”、“回村摆阔”。

有人说陈宇“钱烧得难过”。

有位村里的老干部还说：“他这么炫耀，拉大便会不会把大肠头拉出来。”

还有人说：“陈宇把那么多大石头搬放在大路边，破坏村中风水，老人都生病了。”

这些话如果只是说说，陈宇也还不懂得要多在意，问题不只是说说，这些话的后面隐藏着种种阻力，阻力可能大到让你走不过去了。阻力还会大到极端地考验你的耐心，动摇你的意志，会让你自己想，不干算了，我为什么要干！会让陈宇突然惊醒，陈宇还得聚精会神地跟陈宇作战，如果陈宇不能战胜自己，以为是在跟别人怄气，那么陈宇就会败走麦城，逃回他在广州近郊的茂德公草堂。

那些话，陈宇起初不放在心上，但传到茂德公的耳中，老人感觉耳朵里放不下了。有一天清晨，陈宇正在刷牙，茂德公爷爷把电话打过来了：“你回来干这个事干什么呢？人家说你回村占地……”茂德公对人不能当“地主”记忆深深，陈宇弄了这么多地，岂不是成了大大地主吗？茂德公劈头盖脑就把陈宇训了一通，警告他，要他悬崖勒马。陈宇也急了，他说：“我占地？我能把戏台、广场切成块块租给村里人吗？我能把多磨谷场出租给小学吗？”

茂德公想想，孙子说的也是，他到村里光干扔钱的事，我还担心他成败家子呢！

但是，小村有扯不清的矛盾，有的是祖上就有的矛盾，有的是看不得你比他有能耐，还有些亲戚想，“你有钱为什么不给我花，投去填广场……”反对者中还有陈宇幼年穿开裆裤时的伙伴。阻力多种多样。

十多年前，村里就有人在外挣了钱想回村发展，想集中土地种甘蔗。他的母亲被村里的反对者“指着鼻子骂”，结果事情就黄了。

生产队散伙之后，村里卫生状况也很差，村头路边垃圾成堆，猪屎牛粪遗在路上无人处理，蚊蝇嗡嗡。村中原来都是红土路，干旱天尘土飞扬。陈宇是在这个基础上，硬是想把家乡变成可供国内外游客游览的旅游目的地，你若细想，也会觉得这不免“天方夜谭”。然而，足荣村的“美村行动”毕竟动起来了。抓住上级拨款修“村村通”水泥路的机会，茂德公企业补了40万元，计划把足荣村中的道路做成石板路。但是上级不同意，理由是要保持“农村特色”，规定必须统一打水泥路，否则不拨钱。

陈宇与村庄的“两委会”商量后，在水泥路上每隔一段铺上某一种生肖图案的水泥大方砖，按鼠、牛、虎、兔、龙、蛇、马、羊、猴、鸡、狗、猪等十二生肖顺序循环出现，如此增添了中国文化元素和农村色彩。

村庄道路扩建时，有一条路被一棵树当路挡住，这棵树的主人不管你怎么劝，补多少钱，就是不让砍。后来这户人家的妻子、儿子思想都通了，男人还是不让步。一个农民护一棵树，护到这地步。你怎么办？美村小组只好选择暂时放弃，路修到树前突然而止，留下缺憾。

知足小院大门两侧，左边是猪圈，右边是牛棚，猪圈的主人不愿意把猪圈搬走，村里承诺另补给他宅基地，他也不同意。理由是母猪怀孕了，而他家的孙媳妇也正怀着孕，两者是有关联的，不能动，动了胎气谁负责？理由令人不可思议，但猪圈的主人很执着，你只能等待他某一天同意。

陈宇也曾无奈地说：“我的钱也不是大风刮来的，做这种事，有钱还不够，还要有耐心，有毅力。”陈宇也曾问自己为什么要做这件事？他有理由去做诸葛酿、嘉仙鸡、香辣酱，也有理由去做在雷州市的旅游项目，因为那目的可以说是为了赚钱。如今赚钱是有理由的，赚钱可以大声说，可以理直气壮地说，可以英雄地说，可以豪迈地说。可是这回到村里做旅游项目，能赚钱吗？如果说能赚钱，都说得没有人相信。如果有一天国内外游客真的来了，那也是足荣村民都获益。那么好吧，说自己就是为了足荣村人的利益而这么做，有人信吗？你不是为了赚钱，你这么热心地干？你的动机就令人怀疑。

是呀，陈宇为什么非要这么做？

如果说陈宇是农民的后代，踩在童年走过的地方，这儿寸寸土地都有他少年时代的梦想……可是，如今从农村走出去的大学毕业生何止陈宇，多少人娶了城里的姑娘为妻后，只是逢年过节回农村老家看看，也有的把爸妈接进城，从此便与家乡断了根。如今有许多老板发财后花一笔钱，把全家迁进城市，从此也不用在回村探亲的时候先“访问”故乡路上的牛屎猪粪了，那多好。确实也有人对陈宇说，你可以把投在足荣村的钱投在城里建个小区，把自己家族五代之内的亲戚全部接出去住，那将会是个震动全国的奇迹，也会为你的诸葛酿酒做个无形的大广告，不是挺风光吗？

陈宇说，如果农村的孩子读书上大学，外出做生意，都是这个走向，农村不就荒废了吗？他说：“农村是中国社会最小的聚落，把村子做好了，中国也好了。”那么，可否说，陈宇坚持要这么做，还是因为他有志？即孔子所说的“志士”。2500 多年前，孔子所处的那个礼崩乐坏的年代，志士还是有的，肯定有的，难道今天就没有？一定有。陈宇当是。

“此夜曲中闻折柳，何人不起故园情。”这是李白的诗句，古人离乡离别的时候，亲人往往从路边折柳枝相送，所谓杨柳依依，表达的正是对故乡和亲友恋恋不舍的心情。如果说陈宇的乡情，很古老很文化很中国，大约也是可以的。

我们曾经合著过一部“中国旅游读本”，约略知道旅游业在拥有丰富历史文化资源的中国，是一种脱贫良方，中国已有数不清的穷窟窿变聚宝盆，野山坡变国家风景名胜。生态旅游，牧家乐、林家乐、农家乐，使数百万农民靠旅游业改变贫困状况。所谓“一个旅游点致富一个村，一个旅游区繁荣一个县”，在那些做得出色的地方并非虚言。中国已有数千万农民开发旅游业，走向祖祖辈辈未曾有过的生活道路。

认识到这一点，才会看到陈宇对家乡的良苦用心。茂德公和陈英昌开始理解陈宇的做法，开始感到如果自己不支持陈宇，那谁还支持他呢！陈宇说："如果爷爷、老爸，有一个人不同意，这事就做不成了。"

陈英昌对财富的态度是，两眼一闭，双脚一伸，你所有的钱财都带不走。陈英昌开始这样说："有钱赶快做一些，花出去的钱就是村里的财富，把钱做在戏台，做在路上，跑都跑不掉了。将来万一没钱了，也还有东西在。"

陈英昌一面管理工厂，一面还负责足荣村项目的具体施工。工人遇到问题都要找他解决。茂德公每天一早就到村子里的工地上转悠，到广场、戏台前看看，捡些工地零碎材料，看着村子每天都在变，脸上的笑容也越发舒坦了。

茂德公三代人都在努力着。"足荣"似乎不仅仅是一个村名，而是一份浓浓郁郁的乡情，或是关于荣誉的乡村诗篇。茂德公家族在足荣村美村行动中已经投入上千万资金，对小村来说，足荣村的几个项目都是大动作，每一个都会成为无声的丰碑。人生的价值并不在于拥有多少财富，而取决于一个人对众人所作的贡献。

中国古代也有许多官员出自农村，他们当中不少贤者亦多有反哺家乡之举。主要通过三条途径：一是古代官员但闻父母去世，不论品级高低都要回家守孝三年，这期间贤者会为家乡做些好事。二是退休还乡后为家乡做好事。三是弃官归乡为乡里做好事。这在历代的县志中均可见记载。如今从农村走出去的官员很少回故乡出力。

中国农村的前途，需要人才的回归，人心的回归，尊德崇善的中华文明观的回归。陈宇把许多"德"字刻在足荣村，大张旗鼓地宣扬"德文化"，这也是需要大勇气的。如果他自己不做积德行善的事，是可能招来众人非议，甚至会贻笑大方的。陈宇弘扬"德文化"不只是刻在石头上，茂德公一家做的善事，也不限于足荣村……

● 同时期的世界和相关思索

中共中央2004年至2009年连续六年发布以"三农"（农业、农村、农民）为主题的中央一号文件，强调了"三农"问题在中国现阶段"重中之重"

的地位。提出以“生产发展、生活宽裕、乡风文明、村容整洁、管理民主”为内容的新农村建设。

2005年12月29日第十届全国人大常委会第十九次会议通过《关于废止中华人民共和国农业税条例的决定》，实施了近50年的农业税条例废止，取消了农业税、牧业税、农业特产税、屠宰税，结束了中国自古以来农民种地缴纳皇粮国税的历史。

从2004年开始，先后对种粮农民实施了直接补贴、良种补贴、农机具补贴、农业生产资料综合直补政策。这一减一加，农民得到实惠。但在城市化的进程中，众多年轻力壮的劳动力成为城市的打工者，把建设做在城市，城乡差距巨大。2006年2月，《中共中央国务院关于推进社会主义新农村建设的若干意见》发布，号召从推进新农村建设入手，强化对“三农”的支持。但从根本上说，仍然要靠农村人建设自己的家乡。陈宇把建设大力做在生养他的村庄，不止是应时而做，也是应家乡需要而做。

在世界上，生态旅游的提出，促使人类更重视保护自然。地球呼唤绿色，人类渴望绿色，这本是常识，可是人类常常违背常识。所以不得不呼唤。好的生态环境是旅游业可持续发展的基础，旅游业也是保护生态的有效途径之一。譬如森林是人类的摇篮。要拯救地球上的生态系统，首先要拯救森林，从农耕转轨发展旅游的村庄，在中国已有成千上万。这里有农民的前途，也有保护生存环境的责任。

第13章 德比天大　天天向善

或许因农民穷，人们可能以为乐善好施与农民没多少关系，以为乐善好施是有钱的慈善家的事。其实，乐于行善和施舍，是穷人的期盼，也是从穷人中萌生的事情。所谓“勿以善小而不为”，虽然语出《三国志》刘备临终前对儿子刘禅说的话，讲的却是中国一个悠久的道德传统，至少可以上溯到老子《道德经》讲的“上善若水”。

从前，陈英昌宁可久久住茅屋，也要供儿女读书上大学，他算得上是足荣村里不建新房建设儿女的典范。现在陈宇继承父亲的精神，把支持后生上大学扩展到所有的足荣村人子女。

1 争取每户要出一名大学生

茂德公的父母禄洲公、梁氏在世时，就常念叨“多做善事多积德”。“德茂传家”，如同家训。陈宇说“有利于家乡的事，多做一点”，是这种家训的现代表达。

早在2002年春节回家时，陈宇刚刚从困境中挣脱出来，生意有了起色，听说村里原来制定的奖学金制度已经停发十多年了，原因是村里没钱，他就想把这件事担当起来。

这是改革开放早期足荣村一项很好的规定：村里不论谁家孩子考上高中、大学，村里都发给500元奖金。谁知这时代走着走着，村里的集体经济越来越“空壳”，当要村集体出钱请戏班时，村干部没法子，便卖樟树筹钱，有人要活树就卖活树，没人要活树就砍倒卖木材。村干部说，要想看戏，就得砍树。这是没办法的办法。没钱砍樟树，是为全村人看戏着想，不得已为之。如果要卖树发奖学金，就通不过了。再说，村干部应得的误工补贴都常常拖欠，发奖学金的事自然黄了。

这一停，就中断了十多年。在此期间，足荣村曾经发生一批又一批考上高中、大学的学生因经济困难而辍学的事，特别是女孩。这些年，农村“读书无用论”卷土重来。主要原因是上学的学费越来越贵，农村籍大学毕业生工作也越来越难找，以致很多农村人说，一是读不起，二是读了也没用。

一天，茂德公三代人在一起吃饭时，陈宇对爷爷和父亲说：“奖学金的事，村里没钱，就由我们家来发吧！”

陈英昌表态说：“你如果有钱，就做吧！”

茂德公听了，也说：“这是善事。”

一件不简单的事，茂德公一家三代，几句话就敲定了。

难能可贵的是，这是在2002年，陈宇的生意刚刚从负债累累中复苏，钱并不多，企业还有许多地方要花钱投资。

这时，陈英昌主持的全家的日子也刚刚好转。老二陈小勇从武汉黄冈财经学院大专毕业，在雷州交通部门工作。大女儿陈玲妹还在广东工业大学读本科，二女儿陈文娟在江西保险学校读中专，最小的儿子学儒也刚考上广东廉江汽修学校。陈英昌为筹六个孩子的学费，愁白了头，累出了病，欠了一屁股债。前几年刚还清债务，刚开始过“无债一身轻”的日子。

但是，一辈子都在为子女筹学费的陈英昌深深体会过为孩子筹学费的辛苦，他几乎没有多想就赞同了儿子的提议，这其实正是穷人体恤穷人的例证。

陈宇与爷爷、老爸商定后，立即找村干部商议，当年成立了“樟树湾助学奖励基金理事会”，由陈英昌和村书记分任正副理事长。奖金全部由樟树湾企业出资，第一次预拨10万元作启动资金。

理事会议定了奖金标准，从2002年起开始颁发。

足荣村村民子女凡考上重点大学本科每人奖励3000元，考上大学本科奖励2000元，考上大专奖励1300元，考上湛江一中奖励3000元，雷州一中奖励1500元，考上中专奖励460元。

还设立了家长奖励金，这是陈宇特意提出的。他从自己的亲身经历，体会到学生能考上大学，家长有重要功劳。

陈宇提出“争取一户至少出一名大学生”的目标，令人感到格外温暖和振奋。他认为帮助农村走出贫困，要给予“输血”，更要靠“造血”，要从培养家乡子女入手。樟树湾助学奖励基金从2002年第一届发放，转眼到2009年，已经如期发放了八届，樟树湾集团共发给了40多万元。

樟树湾奖学金曾在足荣村工业园区发放，更在村中唱雷戏时发放，目的是鼓励全村的父母和子女。在一次颁奖会上，陈英昌大声地说：“不怕你们多拿奖金，就怕你们拿不到。你们考得越好，我心里越高兴！”获得奖学金的学生和家长，以及看戏的人们都对茂德公一家的善举热烈

每家每户最少出一位大学生 在足荣小学附近，一年到头都悬挂着这样一条大红横幅标语。2010年足荣村又传佳音，有25名学生考上大学，其中13人考上重点大学，是足荣村历史上考上大学人数最多的一年……这一切是怎样发生的呢？

鼓掌。

樟树湾助学金奖励制度，不仅是帮助了足荣村考取大学的学生继续求学深造，更大的意义是对足荣村孩子的读书上进起了出乎人预料的推动作用，考上大学的人数一年比一年增多。在2001年以前的半个世纪里，足荣村总共只有12人考上大学。从2002年到2009年，共有157人次获得奖学金，其中大学生75人，这用“自然增长”似乎无法解释。其中部分受资助读书的大学生，毕业后回到村中，在茂德公香辣酱厂就职。

在足荣村小学附近，一年到头都悬挂着一条大红横幅标语：“每家每户至少出一名大学生！”一年到头都在呼唤和激励足荣村的学生们。2010年足荣村又传佳音，有25名学生考上大学，其中13人考上重点大学，是足荣村历史上考上大学人数最多的一年。再过几年，每家出一名大学生将成为事实，一定会成为事实。

“樟树湾第九届奖学、奖教颁奖晚会”于2010年8月18日在足荣村多磨谷场举行，陈宇与足荣村支书陈立进、足荣小学校长邓则聪一起，为本年考上大学和湛江一中、湛江二中及湛江实验中学的优秀学子颁奖。

获奖学生代表陈瑜玲上台讲述了自己克服艰难困苦的求学经历，表态：“现在，我已经有了奋斗的方向。我会自立自强，励志成才，回报家乡！”

在场的人都很感动。

茂德公一家助学善举感动一批文化人。作家、图书策划人符马活在晚会上表态，要为足荣小学捐赠 2000 本图书，学校师生报以热烈的掌声。

足荣村学风明显日益更好，在省、市级比赛获奖的人次逐年增多。第九届樟树湾奖学金特意颁发给足荣小学教育奖学金 15000 元。陈宇还赞助改变基础教学条件。足荣村小学是个完小，学生近 200 人。校园是 20 世纪 90 年代在雷州市教育局支持下兴建的，如今看来已陈旧破损。陈宇把学校装修列入美村行动之一，将整个校园装修一新，教室里桌椅全部更新，配齐电化教学设备，教师宿舍也重新装修。还新建了学校大门和名为“多磨谷场”的学校操场，资金全部由樟树湾企业赞助。

陈宇助教还不仅在足荣村。2009 年广东樟树湾集团捐赠 3 万元，援建湛江市一所残疾孩子的特殊教育学校，为之建立“茂德公语训室”。陈宇此举还引来好友高凯、唐诚青和一山三位艺术家捐资 10 万元援建该校“爱心启智教室”、“爱心多功能活动室”，为聋哑学生创造更好的教育学习环境。

在四川江口醇集团公司所在的平昌县，陈宇先后资助了 20 多名孩子读书。2005 年又注入资金 10 万元和四川江口醇集团公司共同设立了“江口醇·诸葛酿助学基金”，长期帮助当地的优秀贫困学生。

湛江一中，是陈宇念念不忘的母校。樟树湾集团特意捐款 100 万元设立了“湛江一中贫困学生助学金”。

…………

一个村庄走出贫困，一个村庄的振兴，也可能需要几代人为之奋斗。从茂德公的祖父，到茂德公的孙子，都曾经是在茅草屋中诞生的穷人。陈宇是第一个从贫困中走出来的大学生，有机会有条件能为村里贫困的孩子们提供读书的资金，这是茂德公一家深感欣慰，深感光荣，深感幸福的事情。

陈宇说 ：“何乐而不为？”

这大约就是中国话“乐善好施”的含义吧。

2 在抗震救灾的日子里

2008 年 5 月 12 日，四川汶川、北川等地遭遇 8 级特大地震，山河移位，数万同胞丧生，所遭重创是中国 20 世纪遭遇的破坏性最强、波及范围最大的一次地震。

陈宇与江口醇集团董事长张超先商定，由陈宇樟树湾集团和江口醇集团联合捐资 200 万元，其中陈宇樟树湾集团捐赠 150 万元，用于重建平昌一中损毁的教学楼。

捐赠仪式上，张超先深有感情地说："江口醇集团与广东樟树湾集团十多年的真诚合作，实现了双赢发展。作为平昌人，我们更应为陈宇董事长对诸葛酿所做出的贡献和对平昌教育的捐助义举，致以最诚挚的谢意！"

平昌县委书记李映对此深表感谢，县长张根生为樟树湾集团颁发了捐赠证书。市教育局长魏智懿和平昌一中校长罗传俊也对江口醇集团和樟树湾集团深表感谢，表示要管好用好捐赠善款，修好教学楼，教好书，育好人，以回报社会各界的关爱。

在此之前的 2007 年 8 月，湛江遭受据称是"二百年一遇"的热带风暴"帕布"和"蝴蝶"的双重凶猛袭击，湛江市 22 个雨量站点下了暴雨和大暴雨，平地水涨数尺，5000 多人被洪水围困一天一夜，40 余万亩农作物受灾，倒塌房屋 3600 多间，粤海铁路被冲垮 5 公里之长，公路、桥梁被水冲毁，原本旱情严重的雷州半岛突然变成了水灾重地。

为帮助湛江灾区人民重建家园、恢复生产，湛江市人民政府驻穗办、粤西企业促进会、吴川广州商会和樟树湾集团在广州番禺茂德公草堂举办了大型赈灾慈善晚会，主题为"洪水冲不垮我们的家园"。来自广州、深圳、珠海、佛山、中山、东莞、江门等地的湛江籍企业家、艺术家等各界人士 200 多人参加了晚会，共收到捐赠的救灾物资、书画作品拍卖所得款及现金共计 350 多万元。

值得注意的是，《南方日报》2007 年 8 月 21 日在刊登这条消息时，文章结束有这么一句话："晚会中，一位不愿意透露姓名的企业家一次性捐献了 38 万元。"这位不愿意透露姓名者，即陈宇。

捐款 2008年四川汶川大地震，樟树湾集团和江口醇集团联合捐资200万元，其中樟树湾集团捐赠150万元，用于重建平昌一中损毁的教学楼。

其实做善事留名与不留名，都是高尚的。

2010 年 4 月 14 日早晨，青海省玉树县发生两次地震，最高震级 7.1 级，震中位于县城附近，再一次牵动了全国人心，樟树湾集团与心时代机构、广东狮子会、粤明服务队在茂德公草堂联合举办了为期三天的“善行/祈福玉树”活动，活动内容有“种树祈福”、‘击缶传情”、“爱心义卖”等，呼吁人们为灾区献一份爱心。

其中的“击缶传情”活动，在棠堂亲水平台举行。在满池新荷的背景下，奥运柔道冠军冼东妹率先迎风击缶。高义薄云天，荡气九回肠。在场宾客纷纷登台击缶捐赠，为玉树祈福。摄影师为捐赠者留下珍贵照片留念，场景温馨感人。古老的缶声，声声传情，带着人们真挚的爱，传向玉树灾区。

“爱心义卖”在草堂古朴雅致的茶展厅进行。草堂会员、爱心人士，以及“五一”劳动节期间预订在草堂消费的佳宾，齐聚一堂。画家陈永锵、孙金龙、罗永平，篆刻书法家钟国康等，为此次活动捐献了佳作，陈宇拿出珍藏多年的普洱茶作为卖品。爱心义卖所得善款和“种树祈福”、“击缶传情”活动所获的所有收入，均通过红十字会全部捐献给玉树灾区。

击缶传爱心，更显同胞亲。陈宇是这次活动的倡导者、组织者。他知道一个人的力量很有限，要带动更多的爱心人士参加捐赠祈福活动，草堂成了凝聚众人爱心的地方，大红灯笼闪耀着真挚的人间心情。在“茂德公草堂”的网站上，出现一首小诗，略摘数句于下：

就像一朵花开了
影响另一朵花开
就像一股水泉流向大地
会有新的水泉再度流出

3 “帮你回家”

不知什么原因，2008这一年灾情不断，年初是百年不遇的中国南方大冰雪灾害，年中发生震惊世界的汶川大地震……这一年美国华尔街爆发的金融风暴，袭卷全球。

在金融风暴中，中国也有很多企业遭遇“滑铁卢”。有些企业因海外订单骤减，经受不了如此重击，不得已倒闭。东莞一家大型玩具厂倒闭，就导致7000人失业。工厂的倒闭，倒霉的不只是老板，更多的是农民工。一些企业中的农民工，辛苦了几个月甚至一年的工资，突然得不到领取。

许多农民工流浪漂泊在城市，想打道回乡连路费都没有。有位民工在工棚壁上写了首打油诗，很快被人配上曲传唱：

高山流水响，谁人不思乡？
夜夜思媳妇，日日念爹娘。

生长于农村的陈宇，十分同情这些遭遇困境的农民工，怎么能给予他们一些帮助呢？陈宇想到，眼看年关快到了，这些外地打工者都想回家与家人团聚，又缺盘缠，那就帮他们圆这个回乡梦吧！

陈宇说干就干，立即召集公司二层主干会议，说明原委，他的建议得到了大家的赞同和支持，于是决定帮助那些无钱买票回家的农民工兄弟踏上回家的路。

2008 年 12 月 1 日，“帮你回家”的第一块广告牌出现在高速公路东莞出口的路旁。诸葛酿和茂德公香辣酱企业“寻找 2009 名无钱回家的民工兄弟 · 帮你回家”公益活动正式启动。

大型广告牌共制作了 30 块，悬挂于各交通要道显目处。

广告牌上公布了三部热线电话号码。

公司成立了“帮你回家”服务小组，接受困难农民工的报名登记，并进行排查、核实。当日起，三部热线电话响个不停，公司分派十多人分班轮换着接听热线。第一天接到 300 多通咨询、报名电话，来电的多半是在广州、深圳、惠州、中山、湛江等地的外省农民工。

“帮你回家”主要采用现场直接派款、赠送回家火车票和汇款等方式对需要资助的人进行帮助。2008 年 12 月 7 日，“帮你回家”的第一次现场派款在广州天河区维家思广场进行。

领取现款的农民工排起了长龙般的队伍。

人们看到了他们焦虑不安的眼神，渴盼又略带羞涩的笑容。

很多人目睹了这个场景。这么多人排队干什么？人们排队买过肉，买过糖，还曾经排队报名考托福……那都是要带钱的，这儿排队是领取 200 元的现金资助款用于购票（后来直接发车票）。谁说世上没有免费的午餐？

初冬的广州微有寒意，活动现场，茂德公企业工作人员额头冒出了汗珠。在《爱的奉献》的歌声中，农民工不仅仅是领到 200 元路费，主办方还为到场的所有农民工兄弟准备了过年回家的礼物，每个农民工及工作人员都披着一条印有“帮你回家 · 温暖 2009”字样的红色围巾。原本不善言语的农民工，激动地诉说他们的感激心情，现场到处洋溢温暖的气氛，心与心的沟通，让大家的心都那么温馨，不少人流下了感动的泪水。

一位来自黑龙江佳木斯姓陈的农民工兄弟说：“我是一个在广州打工的外乡人，我永远都忘不了广东企业对我的帮助，我非常感谢他们。回到家乡后，我也会尽自己的能力去帮助别人。”

帮你回家 2009年，“帮你回家”活动先后在广州、深圳、东莞、佛山等城市举行了9次现场派款活动，共帮助了1507名农民工兄弟踏上回家的路。有人说这是作秀。有人则说，让这样的作秀来得更多些，更猛烈些，多好！

随后的一个月里，“帮你回家”先后在广州、深圳、东莞、佛山等城市举行了 9 次现场派款活动，共帮助了 1507 名农民工兄弟踏上回家的路。

在惠州永展洗水厂打工的 10 名四川籍工人，一边领取火车票，一边说：“老板拖欠工资不发，住在樟木头石新社区讨薪讨了一个半月，吃尽苦头，真没想到还有好心的企业帮我们回家。”这些民工领到了返乡的车票与现金后，吃饱饭带上年货高兴回乡。

东莞某倒闭工厂员工王勇，一家三口都领到车票，一起登上开往成都的火车，显得特别开心，连声表示谢意：“如果不是得到救助，真不知道怎么回家。”

马明安是武汉人，在东莞大朗镇某食品公司工作，因弟弟患病，其积蓄几乎掏空，正为回家发愁，见到“帮你回家”的广告热线，抱着试试看的心情，果然得到领票的通知。在活动现场，马明安激动地跟记者说：“我感受到一种温暖。如果不是今年经济困难，我会把票让给更需要的人。”

2009 年 1 月 9 日，“帮你回家”最后一次现场派款活动在广州进行，派款人数为 350 名。除了 200 元的现金资助款，到场的兄弟不但围上温暖的红围巾，还领到了主办方赠送的一瓶酒和一瓶香辣酱，装在“帮你回家”

的红袋子里，回家过个有酒之年。余下的百余名未领到款的民工，活动组决定通过银行汇款的方式将资助款直接打入他们的个人账户。

经过连续 40 个昼夜的工作，活动画上了圆满的句号，由诸葛酿和茂德公香辣酱共同举办的“资助 2009 名农民工回家”的承诺已全部兑现，企业因之付出 100 万元资金。

这年头，做好事也不容易。

你在下决心做好事之时，也要准备好听非议。

这是肯定的。你不必怀疑。

企业行善，会遭遇信任危机。这也是肯定的。

在这次波及全球的金融危机冲击下，中国境内出现了最多停产或倒闭企业的地方就是广东东莞。这也是陈宇发放车票的主要地区。陈宇的赠票之举也遭遇了不被信任。譬如在东莞的一次赠票活动中，原预定的 70 多人，只有 50 多人到场领取车票。浪费了近万元车票款。很多人对企业的善举持有戒心，有人说这样的炒作见得多了，是厂商在“搞噱头”，有人说是低成本的广告营销等等。

有位叫刘智育的农民工是湖南邵阳人，他告诉记者：“凤岗就我一个人过来，我跟 12 个朋友说了有发钱帮忙回家的活动，无一人相信。”

他还说，他跟一个老乡打赌了 20 元。老乡对他说：“白吃白喝白拿的事情，怎样分析都不存在。”

刘智育对企业老板拿钱资助毫不相干的人很感叹，他用亲身体验告诉朋友，“这种人虽然很难找到，但还是有的。”

本次派送活动中，住在樟木头石新社区的十名农民工都来自四川万源。在来领取车票的前一天晚上，十个人分成了两派，聚在一起讨论。“怀疑派”占七成，以王辉为代表。王辉的妻子廖文书还说，王辉虽然怀疑，但前天晚上一夜没睡好觉，还是希望是真的。

“相信派”有三人，以郑孝国为代表。郑孝国的堂弟在茶山一家五金厂打工，原本也想来领取车票的，但因为害怕上当就没来，自己掏了两三百块钱买了一张火车票。第二天，郑孝国领到票后，在去火车站的大巴上，还接到他堂弟问询真假的电话。

针对这件事，有位叫苏薇的女子说："在今年经济不景气的大环境下，有企业资助困难农民工回家的爱心善举很值得尊敬。一些新莞人对这个爱心活动抱着怀疑态度，可能考虑到这场活动不是政府主办的。"

关于这件事，我们想，世人的怀疑也不是毫无根据。这年头为什么会出现这情况？这情况似曹雪芹描写的"假作真来真亦假"。但是，行善者只在意寒者得到一盆火，饥者得到一碗饭。这是善的真谛，善的根本。

更大的意义可能已经不在钱本身，而是在大部分人已经不相信有这种助人乐善之好事的心中，送去人间尚存的好心善举。

在"帮你回家"活动中，陈宇自己很少露面，出面捐赠、致词、接受记者采访，主要是公关部总监李羊朵女士的工作。陈宇偶有悄悄到现场，目的是体验现场所给予他的教育和感动，他很感动，回来就说："人生经历这样的感动，实在是温暖的事。这样的事，有机会要多多做。"

汶川地震后，广东省职业财经学校、省商业职业技术学校和省轻工职业技术学校，接收了数百名汶川学生来粤免费就读。陈宇知道这情况后，也以茂德公企业的名义，资助这些学生回乡过年。

2009 年元旦前夕，茂德公食品有限公司在广东省职业财经学校文化广场隆重举行了汶川学生返乡路费捐赠仪式，为 193 名汶川学生现场派发每人 300 元返乡路费，还向每位汶川学生捐赠了一条围巾和两瓶茂德公香辣酱，学校向公司回赠了"情系汶川学生，爱洒巴蜀大地"锦旗。出席捐赠仪式的仍是公关部总监李羊朵女士。她在捐赠仪式上代表茂德公企业致辞："我们发起的'帮你回家'活动，希望能够抛砖引玉，有更多的企业来做这项公益活动。"

这项"帮你回家"活动，像"冬天里的一把火"，的确起了"多米诺骨牌"效应。南方都市报联手中国扶贫基金会，启动了"温暖接力·春节回家"计划，主要是帮助四川灾区的在粤工作人员，还有贫困大学生。

一位深圳老板知道后，当即表示要参与这项公益活动，资助 500 名广东农民工回家过年。还有四川籍的几名老板，也表示要帮助老乡还家。还有数名普通市民，在现场寻求资助对象，提供一对一的帮助。

更有意思的是，到 2010 年，不仅有"帮你回家"活动，还有"帮你不回家”的活动。“帮你不回家”是对那些不能回家的外来农民工，助其在当地过个好年。或发给年货，或准备一桌丰盛的年夜饭，或给经济困难者赠送一张电话卡，让他们与亲人在节日里通通电话。

一条红围巾，成为“帮你回家”活动的象征，公司捐赠的不仅仅是回家的路费，爱心传递活动用“善与爱”牵动了整个珠三角。感受到温暖的不仅是受帮助者，还有帮助者本身，还有珠三角市民，还有那些返回故乡过年的民工们的乡亲……

4 天天向善

陈宇曾这样说:“小时候是‘好好学习，天天向上’，现在长大了，要‘好好生活，天天向善’。”

陈宇能说出这话，并有心于“帮你回家”和“帮你不回家”，对农民工的帮助用心到这程度，岂不可贵！其言其行，都并非没有来历。他心中是有榜样的。

《战国策》中有个冯谖“薛地收债”的故事。春秋时期，齐国孟尝君委派门客冯谖往薛地收债，并嘱买回家中所缺之物。到薛地后，冯谖以孟尝君的名义，把百姓债务一笔勾消，并当众烧毁债券，百姓高呼万岁。冯谖回来对孟尝君说，你要的东西，我买来了。孟尝君问，在哪里？冯谖说，在你的佃农心里。孟尝君不解。冯谖解释道：你府上金银谷米、绫罗绸缎，应有尽有，只缺了一个义字，我替你买回来了。此举果然使孟尝君名声大振。

早在春秋时期，鲁国大夫叔孙豹就提出“立德立功立言”这做人的三不朽目标，“立德”乃人生第一要事。前文讲过，“勿以善小而不为”，语出《三国志》。这德与善，都是中国文化中最基本的东西。陈英昌给童年的陈宇讲三国，造成了儿子对三国故事的喜爱，乃至对中国历史文化的喜爱。如果我们头脑里缺中国历史上那些烛照千秋的精神，即使能把西方的许多现代观念搬来，恐怕也难理解这个陈宇的灵魂。

其实，动人的善举，在东西方世界都是令人崇敬的。财富如同权力，并不能给人格本身增添任何东西。什么是富有人生？1997年，东西方有两

陪着你们一起长大

“德基金”第三期支教在雷州官村小学举行

给孩子们一双翅膀

——“德基金”足荣支教有感

2011年11月21日，继10月22日完成首站英山小学支教计划整一个月后，德基金会带领第二批“德先生”马不停蹄奔赴第二站雷州市龙门镇足荣村足荣小学，开展第二期乡村支教计划。

抗战老兵李秀辉盼到了新家

“德基金”参与关爱抗战老兵计划

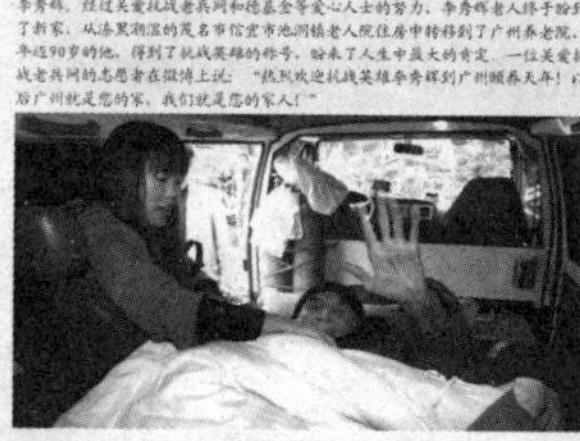

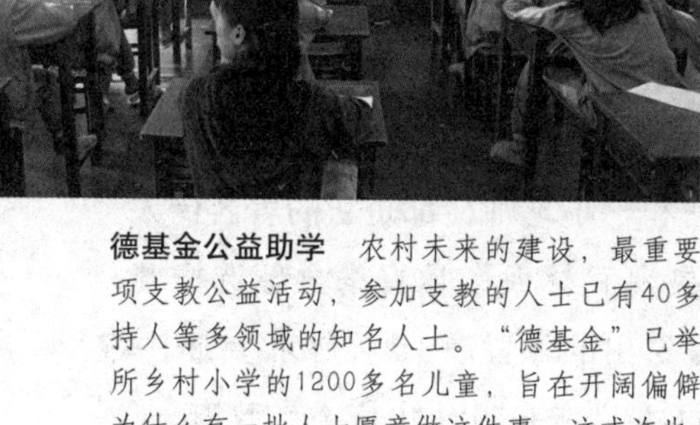

德基金公益助学 农村未来的建设，最重要的力量是要靠长大后的农村孩子。“德基金”是一项支教公益活动，参加支教的人士已有40多名，志愿者有画家、音乐人、武术冠军、电视台主持人等多领域的知名人士。“德基金”已举行6期乡村艺术支教活动，每期为时一周，帮扶过6所乡村小学的1200多名儿童，旨在开阔偏僻乡村里孩子们的眼界。陈宇为什么要做这件事，又为什么有一批人士愿意做这件事，这或许也是今天一件值得研究的事情。

个女子的去世引起全世界关注。一位是英国戴安娜王妃死于车祸，媒体曾渲染她的婚恋，但人们记得她为慈善事业所作的贡献。戴安娜曾将她拍卖服装所得的350万英镑，全部捐给慈善事业，她的品行感动了普通人，尤其是苦难中的人们。另一位是印度的德兰修女（也称特蕾莎修女），她是世界著名的慈善工作者，一生奉献给解除贫困的事业，曾获诺贝尔和平奖。众多媒体评价她们的人生是“富有的一生”。因为她们做了许多善事，帮助了许多人。

何谓善举？德兰修女本身并没有什么钱财，而是用她的善心和善行为穷人服务。她在加尔各答街头收集了许多临危病卧在路边的老人，把他们收留到一座名为卡里寺院提供的地方来，替他们清洗，给他们一个休息的地方。其中有个老人在到收容所的当天傍晚就死了，临死前，他拉着德兰修女的手，用孟加拉语低声说："我的一生活得像条狗，而我死的时候像个人，谢谢了！"

德兰修女认为：人类的不幸并不存在于贫困、生病或饥饿，真正的不幸是当人们生病或极端贫困需要帮助的时候，没有人伸出援手。

刘备临终为什么要嘱咐儿子"勿以善小而不为"？刘禅日后作为蜀国之君，他若要行善，是可以用蜀国之国力去行大举的，然而，不以善小而不做，才是善的根本。善，可以小到一个微笑、一个眼神。金钱财物本无善恶之分，善的根源在人心之中。"富人行大举固然积善，贫者做微行亦是大德。"若以善小而不为，便是不明善的根本。

陈宇曾出资 20 多万元，赞助出版《雷歌大全》。这部《雷歌大全》分上中下三卷，近 200 万字，虽然这只是反映雷州半岛历史艺术的雷歌，却也可以说具有学习孔子收集编纂《诗经》的意义。陈宇的赞助，亦为找回雷歌失落的"隔世之音"尽了一份义务。此举得到雷州市委宣传部的高度赞扬。

咏春拳是源于广东的著名武术，叶问和李小龙师徒都是它的著名传人。2009 年 12 月茂德公食品有限公司赞助央视武林大会咏春拳全球选拔赛，来自国内外 200 多名高手参加此次大赛，选出的咏春拳 16 强赴京参加中央电视台"武林大会"擂台赛。大会的主办方是广东省从化市委市政府，他们特授予茂德公食品有限公司"支持从化体育事业突出贡献奖"。

茂德公企业还曾赞助湛江市红土地文化节、首届中国雷祖文化节、雷州国际鼓文化节、广东省第二届民歌节、华工大科技文化节、"茂德公杯"大学生创想大赛、"茂德公杯"十大青年歌手比赛、广中医"茂德公杯"营销策划大赛、2010 年首届广东达人街舞挑战赛、茂德公游唱侠 2011 英雄会……这些活动有大有小，有冠名的，有没冠名的。这是在助人，也是在陶冶自己。

2011 年陈宇筹建"德基金"，用于组织学有专长的文艺工作者到边远乡村学校艺术支教。除捐钱捐物外，陈宇更看重为孩子们送去精神食粮，也许一句话就能影响孩子的一生。"德基金"志愿者统称"德先生"。消息发出，报名者相当踊跃，陈宇只能分期安排。10 月 17 日上午，德基金艺术支教活动在雷州市附城区英山小学正式启动。首批来自广州、珠海、西安等地七名“德先生”在小学操场庄严宣誓，郑重承诺：“尽己所能，奉献心智，不计报酬，帮助他人。”陈宇在现场说，艺术公益，小善大德。英山小学只是茂德公集团德基金公益慈善、乡村支教计划中万里长征的第一步。接下来，“德基金”将深入到更多的乡村小学，践行“精神扶贫，心智启迪”的理念。

陈宇讲过：“爱心有多大，事业就可以有多大。”他认为帮助别人也是在帮助自己。因为有善心，才有善言和善行，然后才有善缘。与人为善，广结善缘，资助一系列公益活动，自然也使樟树湾、茂德公品牌广为人知。有人认为这是陈宇高明的营销方法。此说也不错。能把中国文化的崇善敬德与商海的营销相融会，或许是得了融会贯通之造化的。

● 同时期的世界和相关思索

金融危机自美国发生后，中国沿海及发达地区有许多企业关闭停产，很多农民工失业，出现农民工“返乡潮”。中国离乡外出的农民工已超过2亿人，约有15%的农民工因全球金融危机的冲击而失去工作。

在世界上，超过5000万人口的国家被认为属于人口大国。意大利不到6000万人口排名第22位，法国和英国分别以超过6000万人口排在第20和21位。中国农民工人数超过法、英、意三国人口的总和。世界上超过2亿人口的国家只有四个：中国、印度、美国、印度尼西亚。巴西以1.88亿人口排在第5位。中国农民工人数也超过巴西人口、超过俄罗斯人口。

如果回顾一下意、法、英三国首都的历史，它们中最早建城的是罗马，时间约在公元前8世纪到7世纪之间。2000多年前的巴黎还只是塞纳河中间西岱岛上的一个小渔村，公元前52年，这个地区被罗马人征服。到公元358年罗马人在这里建了城堡，这一年被视为巴黎建城的元年。罗马人起初将该城命名为“鲁特西亚”，意为“沼泽地”，在公元400年左右才改称巴黎。关于伦敦，罗马人在公元43年征服了这个地方，在泰晤士河畔建筑了一个聚居点，取名为“伦底纽姆”(Londinium)。公元50年前后，罗马人在这里兴建了一个城镇，就是早期的伦敦。若比较一下广州，广州最早的名字叫楚庭，早在公元前9世纪的周代，珠江畔的百越人与长江流域的楚国人已有交往，并接受楚文化的影响，所以把自己的治所称楚庭。到公元前214年，秦统一岭南后在此建南海郡，郡治番禺，也就是今茂德公草堂所在的广州市番禺区。

各国城市化的进程，都伴随着农民转化身份，并伴随着人口文化素质的提升。中国农民工已不是农民，而是事实上的产业工人。“农民工”这个名词就是个矛盾的产物，是个具有“中国特色”的称谓。“农民”是中国户籍制度下该民的身份，在农村他们有责任田，他们对责任田有使用权，无所有权，当他们不使用该田谋生时，那田就意义不大；称他们为“工”，则是他们用以谋生的职业。从产业分布看，全国第二产业就业人员中，农民工约占57%；在第三产业，农民工约占52%。可见农民工已融入产业工人阶层，并成为中国产业工人的主体部分。在产业工人中，他们工资最低、劳动时间超长、从事最苦最累最脏最险的工作，有人总结属于廉价劳动力、超时劳动力、高危劳动力。他们赚的血汗钱还常遭老板拖欠。他们为城市建设做出了巨大贡献却不为城市接纳，他们在失业或工伤致残的时候只能返回依然贫穷的乡下。他们其实是中国向城镇化、现代化转移进程中的主力，他们的生活待遇、劳动技能和文化素质，以及子女受教育程度的提高，对中国强盛具有极其重大的意义。

2004年中央1号文件明确指出：“进城就业的农民工已经是产业工人的重要组成部分。”这个认定是十分准确的。农民工问题，不仅是个重大的现实问题，也是个重大政治理论问题。因而有人提出“三农”问题已衍生为“四农”问题，即农业、农民、农村问题和农民工问题。

我们尚难想象足荣村将来会不会成为一个大城市，但成为雷州半岛上一个著名小镇将是可以期待的。在城市发展的过程中，中国仍有巨大人口的农村人民如何建设好自己的家乡，依然是最重要的。茂德公家族致力于为足荣村每户人家出一个大学生而努力，致力于农村家园建设，并在农民工遭遇困境的春节前做点“帮你回家”这样温暖人心的事，这些事意义都不小，只是这样做的人太少。

第14章 汪洋书记的理解和鼓励

陈宇固守诚信，还来自于茂德公的做人信条："老实是福，奸诈是祸。老实做人，诚信做事。"在中国文化中，诚信是一种信仰，是善者的宗教。至少可上溯到孔子的智慧。你听，孔子把诚信比作车之"轴"，人无诚信如车无"轴"，那就寸步难行。你看，秦国并非没有黄金，商鞅不是从秦国有多少黄金开始的，商鞅是从"城门立信"，取信于民开始的。即使是一个国家，即使是拥有最高权力的统治者，诚信也是其通往成功的第一步。有这第一步，才可能有成功。缺这一步，即使有金山金库，也必然崩溃。这是万古不灭的真理。

回乡办厂，利用家乡资源做产品，在家门口解决农民的就业问题，这个路子比捐钱给家乡更有价值……汪洋书记的理解和鼓励，以及陈宇和乡亲们的实践中，其实奔驰着拯救当今穷村的大道。非止如此，这其实也就是新世纪中国农民建设自己更新自己的大道！

1 2011 年 8 月 3 日

对茂德公家族而言，这是个历史性的日子。

由此上溯八年，陈宇于 2003 年组建的樟树湾集团，以一种近乎独特的方式，在雷州半岛的贫穷家乡与乡亲们风雨同舟地发展着，虽有不少艰难坎坷，事业却也在逐年壮大。

在全球性的金融风暴中，广东受冲击的企业不少。陈宇的企业不能说未受冲击，但显出较强的抗灾害、抗风险能力。这大约就与半岛上的农民员工本身抗灾能力较强有关。

以“樟树湾”为集团命名，自然是基于足荣村有那么一大片著名的樟树林，樟树林边有一湾碧水，地名就叫“樟树湾”。雷州书画家莫各伯先生则为茂德公草堂撰写过一副很有意蕴的楹联：

樟树成林藏诸葛

草堂煮酒论英雄

樟树湾集团旗下有三大板块：农业食品、文化、旅游。自 2003 年起，先后在足荣村兴建了食品工业园和养殖基地。2006 年开始进军雷州旅游业。

“我们这个团队。”这是陈宇经常挂在口上的一句话。这个“樟树湾团队”有 1000 多名员工，多来自雷州农民家庭。中国有句话说“举贤不避亲”，陈宇认为亲人本身有信誉度，加上有感情在，同等条件下当然优先考虑乡亲。所以他这里讲的“亲人”指乡亲。他多用乡亲的另一个理由是：“不好意思，足荣村还很穷，解决一个人进厂干活，就可以帮助一个家庭。”

2011 年 8 月 3 日下午，中共中央政治局委员、广东省委书记汪洋，常务副省长朱小丹一行到湛江进行专题调研期间，专程到足荣村考察了茂德公食品有限公司工业园。

8 月 5 日《南方日报》是这样报道的：“2 日至 4 日，省委书记汪洋到湛江市进行专题调研。汪洋强调，湛江做大‘蛋糕’不能走珠三角发展走过的传统老路，不能以牺牲资源环境为代价，不能以低成本劳动力作为主要竞争力，虽然起步晚，但要努力做到起点高、代价小，在加快发展的道路上走出科学发展的新路。”其中写道：“汪洋还考察了雷州市茂德公食品有限公司，肯定企业负责人陈宇回乡创业、回报桑梓的做法，希望更多的湛江籍企业家带着资金和技术回到家乡发展，带动乡亲致富，促进粤西发展，实现个人‘不一样的成就感’。”

参加这次调研的还有广东省委常委、常务副省长朱小丹，省委常委、秘书长徐少华，湛江市委书记刘小华、市长阮日生以及省直有关部门负责人。

8 月 3 日下午，汪洋书记一行到了足荣村工业园，先是参观了茂德公香辣酱的生产车间。汪洋、朱小丹和其他领导者们看到一颗颗辣椒经过专业工人的加工，到了流水线末端就变成了一瓶瓶“南派辣椒酱”，饶有兴致。他们拿起新鲜出炉的瓶装香辣酱仔细观看成分、包装，陈宇在旁向汪洋书记介绍了茂德公香辣酱品牌以爷爷的名字命名，希望传递出诚信的品牌价值。领导们对茂德公香辣酱的多口味、多品类，以及凝聚着浓郁乡土文化的包装都连声赞赏。

参观完辣椒酱车间，当汪洋书记问起陈宇为什么想到回乡办厂时，陈宇回答说：我的家乡很偏远，有很多劳动力，但缺少发展经济的科学技术，经济就落后，大家比较贫穷，我思来想去，就决定回家乡办厂。陈宇一边说着，一边把领导们领到另一个大车间的 11 块代表着希望的蓝色基调展板前，汇报了八年前回乡创业的“雷州梦”。

他说，我们的红土地适合种辣椒，我们立足雷州这个著名的辣椒主产区，尝试做南派辣椒酱，为乡亲们创造就业机会。方圆的农民也都种了大量红

2011年8月3日下午，中共中央政治局委员、广东省委书记汪洋，常务副省长朱小丹一行在足荣村考察 汪洋书记肯定了陈宇回乡创业的做法，希望更多的企业家带着资金和技术回到家乡发展，带动乡亲致富。

这里的红土地适合种辣椒，茂德公企业立足于家乡特色资源做辣椒酱，吸引了方圆乡村的劳动力种植辣椒，这就把第一产业也带动起来。汪洋对当地的蒲织提篮也很赞赏，朱小丹拿起流水线末端的成品辣椒酱仔细观看成分和包装。

辣椒，我们去收，辣椒酱就这样做起来了。

陈宇还说，我们有两句话，是要求集团员工都铭记在心的。一句是“如何改变家乡的现状”，另一句是“有益家乡的事多做一点”。如何才能多做一点？回乡创业的过程中，我们找到的突破之道是：以雷州的本土文化为核心，打造具有雷州特色的文化旅游项目；以雷州的优势农副产品为基础，打造富有雷州特色的拳头产品。于是全力投入了我们在半岛上的“六个一”工程建设。这“六个一”是：一个茂德公生态农业体验休闲园、一个樟树湾大酒店、一个雷祖祠、一座鼓城、一个半岛首府和一座爱情岛。

汪洋书记充分肯定了陈宇回乡创业的做法，认为这种“在家门口解决就业问题”的方法非常可贵，值得推广。汪洋书记说：“我希望更多的湛江籍企业家向你学习，带着资金和技术回到家乡发展，带动乡亲致富，促进粤西发展。这样能找到在珠三角找不到的成就感，你可能会像茂德公一样被人们记住。”

汪洋书记还说：“你回乡办厂，利用家乡资源做产品，既有利于家乡又有利于个人，说明做生意和回报家乡可以找到一个很好的结合点。这个路子，比捐钱给家乡更有价值。”

最后，陈宇代表茂德公集团向广东省委赠送了两件特别的礼物。一幅名为《饮水思源》的红土画，由足荣村的小学生捧至汪洋书记前。这幅红土山水画是曾在足荣村支教一年的山水画家孙金龙所作，寓意不忘根不忘本。另一件礼物是茂德公员工特别做的一桶五斤装辣椒酱，并配以雷州特产的蒲织提篮，祝福汪洋书记倡导的“幸福广东”五福临门。

汪洋书记接过礼物后，还特别表示了对蒲织提篮的赞赏，他风趣地说：“你们的礼物，我收下了。这个蒲织袋非常精致，很有民俗特色，我回头叫少华采购一些回来，当礼品送给外宾。辣椒酱就不送外宾了。我会把这瓶香辣酱带回省机关食堂，让每个同事尝尝，就不收你们的广告费了，免费给茂德公做广告。”汪洋书记风趣的话语引得在场的各位领导和茂德公员工一片欢欣，大家鼓掌。

这里顺便说一下雷州蒲织。雷州半岛适宜种植蒲草。雷州蒲织工艺极具地方特色，在很长的一段历史时期，雷州族群正是凭着这一手艺谋生养家。雷州蒲织不仅是半岛人民物质文化生活中不可或缺的一部分，还是雷州与周边国家、地区进行经济文化交流的载体，甚至早在“海上丝绸之路”的开拓史上就扮演过重要角色。陈宇选雷州蒲织做提篮装辣椒酱作为礼物，表达的其实也是他对家乡文化的热爱。

汪洋书记一行要走了，当汪洋书记站在厂区门口和大家一一握别时，他看到厂区围墙那鲜艳的12个大字“有益家乡发展的事多做一点”，他殷切寄语大家：“有益家乡发展的事再多做一点。”

汪洋书记一行的车辆驶上“足荣村一环路”远去了，陈宇的心中依然非常温暖。他回乡做这些事已经八年了，赞扬者有之，阻力也有，坎坎坷坷也不少。今日汪洋书记一席话，让他深深感到，他得到了真正的理解和鼓励。

我们以为，汪洋书记肯定陈宇回乡办厂，利用家乡资源做产品，在家门口解决农民的就业问题，这个路子比捐钱给家乡更有价值，以及希望更多的湛江籍企业家向陈宇学习……这些话语，都是深具普遍意义的。

因为陈宇这样做的意义，已经不在于他为家乡捐了多少钱，也不在于樟树湾集团自身的经济效益如何。中国有两亿多离乡离土外出打工的农民工，有很多村庄已经无法依靠传统的农业来维持生计，这其实是在一个迫切需要发展现代农业和相关产业的时代，传统的农业和村庄处于破产状态。很多的村庄成为老人和孩子的留守村，空壳村。

这些农村难道不需要建设？

可是，年轻人大都外出打工了，谁来建设？

城市是一天天繁荣了，可是不少穷乡僻壤中的乡村却更加凄凉地穷下去。怎么办呢？靠城里人来捐助吗？靠企业家或富人来捐助吗？

仍然要靠家乡人自己拯救自己。那么，像陈宇这样的大学生，毕业后去创业，有了最初的一点经验和资金，就返回家乡带动乡亲一起创业，这不是当今至为可贵的事迹吗！

如果我们说，陈宇就是新世纪中国农村的梁生宝，你觉得会夸奖过分吗？

“在家门口解决农民的就业问题。”这就是当今农村最重大的问题。

在一个以计算机为代表的信息时代到来的今天，已经无法仅仅依靠传统的农业方式来维持农民的生计，更无法仅仅依靠传统的农业生产技术来建设新农村。在旧有生产方式几近破产的旧农村，已经迫切需要像陈宇这样的新青年运用新技术、新的生产方式和经营方式，将农村的劳动力组织起来，并使传统的耕作方式注入新的科学因素得以再生。

新农村建设，是应该这样来实现的。

陈宇的故事，并不只是一个“回报乡里”的故事，也不只是一个捐助的慈善故事。数不清的农村学子大学毕业后找不到回乡的路，宁可漂泊在城市，陈宇便殊为珍贵。依然要靠农村学子、农村青年同父老乡亲来一起建设家乡。

陈宇的意义还在于，他这样做，同样获得很大的经济效益，甚至是比在珠三角更大的经济效益。因为家乡有大量艰苦朴素的劳动力，有广袤的土地资源，有未被污染的蓝天与河水，有“可以出售的阳光”，还有湛蓝湛蓝的海水和金色的沙滩……

再听听汪洋书记对陈宇这样说:“你回乡办厂,利用家乡资源做产品……这个路子，比捐钱给家乡更有价值。”这的确是深刻的理解和极大的鼓励。

汪洋书记的理解与鼓励，以及陈宇和乡亲们的实践中，其实奔驰着拯救当今穷村的大道。非止如此，这其实也就是新世纪中国农民建设自己更新自己的大道!

2 樟树湾故事

再看看陈宇组建的樟树湾集团回乡办厂，是不是“既有利于家乡又有利于个人”。

诸葛酿白酒品牌如同一路杀出重围，才得以立身立世，殊不容易。把诸葛酿的后期包装迁到足荣村来做，则是一个可以解决一大批乡亲就业的重要举措。诸葛酿现已打入国际市场。在十年中，诸葛酿已成为广东家喻户晓的名酒品牌，先后荣获“深受广州市民喜爱的白酒类品牌”、“十大新锐酒品”等20几个奖项，被行业定位为广东省白酒畅销品牌“三剑客”之一，年销售额过亿。诸葛酿也成了四川江口醇集团公司的核心品牌，促使江口醇集团公司成为巴中地区第一纳税大户。

员工戏称“诸葛酿是公司的奶牛”，樟树湾集团做的很多善事，主要资金都来源于销售诸葛酿利润。

Anobano 红酒是樟树湾集团子公司 2009 年推出的新品。Anobano（爱奴背奴）来自澳大利亚，有浓厚的文化和爱情背景。在澳洲的伊顿谷酒庄，据说暮年的庄主夫妇精心酿制 Anobano，象征他们终生不渝的爱情。其酒口感宜人，果香型，浓郁的澳洲情味。

商海中的品牌商标五花八门，陈宇用爷爷茂德公头像作商标，今已成为“珠三角”家喻户晓的知名品牌，可与“肯德基爷爷”抗衡。中国农民老爷爷形象，具有朴素、本分、地道等泥土信息，比“洋爷爷”更有几分亲和力。

茂德公香辣酱保持南派风味，其香辣鱼块、香辣鸡丁、香辣牛肉、香辣鱼仔、香辣豆豉等均成为居家美食和馈赠亲友的佳品。公司正启动“吃香喝辣”、“幸福餐桌”等项目，体现着员工积极的思维和经营。

茂德公系列品牌是一个体现孝心、传递乡土亲情的品牌，携带着浓郁的乡土文化，尤其常常成为樟树湾集团一系列爱心公益善事中的赠品，使茂德公品牌越来越被更多的消费者接受，不仅在市场上享有口碑，也得到官方赞扬。

2010 年 9 月，全国高科技产业品牌推进委员会授予“茂德公”牌香辣酱为“全国消费者放心环保健康品牌食品”，同时授予陈宇为“全国自主创新品牌企业家”。

陈宇是可以不愧此名的。从创业路上一路走来，他最有创意的也在于品牌创造。他最成功的第一个思路，正是推出“浓头酱尾”的“诸葛酿”牌白酒，接着是茂德公嘉仙鸡，茂德公草堂，再是雷州鼓文化五星级大酒店、鼓城和赤豆寮爱情岛。在足荣村，兴建了德文化石雕园、茂德公生态农业体验休闲园等。近年来，陈宇始终致力于充实茂德公品牌，创新、延展新产品。其中有一个是“茂德公心瓶水”，瓶体造型新颖，红心图案寓意有心有爱水更甜。不日即将上市。所有这些，都体现了陈宇创造品牌的意识，及凝聚其中的心意。

樟树湾集团旗下的茂德公文化传播有限公司，是陈宇于2008年4月注册成立的新公司，简称茂德公文化。公司以弘扬雷州半岛文化为己任，涉猎娱乐、文化、体育行业，实现从单一企业向品牌企业的转型，为培育员工在经商中的文化艺术素养和一种追求完美的意识，他们称之为“完美转型”。

茂德公文化公司积极与国内多省市区的大小电视台和海内外影视制作、投资公司建立合作关系，重视与制片人、编剧、导演、演员、摄影等影视制作人员的感情联络，友好往来。茂德公草堂还可以成为具有乡村草庐特色的影视拍摄基地。公司成立以来，成功策划出品了由音乐人小柯编曲作词加编剧的音乐剧《凭什么我爱你》，在黄花岗剧院公演。赞助了话剧《宝岛渔村》在东莞演出。以“茂德公香辣酱”、“诸葛酿”名义，冠名喜剧《开心晚宴》演出，此剧由台湾知名导演陈立华执导，著名影员宁静、王思懿、高亚麟等联袂出演。宁静在剧中扮演一个“活泼搞笑、生财有道”的千面厨娘，出语惊人，剧中笑料迭起，剧场接连不断爆发出观众快乐的笑声。

在体育领域，茂德公文化公司与亿达足球队双方签署了合作协议，冠名成立番禺茂德公足球队，参加珠超联赛。

有人赞誉樟树湾集团投资文化事业是“黑马腾空，漂亮转身”、“完美转型”。文化作为一种产业，能起到企业与消费者的纽带作用，重视文化事业，是民营企业发展到一定规模阶段的必要途径。不管是不是完美，这都是一种试图走向完美的追求。企业要继续成长和拓展市场，需要多元化求发展，要在文化上艺术上多下工夫。

宏甲曾不止一次去过意大利的罗马和佛罗伦萨，还有威尼斯，不止一次去过法国的巴黎，曾很有感触地写过，今天中国东部沿海有一批经济发达的城镇，正有千载难逢的城市升格良机，能不能变成佛罗伦萨、威尼斯那样举世闻名的城市？不是没有经济实力。但要看到，佛罗伦萨、威尼斯，都是在经济发展的时期以极大的热情去发展文化艺术，才使他们的家乡具有光照人类的永恒魅力。如果只是热衷于经济经济，那是不可能成为举世钦佩的文化名城的。所以，我们对陈宇的樟树湾集团涉足发展文化艺术产业，不论其成败如何，都刮目相看，极其赞佩，包括赞佩他们所称的“完美转型”。

说陈宇是雷商，亦是儒商，似乎都有所不够。如同诸葛酿是中国最著名的两种酒不同风格的融会，陈宇身上有非常传统的中国古典文化，也有很当代的信息社会的文化资质。如果极有意识地去融会古今中外，将会造化出一种怎样的商人或人？我们没有忘记，他自己也没有忘记，他是20世纪生在茅屋里的足荣村农民茂德公的孙子……这是一个值得研究的中国农民最新的一代传人。

3　创业之路

陈宇1998年辞职下海时，已是20世纪的最后两年，中国有名气的企业已经很多了。他从一个无名小公司干起，到2010年，仅12年，从10几人发展到有2000多人，成为在广东省颇有名气的民营综合性集团公司。

“第一桶金”这个词，人们是在改革开放多年后听到的，是在总结某些“成功者”经验之时的“经验之谈”，似乎有这“第一桶金”才能起步。迄今很多想创业的年轻人都想找到自己的“第一桶金”。

通过某种关系、某种交易、某种特权，得到“第一桶金”的人是有的。但很多人是谋不到“第一桶金”的。对绝大多数平民来说，梦想“第一桶金”可能是个误区。困难，似乎总是对普通人而言。即使你有一千条关于困难的理由，仍需自己从零开始去奋斗，这是真正的“第一桶金”。

1984年，陈宇还是个中学生，广东珠三角已涌现了一大批年轻的创业者。到陈宇上大学时，广东已“富甲天下”。现在回头看陈宇辞职下海，领导劝他三思而行，同事劝他慎重行事，朋友劝他莫意气用事，特别是爷爷茂德公、父亲陈英昌都反对他辞职经商，陈宇最终还是下决心走了。

陈宇说：“下海的初衷，也不是想赚很多的钱，只是想去闯一闯，改变一下家庭困难的现状。”他说那时有一支闽南话歌曲《爱拼才会赢》鼓舞过他。

陈宇最先创办的公司叫“顺德市天骏贸易有限公司”，只有十来个人，有三个股东。没干多久，公司出现亏损，另两人看到形势不妙，要退股了。

陈宇当然也可以选择三个股东都偃旗息鼓算了，那么一个“雄心壮志”就结束了。陈宇用毅力独自扛下了积压的存货，筹钱退给两个合作伙伴。哪里有“第一桶金”呢？下海才走到浅滩，还没有扬帆起航呢，先背了“第一桶债”。

此时的陈宇，没有后台、没有资金、没有汽车、没有办公地点……中国文化有破釜沉舟，有背水一战，有置之死地而后生……陈宇头脑中还没有商战经验,但有这些中国古典故事所给予他的精神。更重要的精神是诚信，你可以缺少很多很多东西，但不能缺少诚信。陈宇紧紧抓住了诚信。证据之一就是他当江口醇的代理商，始终没有窜货，没有卖假酒。

陈宇固守诚信，还来自于茂德公的做人信条：“老实是福，奸诈是祸。老实做人，诚信做事。”在中国文化中，诚信是一种信仰，是善者的宗教。至少可上溯到孔子的智慧。你听，孔子把诚信比作车之“轴”，人无诚信如车无“轴”，那就寸步难行。商鞅“城门立信”，千金一诺，造化了秦的崛起。倘说诚信是金，犹恐不够。陈宇没有第一桶金，但有诚信，诚信贵于黄金。这一点是不能忽略的。

不忽略这一点的意义在哪儿？一个一穷二白的人，不要为没有第一桶金所困，心中虔诚地皈依诚信，把诚信作为你的信仰、你的宗教，你就可以出发。

哪怕从打工做起，你还可以记住中国文化说的“千里始足下，高山起微尘”。即使从“微尘”开始，也是大道。请再看一眼，秦国并非没有黄金，商鞅不是从秦国有多少黄金开始的，商鞅是从“城门立信”，取信于民开始的。即使是一个国家，即使是拥有最高权力的统治者，诚信也是其通往成功的第一步。有这第一步，才可能有成功。缺这一步，即使有金山金库，也必然崩溃。这是万古不灭的真理。

当然，从古至今，在一定时期内，靠特权靠搞腐败而得到一座金库的都有，何止得到“第一桶金”，但那故事不在本书叙述范畴，本书是为平民而作的。

陈宇的诚信，感动了江口醇集团老总张超先，因对陈宇非凡的信任，在陈宇欠货款上百万元的情况下，不仅没有取消他的代理商资格，仍为他敞开大门。如果说陈宇得贵人相助，贵就贵在张超先的精神以陈宇的诚信为贵，不以陈宇所欠的百万元货款为贵。正是得张超先精神识精神产生的信任支持，陈宇才没有身陷死地，才得以复活。这样的精神相照，才是建大业之大道。所以在陈宇的道路中，张超先的精神导致识陈宇，是极其重要的。

有这第一步，才有陈宇在珍惜诚信基础上的品牌诉求——每一个为消费者所信任的品牌，都是建立在诚信基础上的。精心创造出“诸葛酿”品牌，才标志着陈宇开始扬帆，开始出海。

然而由于没能成功注册商标，很快遭遇“仿冒猛于虎”的袭击，不得不进行了长达六年艰巨的品牌保卫战。在这条维权之路中，陈宇在品牌策划、营销、管理方面得到异乎寻常的磨砺，日益成熟。而后推出的“茂德公”系列品牌商标，被业界誉为品牌商标中的经典之作。

人是要有点精神的，逆境中不自卑，困惑时能警醒，这在陈宇身上体现得很充分。唐代罗隐有句诗说，“时来天地皆同力，运去英雄不自由。”看起来讲的是时运，这时运却是要靠自己去顺应天地人心，才有英雄的自由。奇迹在陈宇的坚守与努力下出现了，“诸葛酿”终于赢来自己的真淳，以独立的清名畅销珠三角，赚了个钵满盆满。

跌入低谷坚守其志不容易，春风得意不丧志也不容易。陈宇说：“那时钱来得凶猛，对穷惯了的我，颇有醉酒般的眩晕感，眩晕过后，我告诫自己，有钱了，不能忘乎所以。”

能不能保持一颗平常心，这是一个问题。

陈宇说：“有了平常心，才不会有太大的压力。”

请留意，这是一句经验之谈。这句话的另一面是说，失却平常心，你就会背上很大的压力，那将是很危险的。不仅对一个赚到钱的老板来说是很危险的，对一个考上大学还没毕业的青年来说，也是很危险的。君不见有大学本科生、研究生“因压力太大”而自杀的吗？那都与失却平常心有关。

把向外开拓的事业同返回家乡、建设家乡结合起来，换句话说，把事业做在家乡，用心于打造根据地，才有远行的根基，这应该是陈宇这个青年值得我们格外重视的举措。

中国古代谋大事者，就有不当流寇，务必建根据地的抉择。刘备就是入川建立根据地，才有三国鼎立之局面。作为1998年才投身商海的陈宇，实在是后来者。一部三国的历史，不仅助他创造了“诸葛酿”，也在冥冥之中指导他归乡建立根据地。

茂德公草堂的打造，则是陈宇归乡后，把家乡的形象、家乡的内涵、家乡内在的优势，艺术性地向外拓展。

草堂的前身是一个200亩的龙眼园，陈宇租赁来经营农业科技公司，把茂德公嘉仙鸡配送中心设在这里，实际上是雷州足荣村鸡场活鸡的中转站，再随时配送给广州各嘉仙鸡酒楼。如果就这么收收龙眼放养鸡，这里永远是不被人们知晓的角落。

2004年冬天，陈宇把公司主要人员带到草堂开会。那时草堂只有两所平房，四面透风，大家站着吃午饭。陈宇把建设草堂的构想和盘托出，大部分人觉得不可思议。特别是说到草堂建成后，要把原来设在天河豪华写字楼里的公司总部搬到草堂来，大家一片诧异声，普遍认为放着广州闹市区不用，跑到这么个荒果园来办公，怎么能做生意？再说，现在所有的老板都往城市挤，我们怎么反而从城市撤到乡下？

陈宇做了解释，但难以说服大家，最后说：“我的地盘我做主。”

这似乎是一句不得已冒出来的武断的话。

他接着又说了一句：“过一两年，这里会成为你们向往的地方。如果你想来这里，还要经过批准。”

大家都记住了这句话，但只是当作一句“玩笑”。

后来的情况，让大家对陈总就格外敬佩了。

茂德公草堂把樟树湾集团的名声也带出去了。社会名流往来于草堂，声称此地“独生蓬荜之光华”，这是指在广州市独生蓬荜之光华。试想，在广州市，你就是造一座摩天大楼，能突出吗？一座世外桃源般的大草堂，就足够突出，不同凡响了。

自此，草堂的老板不是只会“做酒养鸡”的生意人，而是广交天下的“堂主”，四方来游览者众，樟树湾集团因获得文化的力量而有了“质的升华”。

茂德公草堂的成功也激励了陈宇大力涉足雷州半岛的旅游业，旅游业是第三产业的龙头，可以带动文化艺术产业等诸多行当，可以吸纳更多足荣村子女就业。由此，陈宇的樟树湾团体，就把包括种辣椒、养鸡在内的第一产业、第二产业和第三产业都集于一身了。植根于足荣村樟树湾的这个企业的灵魂，则仍然是浓浓郁郁的中国文化……

4 “茂德公”文化

“天下熙熙，皆为利来。天下攘攘，皆为利往。”这话出自司马迁《史记·货殖列传》。从古至今，很难看破的东西除了“名”，便是这个“利”。

陈宇坚持：商不可不为，利不能不取，但宁可失利，也不可失德。他使樟树湾集团倡导的经商理念是：老实是福，不可负人。集团的宗旨是：“勿以善小而不为，勿以恶小而为之。”这些都来自中国古代的经典贤言。

樟树湾企业的核心价值观是：温、良、恭、俭、让、忠、孝、礼、义、廉。温良恭俭让，就直接出自《论语·学而》：“夫子温良恭俭让以得之。”忠孝礼义廉，也是儒家提倡。这十个大字经千秋沧桑，到百年前更经西方文明疾风暴雨般的冲击，也经过本民族人士的猛烈批判，迄今愈显光华。

在樟树湾集团办公总部，在茂德公草堂大门口，在足荣村工业园会议室，都可以看到这十个大字，砥砺、滋润、温暖全体员工的心。陈宇以这十个字为企业文化精神，并简约释义，让广大员工知晓，永远牢记：

温：为人温和，心胸广阔。良：为人良善，爱憎分明。
恭：为人恭敬，宽容大度。俭：为人素俭，乐善好施。
让：为人谦让，虚怀若谷。忠：为人忠诚，无私无畏。
孝：为人孝顺，尊长爱幼。礼：为人懂礼，举止有度。
义：为人重义，维护公理。廉：为人廉明，遵章守纪。

陈宇说：“这十个字全是好字，是中华民族德文化精髓的体现。我所理解的核心价值就是做人、做事的宗旨，刻在石头上，摆在我们草堂门口，是给用心看的人看，用心悟的人悟，让广大员工围绕这个价值观探寻、执行。

靠山 陈宇认为，爷爷茂德公所代表的道德诚信，就是经商真正的靠山。他坚持：商不可不为，利不能不取，但宁可失利，也不可失德。在他的倡导下，樟树湾集团的经营理念是：老实是福，不可负人。并遵从：“勿以善小而不为，勿以恶小而为之。”究竟什么叫“德”？宏甲认为，德就是人与人之间的真诚直率，不要阴谋诡计。

尽管这十多年来，樟树湾在经营管理上还有很多不足，但我非常欣喜的是，德文化作为樟树湾核心价值观，越来越被公司员工所认同。”

纲常万古，节义千秋。温良恭俭让等伦理道德，历久弥坚。陈宇把自己的中国文化情结，以及爱国爱乡的责任感，灌注到自己的企业，并将自己对现代文明的理解，自己的价值观与经营理念，潜移默化地传递给员工，逐渐塑造出具有一定凝聚力和向善精神的员工队伍。

为鼓励员工，自2002年，陈宇在企业内部设立“金果奖”，每两年评一次，时间定在“418”，因1998年4月18日，是陈宇代理的江口醇上市的日子，“418”成为公司永恒的吉日。

金果，是雷州半岛菠萝蜜的别称，又名大树菠萝。树高10米至15米，果实长在树上，每个果实大如西瓜，椭圆形，外壳青绿色，生满了软刺。古人说它如佛头上的螺髻，味道香甜浓郁，没见过者必感新奇。

2010年樟树湾集团在德庆县召开了第四届“金果奖”颁奖大会，本次“金果奖”的主题就是“道德”。为什么选择在德庆召开？因德庆是广东省旅游强县。陈宇说，雷州的旅游资源和德庆很相像，德庆先走了一步，为我们做了示范，有很多成功经验值得我们借鉴。会后，与会人员游览了德庆旅游景点。

在第四届“金果奖”颁奖会上，陈宇以“立德秉承善念”为题，侃侃而谈：“万事善为首，一个人有普世情怀，就会高尚，就有好的心态。”他把樟树湾集团成立以来所做的一系列善事归功于公司全体员工的共同努力："毫无疑问，我们捐助的每一分钱都是大家的智慧和汗水，这些善事里都汇聚着大家的功德。"

企业领导者的个人素质，对一个企业的塑造力、影响力无疑是非常重要的。许多员工都说陈总平易近人，待员工很客气，不会呼三唤四的，没有老板的霸气。然而一研究事情，他又太像老板了，认真起劲，说话富有感染力。员工最佩服的是他的"急智"，遇到紧急事情，一个出其不意的点子突然蹦出来，让你不得不佩服。这些评价，大抵是准确的。

孙子兵法有句话说：上下同欲者胜。这话用来形容樟树湾集团目前的状态，大抵也是合适的。有许多大学毕业生就是冲着陈宇的个人魅力而加入樟树湾集团的。陈宇说："随着公司的发展，樟树湾集团的事业需要更多英才加入我们的团队，我们一起努力打造出更好的樟树湾未来。"

对曾经共事过的同事也不因"人走"而"茶凉"。如茂德公草堂掌柜郑旭纯决定离此另谋发展，陈宇特地为她召开了规模盛大的欢送会，主题是"我们在一起，在与不在都在"，一听这主题，已是温馨满怀，让人顿觉真是有感情有文化。

孟子曰："得道者多助，失道者寡助。"在陈宇身上，为人交友重感情，讲道义。友人还称他"交友带三分侠气"。这些性情似都凝聚在他的个性中。他认为朋友多了路好走。"金果奖"还设过"草堂老友"奖。陈宇有了新构想，或有了新营销方案，总喜欢约上三五好友，喝茶、饮酒、聊天，听听大家的意见。他的朋友中以文艺界居多。陈文、高凯、某小丫、洪清、罗方慧……高凯是四川青城山鹤翔山庄的文化总监，数十年来，沉醉钻研书法艺术，善于创作主题书法长卷。陈宇2004年夏季去青城山旅游与其邂逅，两人一见如故，高凯搞的道文化主题酒店让陈宇有所启发，至今交往密切。女作家某小丫，是电影《将爱情进行到底》编剧。善饮，戏称"中国酒品最好的女作家"。洪清是医生，与陈宇为高中同学。陈宇通过洪清结交了罗方慧。此人是律师，精通法律，作风严谨，为人谦和。企业遇到有关法律问题时，陈宇总喜欢找罗律师参谋。

一个人，一个家族，一个企业，都需要文化滋养。回顾集团成立以来

朋友 朋友应该是真诚的代称。陈宇的朋友以文化艺术界的居多，如陈文、高凯、洪清、罗方慧等等。这反映了陈宇对艺术的喜爱和追求。他屡将文艺界友人请到他的家乡足荣村去展示书画或表演艺术，目的是期望打开足荣村孩子的眼界。进而他创立“德基金”，将类似的活动扩展到半岛上的其他偏僻村庄，这也是靠了许多文化艺术界朋友的支持，才做得有声有色。

激情燃烧的岁月，陈宇认为：“新的营销时代已经来临，樟树湾集团面对未来要走文化营销路线。只有把产品通过文化植根到消费者的意识中，企业才能生生不息。”

5 云路他年刮目看

弹指之间，一切仿佛就在昨天。

时光如箭，一切仿佛又刚刚开始。

樟树湾集团荏苒十年，陈宇对员工说：“我们现在还是棵树苗，能不能长成参天大树，更多的是靠大家。”

在中国文化与西方文明日益相互渗透的21世纪，文化力将日益成为决定企业前途的重要力量，这个趋势，陈宇是意识到了。他开始对樟树湾集团旗下子公司进行重新定位，以提升文化品质。他认为：茂德公香辣酱和诸葛酿，都是公司的主业。都是从“口”入的产品，怎样在“众口难调”的情况下，做到“有口皆碑”？除了在产品质量上下工夫之外，还要继续增加产品的文化成分。茂德公品牌由单一化经营到多元化经营的转型，就增加了品牌的文化元素。

人类的文明，并非像西方哲学观所认为的那样总是沿着一条直线向前发展的。现代人不能总是生活在钢筋水泥的森林中，人类必然要改造自己居住的城市。乡村情景、乡村生活，将可能成为人类新生活的导师。

茂德公草堂、茂德公香辣酱、诸葛酿酒和雷州旅游项目，其实都与耕读文化有关。特别是茂德公草堂，是可视性的耕读文化样板。

耕读文化，是中华民族文化的命脉之根，数千年来影响着人们的精神世界和行为方式。许多古住宅的匾额上，常可见到“耕读传家”四字。耕读本来是一种生活境界，古代知识分子将耕读视为彰显高洁品质的一种生活方式。

中国远古的哲学思想，就崇尚人与自然的和谐。产生此种思想之时，中国人其实已经走过了很久的农耕岁月。殷商时期，商族为什么要屡屡迁都？他们所建的城市已经一次次经历着自然灾害的侵袭。正是在那以后，复归自然、天人合一、以和为贵的思想，成为中国古代伟大的智慧。

“耕读传家”是中国古人要把复归自然、天人合一等思想传下来的传承方式。茂德公草堂能营建出让今人体验耕读文化的氛围，是很有意义的。

草堂“躲起来看月亮”的中秋活动已经连续举办了四年。2010 年中秋，陈宇在草堂搞了个“赏月庙会”，再现古时庙会盛景。

在“茂德公草堂”网站上，有人以“庙会盛景，尺八雅音”为题，描述了当晚盛况：草堂五色花灯闪耀，古色古香的风筝、团扇挂满整条街。街面有钱庄，发放草堂今晚专用的“草堂铜钱”。街市两旁摆满吃食摊：武大郎烧饼、西施豆腐、王婆瓜档、阿凡提烤肉、瓜娃子冷啖杯、强记牛杂、老北京糖葫芦、阿公塌鸡、阿嬷粗粮、烧金猪等美味小食。最受欢迎的是“阿公塌鸡”，刚从烤得滚烫的土球垒砌的塌中取出，香气铺满整个街道。

西施、貂蝉、昭君、玉环这些不同历史时空的中国四大美人，携手同游。西门庆与潘金莲约会。武大郎头顶烧饼大声吆喝着叫卖。林中鲁智深与众人酒过三巡，划起了酒拳。唐伯虎、文征明等四大才子在一旁兴致盎然地玩蹴鞠、射壶、字谜等游戏……扮演这些古代才子佳人的均是广州城中的名流佳丽。

民俗表演更是闹市一绝：来自雷州半岛的王弄等民间艺人，拿出吹拉弹唱的看家本领，葫芦丝、大鼓、古筝、琵琶纷纷登场，现场沉浸在欢乐的古韵中。“莫老爷”和“刘三姐”的对唱，又掀起了一轮热闹的高潮。国乐名师方锦龙的一曲古《宙》，苍凉浑厚、清澈空灵，婉转自如，如同风吹过竹林，又如空谷里钟声悠扬，把人们带回千年前的汉唐盛世，现场无不屏息静听，悠然神往。

来自美国的艺术表演家Peter Fill，让古老的尺八表演重现江湖，则是这场中秋庙会的压轴节目。据悉，尺八是中国古老的民族吹管乐器，因长一尺八寸而得名，在汉唐时已是宫廷表演的主要乐器之一，但在宋代失传。近年来却在日本、欧美等地盛行。据介绍，Peter 的演奏技艺属于世界尺八表演前十人之列。Peter 说：“尺八属于中国，中国的古老文化赋予它的鲜活生命，永远不会随着时间、地域流失。”

这场乡间庙会，让人们在草木之乡酣然入醉，是一次别致的中秋体验，也是茂德公草堂创立耕读文化体验园的新尝试。

如今陈宇把茂德公草堂营建出两部分：一部分继续按多功能“高档会所”定位，集餐饮、娱乐、休闲于一体；另一部分是中国耕读文化体验园。现在城里的孩子没听过公鸡是怎么司晨的，也没见过西红柿和茄子是长在什么样的枝头，让城里的父母带着孩子来观赏体验，也能使孩子们头脑里对农村有一点形象的体会。

经过精心构思，陈宇把草堂打造成立德院、躬耕园、耕读廊、上善乐园、多磨小径、成功之道、七彩人生、打鼓场、养心苑、爱情岛等特色景点。还设有草堂庙会，烤状元、十八掌、煲不同、不厌炸、武林盟煮、蒸有一手、靖锅锅……各小食摊前旌旗飘扬。只需 50 元，可以在此吃饱喝足，游玩狂欢。草堂从高档会所向平民化转型，一批批普通民众来游览，让城里人感受乡村文化的熏陶，草堂正一天天兴旺。

陈宇认识到旅游产业是朝阳产业，茂德公草堂成为耕读文化体验园，也就会成为广州近郊一个体验乡村生活的旅游点，还可以成为广州或全国各地游客到雷州半岛旅游的聚集点。来者在草堂集合，先体验耕读文化，然后向雷州半岛出发，完成“三天两晚”的旅游行程。今后樟树湾集团还可以成立旅游公司，为旅游组团、游览做好一条龙服务。

陈宇说：“未来十年，樟树湾集团重心将放在雷州的旅游板块，把农业观光、农家乐等形式一起纳入进来，围绕新农业多业态形成互动。”目前，“雷文化体验休闲游”在如火如荼地建设中，足荣村“美村行动”已取得长足进展，这一切都将对提升雷州的城市形象深具意义。

云路他年刮目看，太阳照在樟树湾，前景未可限量。

● 同时期的世界和相关思索

在前面“同时期的世界”中曾讲到，希腊人发展海上贸易得到的好处，希腊的城市是在有贸易市场、店铺会聚的地方形成的。这里说说罗马。迄今，我们看到的“古罗马市苑遗址”仍然相当壮观。罗马市苑是罗马共和时期政治、商业、司法和信仰的中心。那广阔的市苑广场，店铺林立，商业繁荣。到帝国时期，建起了规模更大的凯撒市苑、奥古斯都市苑、维斯巴宪市苑、奈尔瓦市苑、特拉扬市苑。请留意，如此突出地以帝王命名的市苑，意味着那是帝王引为自豪的政绩。从奥古斯都时期开始，贸易已扩展到罗马帝国的各个角落，还远达阿拉伯、印度和中国。

罗马帝国分化与崩溃后，商业意识仍然在罗马、佛罗伦萨、威尼斯等城市流传。航海贸易获利最大，海盗频出。海盗瞄准的是金币而不是货物。欧洲最早的支票和银行都出现在佛罗伦萨，其经营方式有利于防止海盗劫掠金币。然而支票的出现，是人类发明货币以来极其重要的发明，它的意义远超过防止海盗，而使商业迈上了一个更加便利更有规模的新台阶。莎士比亚的《威尼斯商人》就是意大利半岛商业发展的一种反映。威尼斯、米兰、热那亚此时都是10万人左右的城镇。巴黎、伦敦、柏林也是城镇。新兴城镇的涌现是西欧发展至为重要的发动机，它提供市场，生产产品，使整个经济体系繁荣起来。此后在英国市场经济迅猛发展的时期，亚当·斯密《国富论》描述的“看不见的手”深刻地影响了欧洲经济……因而从古希腊商业文明的出现直到今天，西方经济有长足的发展。

中国古代城市也有商业和集市，《清明上河图》就可证北宋汴京商业之繁华，但正统观念中有“重农抑商”思想，“市”的概念是被弱化的，“城”的概念则相当显著。这对后世也是有影响的。自20世纪50年代进行“社会主义改造”后，中国私有经济曾经达至“无立锥之地”。改革开放后，私有经济开始复苏，但多称“民营经济”、“民营企业”。中国民营企业指一切非国有企业。

民，其实自古是个政治概念，相对于“官”。到现代，也相对于“国”。私，指个人，相对于公众。“公司”又是多人在一起工作的机构。企业或公司，都是伴随着西方工业出现才出现的。企业在中国，从萌芽算起只有一个半世纪的历史，绝大多数农民接触到公司是30年以内的事。即使被称为“企业家”的人，要使企业文化同中国传统文化相融合，仍需时日。当今有不少“农民工”的苦难是老板制造的，这些老板便可能是被称为企业家的人。暴富的企业家是中国社会贫富差距巨大的一端，暴富者多与官僚关系复杂。建设社会主义市场经济的商业文明，公平秩序，亦需中国古代追求的礼和乐，礼即规范的秩序，乐即高贵的精神。换言之，礼即大道，乐即大德。这一切均尚需努力。

第15章 德厚家茂　瓜瓞绵延

茂德公的生父荣洲公、养父禄洲公都是老实本分的农民，从未做过亏心事。荣洲、禄洲“二公”共同哺育了茂德公，把“无德不贵，茂德传家”的大道传递给他。老实做人，吃亏是福，莫与他人生闲气。“二公”的教诲，护佑了茂德公一生。如今孔子“己所不欲，勿施于人”的法则，被誉为处理国家间关系的“黄金法则”，镌刻于联合国总部大厅。孔子的道德观又来自于谁？他最推崇的是西周倡导德治的周公。周公又来自于谁……如此算来，这个黄金般的做人法则，在中国已传承数千年了。

家，在茂德公心中并不是一座房子，而是他永远坚守的一个不需要豪华的地方，70 多年茂德公都与老伴刘荣阿嬷坚守在这个地方。老伴在哪里，这个地方就在哪里。

1 执子之手，与子偕老

俗话说得好："吃得好，穿得好，不如两口白头老。"两夫妻能白头到老就是一种福气。茂德公夫妇老了之后还是恩恩爱爱，布满皱纹的手相牵一生。就如雷歌所唱：

有命活久合活久，合到石烂与海枯。
共苦同甘同一梦，地久天长两不辞。

茂德公夫妻俩 2010 年都是 86 岁，相伴 70 年，磕磕碰碰的事难免会有。说起来也不过是些柴米油盐生活琐事，刘荣阿嬷性子急，说话风风火火，人老了也更唠叨。每当矛盾产生，退让的都是茂德老汉。茂德公不懂什么爱情格言，但知道"对老婆要好"、"要哄"。几十年来，茂德公已经习惯了老婆的脾气，刘荣阿嬷一不高兴，他就不做声，或者给老婆讲个笑话，想法子哄老婆笑。

茂德公说："老婆和你生儿育女，传宗接代，你不听她的听谁的呢？"不管是过去，还是现在，茂德公的爱情观都不会过时。

前些年，茂德公会到广州看看儿孙们，还曾去北京看天安门。这几年老伴刘荣腿脚不好，走路腿脚已经不太麻利了，他俩就很少出远门了。

在家茂德公还会做饭、洗碗、搞卫生，以减轻老伴的负担。刘荣阿嬷闲了就在树下整理黄丝线，用于捆系"诸葛酿"酒的商标。每当村里演雷戏时，茂德公就牵着刘荣阿嬷的手，早早到戏场等候。平日里老两口也经常牵手出门，到村里大樟树下散步，让刘荣阿嬷多活动活动腿脚。

爱情故事并非都要惊天地、泣鬼神才算完美。

情人节最好的礼物不一定是“九十九朵玫瑰”。2010年情人节，《新周刊》新锐杂志用茂德公的爱情故事，向天下有情人提出建议：“执子之手”，相约到大自然散步。“执子之手”出自《诗经》：“死生契阔，与子成说；执子之手，与子偕老。”意思是：不论生死离别，都跟你说定了，我要牵着你的手，和你一起白头到老。这是古老而郑重的承诺，是美丽而浪漫的约定。

论茂德公家族动人的爱情故事，还有茂德公的父母禄洲公和梁氏。这对生死相依的老鸳鸯，在困难时不离不弃，长相厮守。禄洲公不因梁氏未能生育而另生异心，而后来禄洲公吃冤枉官司沦为阶下囚，梁氏默默承受着众人的白眼，用女性的爱，抚慰丈夫受伤的心，对夫君始终忠贞不二。禄洲公1959年去世后，梁氏一下子苍老了许多。

屈指算来，茂德公的长子陈英昌和符木荣结婚也有41个春秋了，他们也是“相濡以沫，白头到老”的典范。出人预料的是，这对年过花甲的老夫妻，没领结婚证。近期为了办理房产过户手续，两人才到市民政局履行结婚登记。这个已有6子6孙的夫妇，结婚日期是2010年7月15日。

夫妻之间一纸法律文书虽然重要，更重要的是心心相印，不弃不离。符木荣是个任劳任怨的贤妻良母。在培养子女读书方面，符木荣与陈英昌的看法是一致的，吃再多苦也毫无怨言。在家庭最困难、吃了上顿没下顿的情况下，她默默地支持着丈夫。陈英昌后来当了村干部，田间地头的粗活，平时的一日三餐，差不多都是符木荣在操劳，闲了还要为几个子女缝补衣服。

有人说，“每个成功者的背后，都站着一个女人。”陈宇的妻子康建棠，正是陈宇身后默默的支持者。

建棠相信自己的男人，从不干预他生意场上的事，也不反对他与其他女性交往。她说：“我觉得陈宇是绝顶的好男人，十几年来，陈宇对我十分好。我们两人都互相包容、信任、互相支持。在我爸爸病重的那段时间，他生意也不好，比较艰苦，他很尽心去照顾我爸爸，一边做生意，一边跑医院。作为女婿，尽了他的责任，对我奶奶、妈妈、我的两个弟弟都很好。”

爱就得用心。繁体的“愛”字，内含一个“心”，让人惊叹古时造字者的睿智。简化的“爱”字去掉“心”，不知从何时起，“爱”似乎也成了捉摸不定的东西。如今有人说：“结婚证 8 块钱，离婚证 9 块钱，简单得很。”也有人感叹如今“易求无价宝，难得有心郎”。再看茂德公家，如今四世同堂，共有 17 对夫妇，没有一对闹离婚的，每个小家庭都完整。

2010 年，茂德公食品公司与羊城晚报联合举办了“茂德公牵手·爱的味道”征文活动。在两个月时间内，全国有 700 多位作者投来应征稿件。其中有八十多岁的老翁，也有豆蔻年华的在校学生。组委会几经筛选，最终评出 16 篇获奖作品，在茂德公草堂耕读斋举行了温馨的颁奖典礼。

2 哀哀父母，生我劬劳

茂德公家庭是一个四世同堂的大家庭。第二代陈英昌兄妹及配偶有 10 人，第三代陈宇兄妹及配偶有 27 人，第四代曾孙、曾孙女有 9 人，加上茂德公夫妇，共有 48 口人。

中国传统农民家庭都以长子、长孙为主线，这种模式一直延续了数千年。共和国时期强调男女平等，女儿出嫁后与娘家依然联系紧密。因此在计算茂德公一家人口时，没有排除女性后人。

《诗经·蓼莪》曰：“哀哀父母，生我劬劳。”孝顺是中国传统美德，古人还有“百善孝为先”之说。维系茂德公大家庭的纽带也是“孝道”。古人还说，“羊有跪乳之恩，鸦有反哺之义”，动物尚能报养育之恩，不孝爹娘，丧尽天良，连禽兽都不如。在科举制之前，乡间极其孝顺者是可以被“举孝廉”而入仕做官的，虐待父母的不孝行为，被告发则与谋反同罪。

中国农民有以“家”为本的观念。家族作为一个以血缘和婚姻为纽带的社会单位，家庭成员祖祖辈辈都视为一族。国有国史，地方有方志，家有家谱。修家谱不仅记述家族从古至今源远流长的历史，也用以激励子孙万代。时光走进 21 世纪之时，陈宇出资在家庭内部设立了一个私人家庭基金，陈宇把它叫做“亲情费”，也是一件新鲜事。这笔基金由陈宇的父亲陈英昌掌管，大家庭成员中谁有困难，或者哪个小家庭要买车、购房，都可以申请帮助。有了“家庭基金”这棵大树，家庭成员好乘凉。陈宇的几个弟妹在城里都买了房子，也都有了小车。

早在二十多年前，陈英昌就经常召集子女们开家庭会议，这种习惯在这个农民家庭一年年延续下来，从未间断。每次会议有主题，过去主题多半是与读书有关。现在儿女全都成家了，“学做人”成了家庭会议永恒的主题。

父亲陈英昌在家中起着主心骨的作用，定规矩，协调兄弟姐妹之间以及与亲族成员之间的关系。人说唇齿有时也会磕碰，有不同意见，陈英昌去协调。所谓“孝顺”，既要孝，也要顺。顺里是有大学问的。

有时陈宇的看法比父亲超前，但只要父亲说“不”，陈宇也就听老爸的。如果你是对的，可是你没有让父亲辨识出你是对的，那责任就在你。你有责任去试图让父亲明白你是对的，在此之前，你都必须顺从长辈的意见。陈宇常说，他的作为中，如捐资建校、修路架桥、扶贫济困，都得到爷爷和父亲的支持，否则就做不成。

这种家庭会的血缘性，还体现在陈英昌召集的家庭会议，外姓是不参加的，即媳妇、女婿不参加，陈姓则不分男女都可以参加。这样的家庭会，一年至少开一次。

前几年为了子女事业的发展，陈英昌召开了一次重要会议，主题是：陈宇事业越来越大，弟妹们愿意跟陈宇干就跟着干；想自己独立干，家庭也支持，拨给一笔创业基金。老二小勇当过雷州市交通局督查大队的大队长，现任雷州市交管所所长，事业顺利，愿意继续当公务员。老三阿亮早年就同大哥陈宇一起经销诸葛酿酒，有创业之功劳，如今过了而立之年，其岳父也是做生意的，阿亮想自立门户当老板。其他弟妹都跟陈宇一起继续干。玲妹在总公司任财务总监，她的丈夫冼京广在公司任副总经理。小妹文娟在茂德公草堂任采购，她的丈夫吴均安在雷州旅游工地任采购总管。小弟学儒是“诸葛酿”经销商，妻子许娇是茂德公草堂的客房部经理。

如今茂德公家庭的40多口人，分居在珠三角的各个城市，每年春节期间和清明时节，是这个农民家庭最热闹的日子，子孙们都从各地赶回足荣村老家团聚，有事不能来的子女也必打电话来问候。清明回乡扫墓，既表达对祖先的感恩，也表达对健在的祖辈和父辈的孝心。

常言说“婆媳难处，小姑难缠”，在茂德公家庭却没有这些烦恼事。刘荣阿嬷、符木荣两代长辈对儿媳妇都视如亲闺女。陈宇妻子康建棠诚挚善良，宽厚待人，在家庭起了“长嫂”的表率作用，把陈宇的弟妹视如自己的弟妹一样。

在众弟妹眼里，陈宇是个好兄长。玲妹说：“大哥从小就学会洗衣服，有时还帮弟弟、妹妹洗，同龄孩子会笑话陈宇为女孩子洗衣服。”玲妹读五年级时，有个领导干部家中缺人手，与陈英昌商量，让玲妹住在她家，由她供养，但一边读书要一边帮助做些家务。两个星期后，这事让在北京读书的陈宇知道了，写信回来反对，认为这样会影响玲妹的学业。再说，住在别人家中，一切都不自由。父亲接受了儿子陈宇的意见，玲妹又回到家中。陈宇给玲妹寄了《新华字典》，鼓励她要好好学习。陈宇工作后，给她50元钱，她死活也不肯要，她认为大哥刚刚工作，自己也不宽裕。

如今陈宇在家庭的作用越来越大。父亲陈英昌与顺德小姑曾经闹些误会，陈宇从中协调。有一次陈宇表弟要结婚，陈宇知道后主动代表父亲前去送贺礼，参加婚宴。姑姑、姑丈都十分开心，此后两家关系和好如初。

茂德公大儿子陈英昌盖了新房，二儿子陈美昌在茂德公老家对面也盖起了三层新楼房，卫生间、自来水都有。两个儿子都孝顺，他们三番五次请茂德公二老搬到自家一起住。茂德公说老伴腿有风湿，走不了路，上下楼会跌倒，还是住自己的平房好。茂德公只有在老房子里才能睡得平稳，踏实。老房子永远值得他怀念，这里有他大半辈子的生活记忆，禄洲公和梁氏慈爱的形象常在此浮见，五个儿女都在这里出生，老夫妻在这里度过几十年，一切都习惯了，因此总是不肯挪窝。

前几年陈宇在老家对面又建起一幢小洋楼，实现了他要为家庭盖更好的房子的愿望。这是足荣村第一幢别墅式的楼房，主要用于接待远道而来的朋友，也可以说是足荣村的第一座宾馆。

整座楼房成品字形，主楼三层，左右各连接两座外观不一的二层副楼，楼房栏杆用红砖交错相叠，留出空隙，虚实阴阳互为变化，将古老易经八卦的符号信息，纳入自己的房屋之中。右边副楼有个宽敞的观景阳台，适合聊天喝茶小坐。

从二楼观景台看下去，小院非常雅致。四面墙基用大理石砌成，周围环绕一米见宽的淙淙水渠，数百尾金鱼戏游水中，清澈如镜的活水绕户，象征着吉祥。水渠边种满花草，把整个院子点缀得像个小花园。

陈宇六个兄弟姐妹，每个人都在新别墅中分到一间属于他们的房间，成为他们一家人回足荣村的落脚点。

最引人注目的是一楼设有大书房，依墙做了一排大书橱，橱内图书满盈。陈宇说："每到假期，弟妹们把子女送到乡下来度假，听听乡音，在田野奔跑玩耍，累了，便可在此书房读书。这样可以培养下一代的家乡感情。"

乡情浓郁，乡音悦耳。

百年来，无论是"干革命"，还是"外出求学"，从农村去到城市和大城市的人们不可胜数。他们中绝大多数人的孙子，都是没有乡音、没有故土、没有乡下爷爷的一代。茂德公家族的孙子和曾孙子们，是有乡音，有故土，有乡下爷爷的。

对茂德公、陈英昌来说，子孙们回家的日子，就是这个大家庭最快活的日子。那时候，丰盛的饭菜摆满大红圆桌，一家四代欢聚一堂，这就是天伦之乐。

3 无德不贵，茂德传家

茂德公的生父荣洲公、养父禄洲公都是老实本分的农民，从未做过亏心事，身上集中体现了老一辈中国农民的优良品德。荣洲、禄洲"二公"共同哺育了茂德公，把"无德不贵，茂德传家"的大道传递给他。老实做人，吃亏是福，莫与他人生闲气。"二公"的教诲，护佑了茂德公一生。

如今孔子"己所不欲，勿施于人"的法则，被誉为处理国家间关系的"黄金法则"，镌刻于联合国总部大厅。茂德公并不知道孔子在两千多年前就提出"己所不欲，勿施于人"的训导，但他对祖先传下来的一个做人的准则恪守一生：绝不做损人利己的事。

节俭是中国农民的持家之道。茂德公度过有钱买不到东西和有东西没钱买的日子。茂德公挣到手的钱，一元一角都要想怎样花才合理。茂德公把这几年儿孙们孝敬的钱，一笔笔珍藏在银行里，依旧过着他节俭清淡的日子。

尽管儿孙有放养了数万只鸡的大鸡场，茂德公和老伴刘荣阿嬷仍然养了一群鸡和一头猪，仍然在屋前屋后种点青菜和辣椒。这跟赚钱没有关系，这是他们的生活。几只鸡一头猪，还有蔬菜和辣椒，就像他们的亲人和朋友，这是不能没有的。

茂德公身板硬朗，走起路来一阵风，若去爬山，一些年轻人还跟不上他。牙口也不错，带壳的螃蟹脚还能吭哧吭哧地咬碎。经常戴草帽，穿拖鞋短裤，在两个儿子分给他的桉树林中劈草，帮助管林子。这也跟挣钱无关，劳动是中国农民的本色，一天不劳动，浑身筋骨都不舒畅。

没去林子的日子，茂德公喜欢把自己用过的犁、耙、锄头拿出来摆弄，就像军人擦枪。有的锄头已磨得只剩一小截了，那是他的养父禄洲公用过的农具。茂德公舍不得丢掉，睹物思人，那是不能没有的念想啊！

自从孙子陈宇把茂德公名字和头像注册成“茂德公嘉仙鸡”、“茂德公香辣酱”和“茂德公草堂”后，在广州的公共汽车、高速路广告牌、各种媒体上就经常看到茂德公的名字和肖像。茂德公成为中国最具品牌价值的老农民，品牌价值可达数亿元。但茂德公自己没有名人的感觉，依然过着他平静的生活。

家，在茂德公心中并不是一座房子，而是他永远坚守的一个不需要豪华的地方，70多年茂德公都与老伴刘荣阿嬷坚守在这个地方。老伴在哪里，这个地方就在哪里。

茂德公自从青年时被土改的枪声打碎当地主的梦想后，再不敢乱想。陈英昌与父亲茂德公不同，他几乎是自小就什么都敢想。在一贫如洗的日子里，陈英昌经常跟妻子符木荣说，将来要买轿车、坐飞机。“你坐牛车回娘家一趟，我开车，从雷州都回到家了。”妻子说他就懂得吹牛皮。这一切如今都成为现实了。

在村里，陈英昌算文化高的人，再加上他脑子灵活，好交友，有丰富的生活阅历，但儿子辞职经商之初，他竟也没有看清这是一片新前途的开端。

执子之手，与子偕老 此名句出自《诗经》，大意是：今生拉着你的手永结美好，白头到老。从而千古传颂，成为生死不渝的爱情的代名词。茂德公夫妇做到了。2011年9月29日，茂德公谢世。刘荣阿嬷还健在，人们思念茂德公，都称刘荣阿嬷为“茂德婆”。

然而毕竟是他精心培养的儿子开启了他后来繁忙的岁月，以及管理企业的才能。陈英昌忙得不亦乐乎，转眼间也年过花甲，可他仍乐此不疲。工业园区、养鸡厂和足荣村的福利事业工地，虽说与陈宇的构思关系密切，却也与陈英昌的敢想敢做相呼应，密不可分。

天地宽与窄，人生得与失、富与贫、成与败，陈英昌经过流年沧桑，懂得其中酸甜苦辣。陈英昌的最大成就是培养子女读书，很早就认为读书可以改变人的命运。家里连吃饭都成问题时，他也没有放弃“要把儿女们都培养成大学生”这个最大的梦想。

“养子若不去读书，不如养个大肥猪。”终于，他的六个子女中，陈宇和玲妹是大学本科毕业生，老二小勇是大专生，小儿子陈学儒从广东廉江汽修学校毕业，后又到白云学院大专班进修，也拿到大专文凭，小女儿陈文娟在江西保险学校中专毕业。

足荣村不是江苏农村，是雷州半岛的穷乡僻壤，陈英昌做到了这些毕竟相当不容易。有一年过年，陈英昌家中一粒米都没了，夫妻俩坐在家门口，相视无言。堂弟陈光昌知道了，回家背两袋谷子给他。堂叔陈兆赢是个单身汉，在困难时期家中还有点粮食，陈兆赢借给陈英昌 100 斤谷度荒年。这些事陈英昌夫妇都记在心里。韩信曾“以千金报漂母一饭之恩”。如今陈英昌请堂弟陈光昌担任足荣村鸡场主管经理，每年都额外给他几千元钱。堂叔陈兆赢年纪大了，还是一个人过日子。陈英昌和符木荣夫妇逢年过节都记住给他送钱、送肉，将他请到家里来吃饭喝酒。

在穷日子里，陈英昌曾经用草药治好一位被毒蛇咬伤的人，当时陈英昌供孩子读书正极需要用钱，那人要给陈英昌治伤救命的钱，陈英昌坚决不肯收一分钱。理由是你比我更需要用钱。

现在陈英昌富了，堂兄要盖房，堂弟要买车，陈英昌能给予帮忙，这似乎不算什么。村民陈龙昌的二儿子得了脑瘤，陈英昌知道后就觉得这事好像是自己的事，自己要是不管，就像不负责任似的，他不但给钱资助治病，还叫儿子陈宇帮助找大医院，联系了“留洋博士”主刀动手术。陈英昌的积极状态，影响着一家人都把这事当自家事来办，就像这事不是发生在村里，而是发生在自己家里。

在陈英昌身上，人们看到，会乐于助人的人，是不分贫穷和富裕的，或者说不分贫穷时和富裕时的。乐于助人与这个人的钱财多寡无关，这是心灵的事。

“积善人家，必有余庆。”这句中国古语，看来必有所据。

茂德传家，瓜瓞延绵。一百年来历史沧桑，春绿秋黄。陈兆成（茂德）过继给禄洲公作子嗣，虽不是禄洲公的亲生血脉，这条家族线却兴旺发达，成为足荣村当今最旺的家族。

4　尘世沧桑，百年一瞬

茫茫世事，辈辈人生，岁月流转一百年。

本文开篇写到的福源公，是茂德公的曾爷爷，生年不详。茂德公的养父禄洲公生于 1893 年，那么清朝结束时，禄洲公只有十七八岁。由此上溯到禄洲公的爷爷福源公，那是一百多年以前晚清时期的农民。

福源公的名字中有个“福”字，这是个颇具代表性的字，那几代人祈望的“福”是什么？大抵是：衣食不忧便是福。

到民国时期，茂德公和生父荣洲公、养父禄洲公，对财富仍没有太多奢望，不求大富，只求有田有地、吃饱穿暖，孩子老婆，热热闹闹。茂德公这一代农民就参加过大炼钢铁了，虽然炼钢无功，但也经历过为发展工业所投入的劳动的陶冶。现实中，茂德公经历过粮瓮空如洗的岁月，老来终于无柴米之忧。不仅如此，茂德公还经历过开个店铺做小生意。不算孙子把他的头像拿去做广告，他和老伴刘荣阿嬷开夫妻店，体验赚钱和亏本，应该说茂德公是足荣村年龄最大的经商小老板。不管怎么说，茂德公与刘荣阿嬷是经历最丰富的一代农民了。

茂德公之子陈英昌该是足荣村的新一代农民。最显目的标志是：他是足荣村第一个开拖拉机的农民。他有文化、有见识，他也是足荣村最早涉足做买卖的农民，譬如他买零件组装自行车去卖时，连营业执照都没有。当然，如今他还是足荣村开小车年龄最大的农民。没有做过的新鲜事，他愿意积极去体验。不守旧，勇于去做新事物，是陈英昌真正的性格。与此同时，他喜爱中国传统文化。上述两点都传给了儿女。应该说，并不是只传给长子陈宇，只是陈宇太突出，以致把弟妹们从父亲那里继承来的品质淹没了。

陈宇是茂德公家庭的第一个大学生。虽然学校的培育和陈宇自身的努力都是极重要的，理论上说陈宇的努力是主要因素，但我们仍然可以看到——父亲在担任守林员的日子里，为儿子开设的“樟树林课堂”是陈宇一生中的第一所学校，小小陈宇在这里凝听的“三国故事”，有那么生动的英雄人物，诸葛亮的智慧，关云长的忠义，赵子龙的英勇无敌，甚至刘备凭什么可以领导这些多么杰出的英雄人物？这些都是陈宇一生都在反刍，一生在反复思考和学习的故事。如果说他 9 岁上学之前，已经在樟树林里接受了影响他一生的经典中国历史文化教育，你会不会认为此说过于夸张？然而中国古典文化是那样地播种在他童年的心田，以致他长大后读到大学，都很难找到西方英雄来取代他头脑中的三国英雄，包括做企业后，学习刘备如何以德服人能用众英雄好汉，当好一个企业领导。

陈宇现任广东樟树湾集团公司董事长兼总经理，就企业的现代建设和管理而言，他可以在办公室里用视频管理整个企业，身在草堂，几百里外雷州工地的工程进度一目了然，可以召开视频电话会议，可以及时用电话指挥经营。

他先后被授予“雷州市十大杰出青年”、“广东省青年企业家”、“慈善之星”、“湛商之星”等荣誉称号，任雷州市政协常委，雷州市总商会副会长，湛江市文化产业促进会常务副会长，湛江市第十二届人大代表……然而陈宇最可贵的一点是农民质朴善良的本质未丢，乡情未丢。

杯中观天地，壶里悟乾坤。茂德公家庭百年四代，一代比一代强。虽然，在20世纪结束的时候，足荣村还是广东最穷的村庄之一，但茂德公家庭一代比一代强的走向和现状，仍然可以是20世纪中国农村社会和农民进步的缩影。

茂德公一家的故事，尤其茂德公迄今还养鸡养猪种菜，如此的平凡，在中国无数农民家庭中都是不足为奇，平凡如水的。但在进入21世纪后，一个茂德公头像的商标含金量可达几亿元人民币，这个爷爷奶奶仍在养猪种菜的家族，可以一次次捐款几十万、上百万、上千万做善事支持困难者，毕竟令人刮目相看！茂德公家庭的百年变迁，其悲伤与欢乐，吃苦能力和勤劳，理想和灵魂，平凡与不平凡，都可以告诉我们，永远不要看轻农民，中国农民依然是支撑国家和民族的脊梁。

● 同时期的世界和相关思索

中国在近代受到西方工业文明猛烈冲击后，清政府于1861年始办洋务发展工业。进入20世纪，民族资本陆续办起了纺织厂、织布公司、面粉厂、呢革厂、自来水厂、玻璃厂等。在铁路方面，1905年以詹天佑为总工程师的京张铁路开工，1906年京汉铁路通车，1907年京奉铁路通车，1908年沪宁铁路通车，1909年京张铁路通车……到1911年爆发辛亥革命，迄今100周年。

上世纪二三十年代，中国城市和工业均有显著发展，农村却在更加衰弱中挣扎。欧洲工业化进程中大批农民转化为城市工人，中国农民在中国开始发展工业后经历的是贫困化，农民绝大多数是文盲，农村卫生状况极差，大量农业人口因战乱和一连串灾荒流离失所或死亡，农村社会处于无法维持的状况。“救济农村即拯救国家。”这一认识逐渐演变为乡村建设救国论及社会实践。其中梁漱溟发起的“乡村建设运动”是最有影响的代表。

1928年梁漱溟发表《请办乡治讲习所建议书》,所称“乡治”即乡村自治。1929年赴河南辉县筹办村治学院，次年发表《中国民族自救运动之最后觉悟》等文。1931年赴山东邹平县筹办山东乡村建设研究院。他在河南得到冯玉祥将军支持，在山东得到省政府主席韩复榘支持。梁漱溟认为解决中国深刻的危机，要依靠乡村农民自身的建设力量。他在山东邹平县推行的“乡村建设运动”，把整个县的行政机构变成教育机关化，以教育力量代替行政力量，县以下的乡、村行政机构也变成乡学和村学。这样做的目的是为了更有效地把西方科学技术推广到农民中去，并非常重视农民的精神文化建设。有必要说明，梁漱溟相信中国传统文化力量，乃至时有“中国最后一位儒家”之称。他推行的乡村建设运动是将中国文化与西方科技相结合，并对县乡村的政体进行改革实验的运动。

30年代全国从事乡村建设工作的团体和机构有600多个，先后设立的各种实验区达1000多处。这些团体和机构有社会团体，有教育机构，也有政府机关，但从参与人员来说，主要是知识分子推动的。这一乡村建设运动到1937年被日本侵华战争打断，但对中国农村建设仍有深远影响。而且，此前的乡村建设运动致力于把松散的农民组织学习科学技术，这对中国农民组织起来参加抗日战争都有不应忽视的重要影响。

毛泽东在1927年3月写出《湖南农民运动考察报告》，把被世界潮流视为最落后的农民阶级看作是中国民主革命的基本力量，因人数最多受压迫最深且是最重要的力量，由此认为只有充分动员广大贫苦农民改变旧的统治秩序，才能从根本上解决农村问题和创造一个新的中国。毛泽东思想及其领导的“农村包围城市”的实践，在1949年创建了中华人民共和国。

共和国诞生后，乡村建设在共产党领导下展开。从土改到人民公社化直至改革开放前，可以看作是中国百年乡村建设中最为波澜壮阔的乡村建设运动。2006年2月，《中共中央国务院关于推进社会主义新农村建设的若干意见》发布，推动新世纪新一轮新农村建设。

中国农村如此广袤，乡镇属于农村，东部沿海地区一些县乡搞的城镇一体化建设亦属于新农村建设。当今很多地方城镇发展很快，其中包括很多偏僻村庄的农民为了让孩子上县城读书，不惜借债到县城或城外买房，这一农民的自发行为是县城日益扩大的重要因素。根据多年的调查采访，我们以为那些穷乡僻壤中人口太少的“自然村”是不应该继续存在的，政府应组织他们迁出山沟，合并到较大的村，使人口集聚向小镇发展。这对于接纳他们的较大的村也是绝对的福音，因为没有足够多的人口，就不可能有商场、不可能有较大的学校，不可能有医院和银行，不可能有企业，那么这些农村再过一百年、二百年仍然是贫困村。只有几户人、十几户人和几十户人的小村，在中国还星罗棋布，不取消它，中国就永远存在贫困村和贫困人口，不可能是发达国家。这样的农村人口星罗棋布地分散在中国的穷乡僻壤，事实上不利于自然资源的保护。20世纪的一百年，是世界上诸多国家通过工业化、城市化进程发展为发达国家的世纪。21世纪是信息时代，这是需要通过资源共享来强国富民的时代，取消人口过小的村落，使其复归自然，创造有益于资源共享的人气兴旺的小镇，是必由之路。当中国没有农村只有城镇之日，就是中国社会的发达之日。中国浙江等省的部分地区做过移民并村的事。只是有些不是出于帮助这些贫困村脱贫的目的，而是因设立自然保护区需要把山里的居民迁出来。

雷州半岛上的农村就是典型的贫困村。足荣村曾是其中之一。如今足荣村建起巨大的文化广场，还有一环路，创办的产业正不断吸收周边人口，若能有意识地使他们成为足荣村居民，并规划好足荣村政建设，怎见得足荣村的未来不是一个著名小镇！再过一百年，足荣村成为雷州半岛上一座美丽的旅游城市，迎接四海宾朋，也是可期待的。我们调查采写的仅是中国一户农民的百年历史，且采写比较粗疏。最后我们以深深的祝福遥致足荣村的今人和后人，并祝福祖国兴旺发达！

茂德公家庭的百年变迁，其悲伤与欢乐，吃苦能力和勤劳，理想和灵魂，平凡与不平凡，都可以告诉我们，永远不要看轻农民，中国农民依然是支撑国家和民族的脊梁。

茂德公于2011年9月29日驾鹤西去